中国家庭教育文库
中国家庭教育研究书系

新家庭·智慧爱
2017
家庭教育国际论坛文集

中国教育学会家庭教育专业委员会　编
朱永新　孙云晓　主编

山西出版传媒集团　山西教育出版社

图书在版编目（CIP）数据

新家庭·智慧爱：2017家庭教育国际论坛文集／朱永新，孙云晓主编；中国教育学会家庭教育专业委员会编．—太原：山西教育出版社，2018.10

ISBN 978-7-5703-0080-8

Ⅰ．①新… Ⅱ．①朱… ②孙… ③中… Ⅲ．①家庭教育—文集 Ⅳ．①G78-53

中国版本图书馆CIP数据核字（2018）第232144号

新家庭·智慧爱：2017家庭教育国际论坛文集

XIN JIATING · ZHIHUI AI：2017 JIATING JIAOYU GUOJI LUNTAN WENJI

文库统筹 童喜喜
出版统筹 潘　峰
责任编辑 樊丽娜　张　帅
复　　审 刘晓露
终　　审 潘　峰
装帧设计 陈　晓
印装监制 蔡　洁

出版发行 山西出版传媒集团·山西教育出版社
（太原市水西门街馒头巷7号　电话：0351-4729801　邮编：030002）
印　　装 山西新华印业有限公司
开　　本 787×1092　1/16
印　　张 17
字　　数 334千字
版　　次 2018年10月第1版　2018年10月山西第1次印刷
书　　号 ISBN　978-7-5703-0080-8
定　　价 80.00元

家教兴万家

——《中国家庭教育文库》总序

家和万事兴，家教兴万家。

家庭是人类诞生的摇篮，家庭是教育最重要的一环，童年是人生最神奇的阶段，父母是孩子最长久的老师。

家庭教育的问题，已经引起了全社会的广泛关注。许多父母开始自觉地意识到，教育不仅仅是学校的事情，更是家庭的责任，是父母的天职。许多学校开始自觉地认识到，好的教育离不开家庭的参与，家校合作共育，教育才能够有美好的未来。

但总体来看，家庭教育的重要性还远远没有得到足够的认识，全社会的教育素养也远远落后于世界发达国家的水平。

其实，我发起的新教育实验，在十几年的行动中一直重视两点：阅读和家庭。如果说阅读是教育最重要的抓手，那么家庭就是教育最重要的基石。为此，我们新教育研究院成立了两个研究所，一个是新阅读研究所，一个是新父母研究所。前者抓书目研制，先后研制发布了“中国幼儿基础阅读书目”“中国小学生基础阅读书目”等不同人群的各类基础阅读书目，解决读什么的问题；抓“领读者”计划，解决如何读的问题。另一个是新父母研究所，以“萤火虫网络讲座”等项目抓父母的教育素养普及与提升，以“萤火虫亲子共读”等项目，通过萤火虫工作站开展各类亲子教育活动，以“新父母学校”等项目帮助父母和教师携手打造家校教育共同体。我一直认为，把阅读和家庭两个难点抓住，在家庭里播下阅读的种子，让孩子进入学校以前就已经热爱阅读，具有初步的阅读习惯、阅读能力，我们的教育自然会更有成效。

在我受中国教育学会委托担任家庭教育专业委员会理事长以后，系统研究家庭教育理论，全面总结家庭教育的经验，及时指导我国家庭教育的实践，就成为面临的一项重要使命。近年来，我一直在思考如何更好地完成这一使命，如何调动各种资源，为繁荣中国家庭教育研究、推广家庭教育的先进理念与方法，进一步做出贡献。

在这样的背景之下，在新教育研究院、全通教育集团、新家庭教育研究院等机构，以及全国家庭教育理论研究工作者和一线优秀教师、父母的参与和支持下，我们推出了这套《中国家庭教育文库》。

《中国家庭教育文库》包括《中国家庭教育蓝皮书》《中国家庭教育研究书系》《新父母教材系列》和《家庭教育译丛》等。其中，《中国家庭教育蓝皮书》是由新家庭教育研究院主持编写的年度家庭教育报告，分析中国家庭教育的最新发展情况，汇集每年中国家庭教育的理论研究成果和实践探索。《中国家庭教育研究书系》收录两岸四地家庭教育的相关学术研究成果，包括年度家庭教育国际论坛的论文集以及著名专家的个人文集等。《新父母教材系列》是中国教育学会家庭教育专业委员会与新家庭教育研究院联合编写，供学校或机构在各类家庭教育培训中使用。而《家庭教育译丛》将陆续引进国外家庭教育的著作，为我们了解世界各地家庭教育的研究成果，打开了一扇窗户。

或许，我们的努力仍然是稚嫩的，甚至难以逃脱“初生之物，其形也丑”的常态。但是，我们将以《中国家庭教育文库》为载体，用心记录中国家庭教育的发展进程，收录家庭教育的最新研究成果，不断完善，不断提升，为推动中国家庭教育的健康发展做出我们的贡献。

前 言

努力提高父母的教育胜任力

孙云晓

2017年家庭教育国际论坛于该年10月28日至29日在杭州举行。这是中国教育学会主办的第三届家庭教育国际论坛，主题为：新家庭·智慧爱。

与前两届论坛相比，本届论坛至少有三个变化，一是论坛主题由全国征集而得，具有广泛的学术与实践基础；二是论坛没有企业赞助，主要依靠参会者缴纳会务费支付会议开支；三是本届论坛由中国教育学会家庭教育专业委员会（简称中教家委）和杭州市上城区教育局联合承办，充分发挥了教育系统的巨大潜能。

当然，学术论坛的质量主要是由学术论文的水平决定的。回头细读中教家委编辑的本次论坛的文集，其开阔性、严密性与创新性等特点，依然给人以诸多触动和启发，留下许多值得广为传播的理论观点和实践经验。

论坛首先要对论坛主题予以破题。如何理解“新家庭·智慧爱”的主题？民进中央副主席、中教家委理事长朱永新教授认为，新家庭从不同的维度应该有不同的意义。从外在而言，它是在新的时代背景下的家庭，我们知道家庭总是在时空中存在着，在不同的时代自然会对家庭产生不同的自外而内的影响。从内在而言，是在传统的家庭基础之上有着新的变化的家庭，因为家庭是社会的细胞，社会在发展，家庭自然也在进步。从方向上而言，是拥有着符合时代的发展，满足人们的需求，具有新文化、新理念和新行动的家庭。关于智慧爱，朱永新教授也做出了概括：智慧爱是有底线、讲规矩、守原则的爱；智慧爱是平等、尊重、充分自由的爱；智慧爱是尊重个性，扬长避短的爱；智慧爱是理性、冷静、科学进取的爱；智慧爱是身心相伴，共同成长的爱。北京明远教育书院实验小学束屹老师甚至说：“从教15年的经历以及作为父亲9年的经历使我深刻地意识到爱应该是三边的，是所有图形中结构最为稳定的三角形。”

“新家庭·智慧爱”的主题实际上是在呼唤家庭建设，呼唤家庭教育正本清源。天津社科院研究员关颖指出，家庭教育之所以背离家庭，无论有怎样的客观原因，人们缺少对家庭的本质、家庭的功能、家庭的特点等有关家庭的最基本的认识难辞其咎。她建议：充分发挥家庭的功能、全面体现家庭的特点，家才是真正的家，才能对孩子的成长、成才发挥积极作用。所以，家庭教育要从认识家庭开始。

家庭教育如何有效地推进？2017年，国际经合组织（OECD）发布了题为《为了一个包容世界的全球胜任力》的工作文件，提出培养胜任力的目标。中国青少年研究中心洪明研究员建议：要牢牢抓住家长教育胜任力这个核心。家长教育就是要提高家长的家庭教育胜任力，是家长胜任自己家庭教育挑战的能力，包括观念、动机、知识和能力等多重结构，这里既有统一性，也因家庭具体情况不同而存在个性化特征。常常听一些家长抱怨：一些讲座和书籍说得挺好，就是回家之后不知道怎么办。其原因就在于没有抓住家庭教育胜任力的个性化问题。

许多人已经认识到，推进家庭教育离不开家校合作，也不可忽视社区的作用，"家长参与"已经成为一个广为流行的热词。美国约翰·霍普金斯大学教授史蒂文·谢尔登在论坛上发出了不同的声音，介绍了该校长期研究家校社区合作的成果之后，他提出一个新的视角：现在我们改变语言表述，不再使用"家长参与"概念，改为"学校、家庭、社区合作分享的责任"。这是我们在研究中使用的重要概念，我们希望三方能够合作，社区有责任让家长融入到孩子的教育中来，学校也要参与合作，每个人都有他们的角色。当我们有各自的责任时，我们就要合作，因为作为合作方三者是平等的，这有助于合作教育项目的成功。显然，史蒂文·谢尔登的观点值得我们深思，即在家校社合作的过程中，我们是否足够地尊重合作方？如果没有平等和尊重，没有合作方真正发挥潜能和满足需要，任何伟大的事业都难以持久。

毫无疑问，在家庭教育过程中，如何调动各方的积极性，是成功的关键因素之一。来自芬兰赫尔辛基大学的教师凯·马库斯·塔维奥，也是戈登国际培训机构父母效能训练国际督导，他重点介绍了自我决定理论等理论，该理论解释了怎么样对人进行一种激励。他说，人类需要一种自由来做出自我决定，因此他们需要获得一种动机并且可以保持这种动机。有这种内在动机，我们才会做自己喜欢的事情，如果我们做事情感到有压力，那么就会不开心。如果说，我们工作没有任何的内在动机，即使再努力也不会感到开心。

作为本论坛的特色之一，科研成果发布的环节备受关注。岳坤副秘书长作为课题负责人，代表中教家委做了《中国城市家庭教养中的祖辈参与问题调查报告》。根据被访儿童父母的报告，自被访儿童出生到小学阶段，近八成（79.7%）的家庭存在祖辈（包含祖父母和外祖父母）参与儿童家庭教养的现象。同时，祖辈参与教养呈现阶段化特点：将儿童成长阶段划分为幼儿园前、幼儿园和小学三个阶段，有超过七成的家庭，在幼儿园前（77.7%）和幼儿园期间（72.9%）这两个阶段，存在祖辈参与家庭教养的现象；到小学阶段，祖辈参与家庭教养比例虽然有明显下降，但仍是多数家庭的选择（60.1%）。该研究是与台湾嘉义大学合作的项目。因为隔代抚养如此普遍，需要探讨的问题不计其数。中国教育学会主办的第19届海峡两岸家庭教育学术研讨会于2018年9月15日至16日在青岛举行，主题确定为：家庭教育中的祖辈参与。在杭州的论坛上，还有中国青少年研究中心少年儿童研究所所长孙宏艳研究员，上海社科院社会学研究所所长、中教家委副理事长杨雄研究员，江西省教科所所长、中教家委副理事长吴重涵研究员等人，他们发布的研究报告也都引起广泛关注。

总之，这是一届成功的家庭教育国际论坛，这是一本沉甸甸的学术文集，值得广大家庭教育研究者和工作者借鉴和参考。为此，我代表中教家委，感谢中国教育学会的正确领导！感谢每一位专家学者和工作者的积极参与！感谢杭州市上城区教育局的鼎力支持！

目 录

第三篇　分论坛报告

第四篇　论坛征文

第一篇　专家报告

新家庭·智慧爱

朱永新[①]

关于“新家庭·智慧爱”这个主题，首先我们要分析一下，什么是新家庭？新家庭从不同的维度应该有不同的意义，从外在而言，它是在新的时代背景下的家庭，在不同的时代自然会对家庭产生不同的自外而内的影响。从内在而言，是在传统的家庭基础之上有着新的变化的家庭，因为家庭是社会的细胞，社会在发展，家庭自然也在进步。从方向上而言，是拥有着符合时代发展和满足人们需求的，具有新文化、新理念和新行动的家庭。应该说，现在的家庭和过去的家庭有很大的变化。比如说，我们知道传统的家庭尤其是我们中国，非常注重家风、家教、家规，这样的一些家庭用社会和礼仪对孩子进行规范，这样的礼仪在相当程度上已经断裂了。20世纪50年代我们国家的平均家庭规模会超过5个人，到了90年代的时候是3.96人，到了2010年是3.10人，到现在平均规模是3.02人，也就是说基本上一般的家庭是3个人，和世界上发达国家类似。现在虽然出台了“二孩”政策，但是对中国的家庭结构、人口规模不会有太大的影响。再比如说家庭教育观念的变化，我们知道传统家庭中是集权为主，所以现在还流行着家长的概念，其实家长说了算基本上是父亲说了算，现在家庭的平等的意识、儿童的本位意识越来越被重视，所以新的家庭观念应该说发生了很大的变化。

这个变化，我们从两个角度对它进行分析：第一个原因是信息时代的挑战。因为信息时代对整个家庭教育的方式的挑战是根本性的。现在的孩子都是互联网的原住民，很多孩子在某些方面应该说懂得比父母更多，如今小学生可以用电脑、平板电脑、手机熟练上网，信息来源也进一步多元化，他们的交往也进一步网络化，微信、游戏、QQ聊天、视频等等，他们可以轻易地在现实世界之外，在父母毫无察觉之中搭建一个新的精神交往领域。所以，一方面，包括自媒体在内的各种媒体通过网络为孩子们提供了大量丰富的信

① 朱永新，全国政协副秘书长，中国民主促进会中央委员会副主席，中国教育学会家庭教育专业委员会理事长，苏州大学教授、博士生导师。

息，各种人文、科学知识，通过生动有趣的方式被孩子们轻轻松松掌握。同时网络也为孩子们提供了一个满足交往需要的虚拟空间，可以无限扩大孩子们的交流领域，这一切都让孩子们置身于前所未有的幸福之中。但是，另一方面，互联网的传播方式也让所有的信息几乎不加选择地进入了孩子们的视野，很多并不适合儿童独立获取的信息，甚至一些趣味低下的信息会对孩子们产生不利的影响，可能会使其染上不良习惯、受骗上当，这种案例已经不胜枚举。所以，当今的生活其实已经分为现实生活和网络生活两个层面，如果缺乏成年人的引导、缺乏好的家庭教育，尤其是缺乏精密、和谐的引导，将会造成孩子和父母的隔阂、矛盾和冲突。我们知道过去有一个概念，就是所谓的代沟，现在看来已经恐怕不是代沟了，而是代渊，两代人的差距越来越大。

第二个原因就是“二孩”政策。据卫计委统计，在2017年前五个月，我们国家住院分娩活产数比2016年的同期增加了7.8%，也就是说，“二孩”以上的占了57.7%，有专家分析，这个数据实际上掩盖了一个现象，就像放开“二孩”政策以后的一个堆积效应，其实从明年的趋势来看，远远不会达到这样，也就是说“二孩”政策可能不会像我们想象的那么有放大效应。但是不管怎么样，生“二孩”的人越来越多，而且它成为一种国家政策，未来可能会成为被鼓励的国家政策，所以“二孩”政策对家庭结构的变化会有很大的影响，四个老人一对夫妇现在已经逐步发展成为“422”，不管怎么样，都会分散父母对孩子教育的精力，孩子受到的关注也会有所下降。家庭成员的多样化，会让孩子体验到更加多样化的情感方式，同时也产生了新兴的竞争与合作的关系。因为过去是独生子女，家庭中很多社会关系是没有办法获得的，但是现在有了“二孩”以后，它在里面就体现了竞争、合作方方面面的关系，家庭会面临很多新的问题。其次，“二孩”出生以后对很多家庭支出、家庭经济、生活方式都会产生很大的影响，很多父母就是因为生不起孩子就不生二胎了，这样一来，父母对教育子女焦虑的心态怎么样调整，对父母的教育能力都是很大的挑战。所以如何发挥新型的家庭结构对教育的有利影响，让孩子们相互帮助、相互成长，如何最高效同时最简便地协助父母做好家庭教育的工作，是一个新的课题，这也是我们这次会议作为新家庭定位的一个重要的考虑因素，也就是说时代发生了深刻的变化。全国妇联在2016年年底公布了一个全面实施“二孩”政策对家庭的影响，这个调查很有意思，对20个城市0—15岁孩子的父母做了一个大样本的调查，从目前的调查数据来看，有了“二孩”以后，父母的责任感进一步加强，大多数已有“二孩”的父母对孩子的教育方式发生了微妙的变化，更加民主，大部分的“二孩”父母能够公正、平等地对待两个孩子，而且对女性平衡家庭和工作之间的关系带来了巨大的挑战，父母的工作精力也发生了很大的变化。同时，“二孩”里面的第一个孩子对“二孩”的出现也有一个适应性的问题，全国妇联的调查也发现有些孩子对生“二孩”强烈反对，也有父母做工作以后慢慢适应的，还有一些是满心期待的。但是，有情绪问题的有43.2%，这个数据还是不低的，也就是说，过去一个孩子的，在“二孩”出现以后，孩子多少有点情绪问题的占了43.2%。第一个孩子表现出一些新心态和行为的变化，所以“二孩”应该说对我们整个的教育产生了很大的挑战。

再简单讨论一下智慧爱，我们提出现代家庭需要爱与智慧同行动。我们知道希腊语“philosophy（哲学）”是由“philein（智慧）”“sophia（爱）”组成的，这也是家庭教育的重要哲学。在讲教育的时候，大家都会讲到爱，更不用说家庭教育，“教育如果没有情感、没有爱就如同池塘没有水一样，没有水就不能称其为池塘，没有爱就不能称其为教育”，我们知道讲爱的教育家实在是太多，但是也有教育家说爱是连老母鸡都会做的，尤其在我们的家庭教育中，我们经常在爱的名义下做反教育的事情，用爱摧毁孩子的自由和发展，这是缺乏智慧的爱所导致的。那么什么样才叫智慧的爱，我初步总结了一下，我觉得有这么几个基本的准则或者说基本的规律：

第一，智慧爱是有底线、讲规矩、守原则的爱。我们知道很多家庭对孩子所有的要求都尽可能地满足，不考虑孩子是否需要，家庭经济的情况是否允许，购买的难度有多大，这就是过去所谓的“你要月亮也要捞出来给你”，可最终培养出来的是自私、以自我为中心的孩子。

第二，智慧爱是平等、尊重、充分自由的爱。没有人格的平等就没有真正的爱，在成人之间尚且如此，在亲子之间也是如此。很多事都需要父母向孩子学习，虽然孩子在知识上不如父母，在经济上依赖于父母，但是在人格上父母和孩子应该是平等的。只有意识到平等，才可能有孩子对父母的尊重，进而产生父母和孩子之间的彼此尊重，才能出现父母给孩子充分的自由。这讲起来很容易，做起来不容易，因为父母天生觉得孩子“连生命都是我给你的，怎么给你平等，当然是我说了你必须服从，而且是无条件的服从”，而且中国传统文化中家庭教育就是这样，是以父母为中心的，而不是以孩子为中心的。那么，现在我们有的时候又倒过来，所以很多教育家都认为父母和孩子之间这种尊重往往体现在一种距离上，距离产生美，与孩子们适度的距离是教育孩子最重要的艺术。如果和孩子靠得太近，孩子会不自在，因为你侵犯了他的生活空间；如果离得太远，他们也会不自在，因为他们觉得缺乏保护就没有了安全感，所以与孩子之间的尊重往往表现在适度的距离感。限制孩子的自由有很多方式，很多父母是满怀善意地剥夺了孩子的自由，比如父母热衷于帮助孩子，有的时候觉得孩子自己做会犯错误，与其犯错误不如我去帮他做。

第三，智慧爱是尊重个性，扬长避短的爱。最好的教育应该是帮助孩子成为他自己，但是我们现在的教育恰恰相反，我们的父母经常愿意把自己孩子的缺点和别人孩子的优点进行比较，越比越不平衡，所以现在为什么越来越多的补习班，其实最关键的就是这个问题，盲目的攀比，是教育中扼杀天性的最常见的错误。其实我们知道教育有一个最大的问题，就是我们不断地补短弃长的教育，学校教育如此，家庭教育也是如此。其实最好的教育是扬长的教育，让每个孩子成为他自己的教育，我们知道艺术品需要雕琢，但是雕琢不是去改造艺术品的本性，就像你雕玉一样，最好的雕塑家是根据原来的形状、特点、材料来进行适当地雕琢，这才是真正的最高明的艺术品，做成一样的艺术品是不值钱的。

第四，智慧爱是理性、冷静、科学进取的爱。理性就意味着有节制，我们知道现在的父母总体上存在过度化的倾向，总是把很多东西塞给孩子，导致在物质上、精神上过分的营养让孩子的身体和心灵消化不良，所以父母要有节制地关心孩子，让孩子学会自主学习，学习他们感兴趣的东西。科学就意味着有规律。我们知道儿童的成长有个性也有共性，掌握孩子的成长规律就能够让教育事半功倍，很多父母正是由于缺少这种认识，把家庭教育变成了希望孩子按照自己的设计去生活、成长，把自己没有实现的理想寄托在孩子身上，结果往往听话的孩子就成为父母的宝贝，而有主见的孩子会经常受到抱怨和责备，就会把生活上的溺爱变成精神上的暴力和控制，更甚者会拳打脚踢，从精神上到肉体上进行控制。

最后，智慧爱是身心相伴，共同成长的爱。我们知道现在孩子诞生的时候也是父母在职场上打拼最艰难的时候，所以这时候往往父母会把孩子交给其他人托管，我们中国是全世界隔代抚养最普遍的国家，其实我们知道什么都可以替代，只有陪伴是不可以替代的，高质量的陪伴更加重要。国外有很多关于这方面的研究，就是关于父母和孩子一起吃饭，西方心理学就有一些专门的研究，孩子的词汇量、智力的发展和饭桌上的交流都有非常密切的关系，所以高质量的陪伴需要父母不断地学习，用自己的成长去引领孩子的成长，“父母好好学习，孩子天天成长”，这是我们2016年在中山家庭教育国际论坛上一个重要的主题。

第三个问题，新问题要以智慧爱去从容应对。爱是人们内心的情感，而智慧是对客观世界正确的应对方法，以智慧爱来面对教育的挑战，是最佳的探索之道。所以首先我们要关注时代的变化，掌握教育的目标和方法的不同。其实我们知道，教育有不变的真理，但它是随着时代而变化的，不同的时代对人的素质有不同的要求。譬如说，在工业时代，培养的往往是各行各业的专家，时代要求培养的是精通于某一个领域、某一门技术的人才，所以这时候教育的方法是个工厂，是大生产的方式。那么信息时代不一样，人的需求发生了很大的变化，对人的素质的要求也发生了很大的变化，包括学科方式，学科逐步被打乱，用更加综合的方式来进行学习，因为时代是要求具有创造性的人才。现在人工智能、信息技术的发展对教育提出的挑战是我们难以想象的，我经常说未来人的学习是人机结合体，就是人加上机器一起来学习，很多不需要人自己来学习的东西，完全可以交给机器去帮助你学习，这样一来你学习的内容就发生了很大的变化。所以，教育不能脱离时代。昨天新浪网记者来采访我，让我对未来教育做一些展望，我说其实我们已经站在一个教育大变革的时代，未来连在学校学习这样的方式也会有很大变化，现在的学校可能都会变成一个个的学习中心了，人不可能在一个学校去学习相对固定的内容，这是毫无疑问的，所以人学习的时空会发生根本性的变革。

与此同步的重点是我们要关注儿童。我们知道教育一是要紧跟时代，二是要关注儿童，把握儿童的特点是非常重要的，因为儿童本位是我们教育一个非常重要的定律，所以我们应该通过学习充分了解儿童成长的规律，有的放矢。很多大科学家都有这样的故事，本来我的稿子里讲了居里夫人的故事，她作为那么大的科学家，她在教育自己的孩子时，专门给孩子的成长写观察日记，她对自己的两个女儿具有什么特点都做了用心的研究，有针对性地进行教育。

随着时代的变化，整个教育的结构也会发生很大的变化，我们新教育实验2017年在南京召开了一个家校合作激活教育磁场的大会，我在大会上做了将近4万字的报告，我们提出其实整个家庭参与学校的教育或者说家庭和学校合作，是未来教育非常重要的走向。因为在这时候，学校教育本身发生了非常深刻的变化，人学习的过程是从摇篮到坟墓的过程，最初的教育是在家里进行，学校出现以后，很多家庭的教育让路给学校，现在可能学校要尊重于家庭教育原来的定位，那么信息共享将会成为未来教育的趋势。

总而言之，把爱和智慧完美地结合，是我们教育的最高境界，只有这样我们才能朝着这个方向坚定前行，我们的教育才能越来越接近理想。尤其是在当下，对广大父母来说，与爱的教育来比，更需要智慧，只有拥有更优的智慧，父母才有更多的爱，爱只有与智慧同行，才能有深邃隽永的价值，智慧只有与爱同行，才有生命的温度，更是我们推进家庭教育的不二法门，值得我们关注和践行。

学校、家庭、社区的合作及发展

史蒂文·谢尔登[①]

今天和大家说一下有关学校、家庭、社区的合作的问题。在这方面我们做了30多年的研究，我们认识到学校、家庭、社区的合作是非常重要的，能够帮助所有的孩子在学校成功，能够过上他们希望的生活，也在未来取得成功。

我们以约翰·霍普金斯大学怎样和社区、家庭合作为例，分享我们的研究成果和实践过程。

所有人都希望学校是健康的、安全的，有良好的育人功能。一个健康的学校是社区和家庭都欢迎的。家庭欢迎的学校是能够看到来自每个家庭中的学生的才能，我们希望建设像家一样的学校，让父母和祖辈都能喜欢和分享自己的教育知识，每一个人都给孩子一些信息，让他们得到优质的教育资源。学校能够给学生学术和智能上的良好发展，帮助每个人顺利毕业。我们也希望孩子健康，得到足够的营养，有足够的锻炼时间，拥有良好的价值观，成为社区良好的居民，对社区有归属感，能够为社区建设贡献自己的力量。这样他们将来就能更好地参与社会活动，变成更积极的公民。

学校、家庭需要共同努力，创造良好的教育氛围。相互重叠的理论即是阐明这个问题的重要理论。相互重叠意味着学生健康成长不仅需要优秀的学校，同时也需要家庭的大力参与，这样才能给孩子足够的支持。此外，我们还需要健康的社区参与孩子的教育，这三方面相互重叠就能帮助孩子在学校、家庭、社区健康成长。我们认为这样的环境和背景对学生发展非常重要，是孩子社会化的基础。

但现在不是每一个人都这样看待三者之间合作的重要性。有的人不一定很重视学校、家庭、社区三方面的合作，大部分情况是家庭没有和学校联系，学校也没有和家庭连接，他们之间是分开的。有一种教育观念认为，家庭会做他们自己的工作，我们作为老师也有自己的工作，这样的说法就暗示着家庭和学校的角色是独立的。家长把孩子送到学校，但

---

① 史蒂文·谢尔登（Steven B. Sheldon），约翰·霍普金斯大学学校社会组织教育研究中心副研究员、副教授。

学校和家庭不沟通。事实上，家庭成员很在乎孩子在学校的发展，由于学校没有及时反馈，所以如果孩子没有取得好的成绩，家庭可能也没有得到及时的反馈，孩子就感觉被孤立了。反之，如果孩子得到了学校和家庭双方的关注，他们要怎样去协调二者的关系？有时候这取决于他们的原生家庭，但是我们可以利用重叠理论及相关方法，让家庭和学校不断进行信息沟通，共同协商合作。

我们清楚三方合作共同教育孩子的重要性，现在我们的问题是学校和社区系统怎样共同努力，完成持续的、系统的项目，推进三方的合作。怎样让家庭和学校联系在一起？“家长参与”这个概念在很长一段时间内是被广泛应用的。在过去它意味着家长是否愿意和学校沟通。但不良后果就是当家长知道孩子做得不好的时候，学校可能会怪家长没有意识到孩子的困难。现在我们改变语言表述，不再使用“家长参与”概念，改为“学校、家庭、社区合作分享的责任”。这是我们在研究中使用的重要概念，我们希望三方能够合作，社区有责任让家长融入到孩子的教育中来，学校也要参与合作，每个人都有他们的角色。当我们有各自的责任时，我们就要合作，因为作为合作方三者是平等的，这有助于合作教育项目的成功。这也解决了以往单线联系工作量巨大的问题。现在学校和课堂有一个更好的组织来做这件事，有明确的目标和方向，这对孩子的健康成长更为有利。

在约翰·霍普金斯大学我们的行动团队中，我们有2—3个老师，以及2—3个家长或家庭成员，也有我们的校长或者是副校长参与，我们需要三方联系到一起，其他的PTA（家长教师协会）的代表和顾问，也会以不同的方式参与到我们的团队中来。我们团队的工作是希望能够把所有的人都融入到合作教育中来。为了实现这个目标，我们有四个基本步骤：第一是明确目标；第二是制订行动计划；第三是执行，在执行过程中我们可以看到挑战是什么，哪些家庭是有困难的；第四是有些家庭在完成项目的过程中非常挣扎，所以我们还有评估过程，反思发生困难的原因和场景，以及逐年的改善情况。

在过去，我们的一些项目设计可能是随机的，但现在我们有了明确的行动计划。要达成这样的目标，我们在社区中总结了6种参与方式来参与教育合作，这是基于我们的研究和实践工作得出的成果。

第一种是家庭教育。包括如何吃饭、居住、休息等基本的家庭功能。学校能够帮助家庭解决这些基本要求，家庭也可以和社区合作。第二种是沟通，分享信息。我们希望促进双方的信息沟通和有效的对话。第三种是志愿者。让家庭有机会能够参与到学校的一些志愿活动中，让家长基于本身职业和家庭作用来帮助学校。第四种是家庭学习，这些活动聚焦于和课程相关的领域，包括科学、物理、几何的学习，这能够帮助家庭理解怎样去支持孩子，从而提高他在学校的表现。第五种是决策。让家长的声音能够被学校听到，参与到学校校长的决策中，让学校去了解家庭的需求，也能够让社区的声音融入进来。第六种是和社区进行合作。

过去我们遇到过一些问题，我们曾认为不同的家庭背景、家庭收入、家庭地位会阻碍我们的合作，我们认为这是家庭的原因。比如：为什么他们不会说英语？我们怎样和他们合作？但是现在我们不这样看待这些问题，家庭的多样性不是我们的障碍，它只是挑战。挑战是能够克服的。在约翰·霍普金斯大学挑战是很常见的，我们要找到一种方式让每一个家庭参与到学校工作中来，即使他们不会说英语。我们把家庭的多样性看作是他们的优势，而不是我们的障碍。

执行方面，过去我们认为家长参与行为更多的是在学前班和幼儿园阶段，但是现在我们认为，在所有的年级都需要家长的参与。年龄不是问题，只要是在学生的成长过程中，我们希望一直都有三方的沟通。之前，我们是学校进行决策，但现在我们觉得三方参与更好，而且必须有多层次的三方合作来达到目标，这样执行的效果更好。在过去20年中我们得到了非常成功的成果，我们过去希望家长的参与只是因为我们希望家长能给我们一些反馈，但是现在我们知道，如果我们想要让学生本身做出改变的话，必须用学生的思维去思考，我们希望让三方能够看到学生的想法，三方希望学生成长的样子是我们要通过沟通去了解的。做到这点不仅帮助孩子得到了家庭的帮助，其各个学科也都取得了更好的成绩，在感情上是稳定的。如果我们能连接家庭、社区和学校，并且了解学生最后的反馈，我们发现家庭就更重视我们之间的合作。如果他们看不到这种清晰的联系，家长就不愿意和学校、社区进行合作。

我们每年都有非常清晰的行动计划，并会为学校、家庭、社区三方展示这些计划。此外每年我们还会进行清晰地评估，并且不断建设温馨的校园环境。从学校角度而言，这些很有帮助。

最后我们想谈一下评估问题。这也是我们近几年才刚刚意识到的重点问题。我们需要检查我们制订的目标和行动计划效果是否良好。在过去，我们只是总结一下活动的完成情况，打个钩就觉得我们做好了，但是现在我们会做进一步分析，就是举办活动后家长有什么样的感受。过去我们只注重有多少家长来参加活动，现在我们更关注的是家长是否觉得我们的活动是好的。我们在得到反馈后，就能不断地改进。这些评估帮助我们的项目变得更好。有时候，人们害怕变得不完美就不愿意去做，但是我们不希望这样的事情发生，我们在长期不断地改进中会变得更好。我们的研究结果也显示，如果学校能够进行反馈，那么他们就会联系到更多的家庭。

希望通过这次演讲，让大家大致了解到我们进行的学校、家庭、社区三方合作研究，也希望在座的各位回到自己的学校，开展强大、有效的三方合作研究。

自我决定理论及社会与情绪学习理论

凯·马库斯·塔维奥[1]

今天我非常开心能给大家演讲，希望这次演讲对中国家庭教育的发展能够有一些帮助。

我第一次来中国大概是三年前，来参加一个在北京举行的教育心理学会议。在我取得了教育心理学博士学位以后，我在芬兰赫尔辛基大学担任教师，同时我还是一个社会交往技能领域的培训师，在欧洲、中东，还有很多亚洲的不同国家开展培训。但是，大部分时间我还是在我的大学里做研究员的工作。我负责着两个项目，一个由美国资助，有10个国家共同参与该项目；另外一个项目由欧盟资助，有5个国家参与。这两个研究的内容都是以教师和学生为目标群体，进行社会交往训练的培训。

同时，我在赫尔辛基社会保障办公室时还担任过协调员，我的工作包括客户关系管理服务，帮助家长解决教育孩子的问题。如有一些人的孩子吸毒或者有心理健康的问题，对于家长来说，给这样的孩子寻找一个正确的教育方法非常困难，我们所做的工作主要是一些家庭教育的预防工作，这类课程非常流行。它的目的是帮助一些学生更多地进行对自己负责的培训。很多家长有一种疑虑，如果参加了这样的课程就默认自己的孩子有问题，但是我们尝试告诉他们，他们来参加这样的培训，反而正是证明了他们在为了提高家庭生活的质量而努力，并且在努力让自己变成真正细心、慈爱的父母。

我简单讲一下芬兰的情况。芬兰只有550万人口，但是我们的国土面积非常大，芬兰的北部有很多动物。我来自位于芬兰南部的首都——赫尔辛基，这里也是赫尔辛基大学所在的地方。我们的学校非常优秀，现在在全球排名第35位。我同事中有一个很好的朋友詹妮，她来自中国，和我一起在大学里工作。我和她在2016年7月份时，在中国组织了针对教师群体的北京培训项目，那时芬兰和中国已经有很多的互相交流和学习的机会了。此

① 凯·马库斯·塔维奥（Kai Markus Talvio），戈登国际培训机构父母效能训练、青少年效能训练、教师效能训练的国际督导。

间很多家庭教育者也到了芬兰，我们之间有诸多交流。

今天我和大家分享的主题包括两个方面，一个是自我决定理论，另一个是社会与情绪学习理论，这两个是非常现代的理论，而且紧跟现代心理学的趋势，也就是积极心理学运动。不同于关注疾病和困难的理论，积极心理学关注的是人们为什么可以获得健康和幸福。

首先，我们来看一下自我决定理论。自我决定理论解释了怎么样对人进行激励，这也是现在中国政府所倡导的。人类需要一种自由来做出自我决定，因此他们需要获得一种动机并且可以保持这种动机。有这种内在动机，我们才会做自己喜欢的事情，如果我们做事情感到有压力，那么就会不开心。如果说，我们工作没有任何的内在动机，即使再努力也不会感到开心。我们的工作如果只是为了获得奖赏或者避免惩罚，没有任何内在的动机，这也是不好的，但是我们不可能任何时候都可以做自己想做的事情，很多时候我们也需要做一些自己不喜欢的事情。我们很重要的一项工作是帮助孩子建立自我动机，帮助他们基于自我动机去学习，而不是因为避免惩罚去学习。帮助孩子加入到家庭决策的环节中，让孩子能够自主做出决策。今天，我们也听到了关于很多家长、老师过多地控制孩子的事件，这里我想说的就是自我决定理论的重要性。自主性、自我效能感和关联性，对于培养自我决定感是非常重要的。

如果你的孩子感到有自主权，他就觉得自己是行动的主动者，而不是一个被动者，这意味着他会为自己的行为负责。例如，一个孩子主动做作业，是因为他明白这个行为对他是有利的，而不是因为他害怕第二天会受惩罚。我们可以在他们自我决定的过程中帮助他们，帮助他们理解每个事物都有两面性，并且告诉他们，他们要为自己的决定负责。此外，当一个孩子成长的时候，他不能总是依靠于询问父母自己应该做什么，而是应该为自己的生活做决定。还有一个例子，当孩子玩游戏的时候，家长说不应该玩游戏。但是如果经常这样说，这对孩子是不利的。我们可以以这样的一种更有效的方式告诉孩子，即一整个晚上熬夜玩游戏会对你带来什么样的影响呢？

对每个孩子来说，让他们感受到自己擅长某些事情是很重要的，这就是我们所说的自我效能感，再小的孩子都需要知道自己擅长什么，但是很多的家长和老师都在告诉孩子们哪些行为是好的，哪些行为是不好的。在中国有个非常典型的现象。我问中学生擅长什么，他们答不上来，这就是一个关于自尊的问题。如果说，他们知道自己擅长什么，就会感到很自信，而且会关注在自己擅长的事情上，并且做得更好。但是，如果他们感到自己在任何事情上都无能，那么他们就会感到沮丧。

还有很重要的一点是关联感。关联感意味着归属感，归属感是每个人都需要的，如果一个孩子感到自己是一个环节中的重要一环，那么这就会支撑起他的健康发展。他们感到自己对他人是有帮助的，这让他们感到自己非常有用。但是也会有非常令人伤心的案例发生，比如很多制造校园枪击案的案犯，对这些人进行研究时发现，他们大多数情况下都或多或少地感到自己是被孤立的、无用的。对于学校来说，非常重要的就是我们要为孩子着想，让他们理解自己并不是一无是处。他们之所以做出一些“不良”事件，是因为他们希望通过这样的事件来获取关注。我们都不希望自己是被隔绝在群体之外的，所以我们需要努力把他们融入到群体生活当中。

在培育学生的自我决定感方面，家长的作用是非常关键的。而且我们也知道，自主权、自我效能感和关联感对于提升自我决定感非常重要，但是家庭教育怎样能够真正在其中获利，就需要我们进行社交情绪的学习以及交流技巧的学习。所以接下来我要和大家讲一下社会情感学习理论。

社会情感学习理论是什么意思呢？该理论的目的是为了让一个孩子或者一个成年人进行自我管理，管理自己的情绪、期望和目标，并且以一种对大家都有利的方式做出决定。社会情感学习包括五个维度：自我意识、自我管理、社会意识、人际关系技巧以及负责任的决定，以上五点共同决定了一个人怎么样能够获得更好的社会情感能力。

为了提高每一项技能，我们需要做到以下几点，第一是提高自我意识。也就是说要了解到我们自己的内在，例如，我需要认识到我现在此时此刻的感受是怎么样的，我的生活目标是什么，父母有时候会倾向于直接给孩子解决方案和对策，而不是真的倾听孩子的思想和建议，比如今天很多前面的演讲中提到家长们非常注重孩子的一些学术上的成功，却没有关注孩子真正想做的是什么。第二个是自我管理。我们要学会为自己发言，同时支持孩子做自己的事情，要让孩子感觉到积极活跃的生活，并且推崇我们自己所想要达到的目标，我们应该意识到怎样正确表达情绪。第三是所谓的社会意识。那些有着很好社会意识的人知道他们是被人所需要的，这是我作为一个教师的思考和感受。第四是人际关系技巧。一个家庭的交流技巧不好，那么家长就会在和孩子建立关系中遇到一些挑战，而提升这个技能的最好方法就是学会倾听，因为孩子是以父母为榜样来学习这项技能的。倾听包括以下一些做法，比如说我们不随意地定义他人，而是让他们做真实的自己。人际关系技能对每个人创造和发展是有益的，是进行合作的必需元素。最后一个是负责任的决定。也就是说，我们要做出符合伦理和道德方面的可持续发展的决定，但是如何帮助孩子完成这些？依然是通过实际的经验和体验，让孩子成为家庭决策的一分子，向他们证明大家在决策方面是平等的，而不是家长告诉孩子应该怎么做。但是这也不是说孩子就可以为所欲为，也要受到一些限制和控制，我们需要和孩子一起去学习，去达成一个共识，共同决定我们的家庭生活。

现在大家已经看到了这五个维度，我想和大家说明我们可以运用哪些技能来提升这五个维度。这些技能可以通过社会交流课程进行学习，例如PET（父母效能训练）课程。我认为认知是非常重要的，技能不能离开知识的学习，因此书本知识依然非常重要，但仅是书本知识的学习，对于提高交流技巧并不够。比如说我们看一下妈妈是怎么样给孩子换尿布的，有可能这种方法是从书本上可以学到的，但是怎样真正去实现这种技能还是需要通过实践来获取。

提升孩子的自觉性和内在动机可以帮助孩子提高自我意识，这通过倾听技巧是可以实现的，倾听技巧是很好的，但是并非父母的每一次倾听都一定有效。主动倾听是一种非常重要的方式，能帮助我们了解孩子在做什么、想什么，而且可以帮助孩子认识到他们真正的想法是怎么样的，因为有时候孩子自己也不知道自己在想什么。

怎么样来提升自我效能感？自我效能感是通过向孩子传达积极的信息，让孩子理解并能接收到这种信息来实现的。家长要帮助孩子知道自己擅长什么，帮助孩子去体验到自己的能力。但是我们这样做并不意味着说我们要给孩子奖励，而是我们在倾听的同时，也要给他们一些积极的反馈。

怎么样来提升关联感？家长可以让孩子融入到家庭决策的过程中，避免一些无效的沟通。我的博士学位论文是关于教师的社会情感技能学习的，教师通过这些社会情感技能的学习，可以帮助学生提高关联感。同样在家庭中我们也可以做到如此，在家庭中我们其实也经历着和学校一样的过程，我们的家长是非常关键的人物，他们需要一些关键的技能，同时也需要进行社会情感技能的学习和交流技能的学习。

幼儿教育的本质特征

凯西·麦克法兰[①]

我是凯西·麦克法兰，在新西兰华德福早教中心工作。多年来，我们和新西兰政府、教育部国际盟友都有合作。我非常高兴能够来到中国。

首先，我想说一个故事。曾经有一个孩子希望学习音乐，村中长者建议孩子去找一位非常有才干的音乐家学习演奏。这个孩子很努力地跟这位演奏家学习，并刻苦练习，但是大师每次都说："你的演奏总是缺少了什么。"这个孩子听后练习得更加努力，但还是没有达到大师所说的完美水平。于是，孩子停止了练习。他回到了村庄，但是整个村庄的人都鼓励他继续努力。于是他又开始了练习，他也不知道这样做是不是正确。后来他回到大师那里，为大师演奏了一首作品。演奏结束后，大师沉默良久，最后说："有时候我们也不知道怎样做才是最好的，但我们要坚持做下去。"

这个故事让我联想到教育问题。教育到底应该怎样去做呢？作为学生本身应该怎样去学习呢？我们在进行早期教育时是有危机的，我们怎样去达到自己预设的想法和目标呢？教育，尤其是早期教育，有时就像完成一个自由的表演。显然，坚持积极尝试和自由发展很重要，对孩子心理健康意义重大。

但在发展的同时，我们也看到了一些非常严重的问题。我在一些孩子的身上看到了焦虑，他们也会有一些身体过敏的症状。为什么会如此呢？我们既要反思这种教育结果，也要关注家长所面临的切实问题。

在参加各种研讨会时，我们会发现议程内容很多是关于学校和孩子的。即使作为早教老师，我们也会被孩子的一些问题所困惑。有时我们只是给出了人道主义的建议，自己却没有做出实际的举动，导致我们没有达到预设的目标。工业革命让我们有了用机器来完成部分工作的机会，但我们不能把所有的事情都让机器来做，不能只是用拍照片的方式来留

---

① 凯西·麦克法兰（Kathy MacFarlane），鲁道夫·施泰纳/新西兰教育部华德福幼儿中心代表，鲁道夫·施泰纳/新西兰华德福国际教育代表。

存我们的记忆，也不能依赖于计算机去做所有的记忆工作。我们注意到早期教育工作即是如此。教育非常重视人类之间的互动，因为有时我们并不能从机器的帮助中得到太多的知识，比如在森林中长大的孩子是没有适应现代生活的能力的，我们必须通过互动、培养思维方式的途径来教化他们。教育孩子亦是如此。7岁的孩子会不断模仿成人的行为，所以我们在早教方面必须做出巨大的改变，去和孩子互动，才能够让他们健康成长。

我们还需要考虑：教育是为了什么呢？为什么要教育我们的孩子呢？大多数人会说，我们想要孩子成功，所以教育他们，他们会成为最棒的人才。但是其实我们并不知道成功到底是什么。我们可以畅想一下，在2030年我们学校的教育是什么样的？我在30年前就来过中国，目睹了中国发生巨大变化的过程。当时我从香港到西安是坐火车去的，坐了35个小时。这在今天很难想象了，所以我们也很难预料到2030年的世界会是怎样的。

但我们可以对2030年的教育有愿景。比如我们希望孩子有怎样的技能来处理生活中的事情呢？我们希望孩子在2030年有怎样的能力，是提高他们的同理心、信心和解决问题的能力吗？这些东西是教不了的，它们是通过玩的过程去培养的。家长来到幼儿园希望给孩子最佳的教育，但他们有时候忘记了，作为家长他们首先必须给孩子最棒的家庭教育，但有些遗憾的是他们有时没有参与到孩子的教育中来。

我们能够怎样支持这些家长呢？怎样才能够让他们和学校联系在一起呢？我们现在和孩子合作得非常好，但是如果和家长合作的话，我们可能就会采用不同的模式，可能会遇到不同的问题。所以在进行早教时，我们要着重促进学校、社区和家长的合作，进而去帮助孩子成长。因此，我们希望能够合各方之力，这样老师对孩子进行相关指导后，孩子就能做到比较好的自我教育，能够帮助他们自己成为更好的公民。

作为早教老师，我们发现创设良好的环境也能够帮助学生成功。举个例子，在忽略文化、种族等多方面因素的前提下，我们来到一个房间里，但没有人在乎你，没有人倾听你说话，那会是什么样的效果呢？那种体验肯定不舒服。但是如果来到华德福的话，孩子会感到自己不仅有机会诉说，也会被倾听，这样会塑造孩子的自信心，进而对其整个人生产生积极影响。这就是我们在早教期间建立信心的重要途径。

但是，有时成人会对此产生误解。成人习惯于听到一个理念或方法就照搬这些内容和做法而不去思考，这叫复制。而我认为孩子如果能够开放地去思考问题会更好。所以我们在进行早教工作时，会教孩子思考：当他们了解了一个新想法后，怎样获取他们认为很重要的那部分内容。这种分析的过程让他们变得更有创造力。我们看到西方很多优秀的学校在这样培养孩子的能力，所以我们希望华德福的想法也能够融入中国的文化，得到更好的推广。

我们有帮助孩子处理挑战的理念，所以我们希望能够克服语言的障碍，促进每一个孩子的进步，帮助他们培养自信心和属于自己的思考能力。作为老师，我们有责任和家长一起合作，看到孩子到底需要什么。华德福教育拥有强大的理念，我们真正看到了孩子和家长的挑战，看到孩子在家庭中的状态，所以我们更希望孩子能够在互动中从成人身上进行学习，而不仅仅是在机器上学习知识。

几乎所有的家长都希望能够帮助孩子树立良好的观念，所以我们要深思应该以怎样有效的方式去帮助孩子。成人出现心理问题时做心理咨询，咨询师会让你诉说自己的经历，有时不用多说就能够解决自己的问题。但是孩子不一样，孩子需要一种不同于成人的沟通方式，我们要帮助孩子尽早学会自我诊断，解决自己的问题，降低焦虑。在我们的早教理念中，如果孩子在4岁时做不好，可能就会导致他16岁时的失败。

作为早教老师，我们知道在正确的时间应该给孩子正确的教育，华德福有非常棒的家长沟通社区，能够让家长摒弃成见，了解、帮助我们做好教育工作。我们给学生良好的成长节奏，当孩子能够说话时，我们会想着如何和孩子进行更好的沟通，我们在努力进行健康的生活建设，通过我们的社区，每一个人良好的品质都会得到重视。这样的成长节奏对孩子很重要，所以我们有责任让学校、社区、家庭通力合作，以创造更好的世界。

“新家庭·智慧爱”的五个教育特征

孙云晓[1]

人工智能时代到来了！可是，许多父母包括家庭教育工作者还在对信息技术妖魔化，对孩子使用网络给予千方百计的限制。当然，人们的担心不无道理，防止孩子有网瘾完全必要，但如果把孩子与网络隔绝，绝对会造成孩子健康成长与适应时代变化的重大障碍。这说明今天的家庭教育正在遭遇前所未有的严峻挑战。

“新家庭·智慧爱”是2017家庭教育国际论坛的主题，也是人工智能时代对家庭建设与家庭教育的呼唤。但是，什么是新家庭？什么是智慧爱？如何建设新家庭？如何给予孩子智慧爱？这是需要我们回答的问题，也是本文将探讨的核心问题。

据多家媒体报道，全国政协委员、福耀玻璃集团董事长曹德旺，在2017年3月的全国人大、政协两会上，就家庭教育递交提案。他呼吁国家制定《家长教育法》，通过立法使家长接受系统而有效的教育，进而成长为称职乃至卓越的家长。曹德旺认为，如今很多家长对如何教育子女有心无力，导致家庭教育出现问题，孩子越来越难管。因此，他在提案中建议，应当为家长教育立法：构建培训教育家长的社会体系，由教育部主管，政府拨付经费；大学设立家长教育学科；家长和“准家长”经培训后“持证上岗”。“只有家长受到科学的培训，才能提高家庭教育的质量。”

一石激起千层浪，这条新闻瞬间成为全国的热点，因为它触动了千家万户极为敏感的神经。2016年的家庭教育国际论坛以“与孩子一起成长”为主题，其实就是在积极探寻这样一个重大而紧迫的时代课题。从另外一个角度也可以说，现有的家庭教育虽然已经被高度重视，但许多关键的问题尚未解决，比如家庭教育立法等问题；还有家庭教育学校化的倾向不但没有扭转，甚至有更加严重的趋势；等等。

大约10年前，那时我担任中国青少年研究中心副主任兼《少年儿童研究》杂志总编

---

① 孙云晓，中国教育学会家庭教育专业委员会常务副理事长，中国青少年研究中心家庭教育首席专家、研究员，首都师范大学特聘教授。

辑，研究和服务家庭教育是我们的核心任务之一。我曾经这样写道：

今日世界有上万种职业，几乎都需要持证上岗。譬如汽车司机，没有驾驶执照是不敢上路的，即使有驾照，一旦违章被警察扣了驾照，也只好乖乖待着，有车也不敢开。于是，我就万分纳闷，做父母几乎是人世间第一神圣而复杂的职业，为什么就不需要任何执照呢？怪不得许多孩子有问题，原因之一便是父母“无照经营”的结果。

呼吁父母持证上岗是个浪漫的想法，事实上最重要的是父母要自觉学习，尽快成为一名合格的父母。我在全国各地的巡回讲演中，上千万的父母听众，让我看到了太多太多伤心的泪水和绝望的眼神。于是，我们开始久久地思考，可否将包罗万象的家教内容，简要地概括为一种方法。

30多年从事儿童教育和研究的经历，尤其是做了20多年父亲之后，我发现，仅靠某一种具体方法的教育是注定要失败的，因为孩子是千差万别的，没有任何一种方法适合所有孩子的教育。再说，思想的不同决定了同一方法的效果不同，这表明任何方法都离不开观念的指导。因此，家庭教育的成功需要一套综合的方法，即将理念、方法、心理、生活方式和家庭关系融为一体，而又简明扼要通俗易懂。

经过多年积累并与诸多专家学者反复探讨，我们终于总结出了五元家教法。毫无疑问，要提高孩子的素质，首先要提高父母的素质，这种前素质教育是教子成功的关键。一般来说，父母的教育素质，包括教育观念、教育方式和教育能力三大要素，具体可以归纳为五个元素，即合乎规律的教育理念、科学的教育方法、健康的心理、良好的生活方式、平等和谐的家庭关系，将这五大元素融会贯通即为“五元家教法”。

10年后，之所以旧话重提，是因为五元家教法或许就是“新家庭·智慧爱”的最为显著的教育特征，它回答了什么是新家庭，什么是智慧爱，如何建设新家庭，如何给予孩子智慧爱。新家庭当然不仅仅具有教育特征，还具有人口特征、经济特征、文化特征……这些都对家庭教育具有深刻的影响，但其教育特征的影响最为直接也最为深远。新家庭与智慧爱是相辅相成的，也是互为前提的。实现智慧爱离不开建设新家庭，建设新家庭必然追求智慧爱。新家庭之新并非新组建的家庭，而是具有与时俱进的价值观的家庭，是具有平等和谐关系的家庭，智慧爱是新家庭的本质体现。

从某个角度可以说，五元家教法既为广大父母提供了一套科学的家庭教育方法，也为家庭教育工作者提供了一套框架性的指导体系。甚至可以说，五元家教法为父母与孩子一起成长，努力获得父母的上岗执照，都提供了方向、原则和方法。但由于这是一个将理念、方法、心理、生活方式和亲子关系融为一体的系统方法，并不容易简单地理解和掌握。因此，家庭教育工作者的使命就是指导父母如何有效地使用科学的方法。五元家教法当然不是唯一的家庭教育方法，更不是家庭教育工作者所唯一遵循的家庭教育原则，但是可以说，五元家教法是反映了家庭教育客观规律的系统认识和有效方法，因而也是特别值得家庭教育工作者深入研究和大力推广的基本方法。

第一，合乎规律的教育理念。

五元家教法的首要元素是合乎规律的教育理念，即合乎家庭发展特点与人的成长规律的教育理念。10年前我们将五元家教法的首要元素定义为现代的教育理念，其实是有局限性的，因为许多古老的非现代的教育理念恰恰是“新家庭·智慧爱”的教育原则，比如老子、孔子、卢梭、蒙台梭利等思想家的诸多教育见解。与时俱进的教育理念是父母教育素质的核心，对家庭教育的目标、方向以及父母的教育行为起着制约和指导作用，也是影响家庭教育质量的决定因素。教育理念至少包含儿童观、亲子观、人才观、教子观等四个方面。儿童观，即父母对儿童的本身及其发展的认识，如孩子是人，是走向成熟的人，是终将独立的人等；亲子观，即父母对子女与自己关系的基本看法，如两代人相互学习共同成长等；人才观，即父母对人才价值的理解，如社会需要各种各样的人才，只要做出自己的贡献就是人才等；教子观，即父母对自身、对子女发展的影响力和本身能力的认识，如把人格的培养视为家庭教育的核心等。

合乎规律的教育理念一定是与时俱进的，其中一个基石般重要的原则，就是要尊重儿童（18岁以下的任何人）的权利，尊重儿童的生存权、发展权、受保护权和参与权。例如，中国的家庭教育特别是家校合作有一个严重的缺陷，就是忽视儿童的参与权，这种原则性失误导致家校合作不可能真正成功。2017年夏天，南京南站发生的在养父母面前公然猥亵幼女的案件，更是说明儿童权利受到多么严重的侵犯。

第二，科学的教育方法。

五元家教法的第二个元素是科学的教育方法，这是教育理念和教育行为的综合体现，并直接关系到孩子在家庭中所受教育的效果。所谓科学的教育方法，就是符合人的身心特点与成长规律，并且对人的发展有益的方法。比如，北师大著名心理学家陈会昌教授及其团队20年跟踪研究200多名孩子的成长，得出最为重要的结论，就是理想状态的孩子具有主动性与自制力的特点，而这两点是健康人格的核心要素。由此给予我们启示，家庭教育不可走极端，要特别重视培养孩子的主动性与自制力，并且努力做到两者的平衡与协调。再比如，韩国前教育部部长文龙麟教授建议，孩子10岁之前应该教会其如何做人，掌握好道德智能，并且严格要求；10岁之后青春期来临，最重要的教育原则是尊重。中国很多家庭教育失败的教训，恰恰是10岁之前放任不管，10岁之后发现问题太多，想管却难以管教导致冲突严重。归结起来，较为重要的教育方法至少有4点：1. 教育孩子的前提是了解孩子，了解孩子的前提是尊重孩子；2. 培养健康人格从养成良好习惯做起；3. 父母的身教重于言教；4. 让孩子在体验中和群体中长大。当面对独生子女孤僻任性没有朋友的难题时，家庭教育工作者就要提醒父母，孩子不能没有伙伴，再好的父母也不能代替伙伴的作用，鼓励有条件的父母生育二胎，建议独生子女的父母联合起来，变小家为大家，变独养为群养，引导孩子在与同伴交往的体验中快乐成长。

第三，健康的心理。

健康的心理是五元家教法的第三个元素，有两个主要的含义：一是父母的心理健康与否会给孩子以深刻的影响，二是父母要重视培养孩子的健康心理。不论在什么情况下，父母在以身示范的前提之下，引导孩子力求做到认识自己、悦纳自己、控制自己，而这正是心理健康的重要标准。自知是心理健康的前提，自知才能自信，自信才能自强。悦纳是心理健康的方法，在自知自信自强的基础上，以现实而积极的心态接受自己的不足或缺陷。控制是预防心理危机的措施，如同灭火一样，采取冷却、隔离等措施消除火源化解危机。今日中国是转型社会，而转型社会必然心理矛盾凸显。因此，这就要求父母带头提高心理健康水平，由自知而自信而自强，不因成功得意忘形，也不因失败惊慌失措，始终保持乐观向上的稳定情绪，这将使孩子终身受益无穷。

在今天的家庭教育中有一个突出的倾向，就是父母对孩子的期望过高甚至完全脱离实际。例如，我们在一项全国性的调查中发现，83.6%的中学生的父母要求孩子考试成绩在班里要达到前15名。家庭教育指导者需要提醒父母，这种过度竞争的心理是不健康的，也是根本无法实现的，如果不作出适当调整，有可能造成悲剧。如果能介绍有关多元智能方面的知识，也会有助于父母引导孩子扬长补短，走适合自己的路。现代的成功观是人人可以成功，成功就是发展，成功就是选择，成功就是和谐。美国心理学家斯腾伯格提出的成功智力，包括分析性智力、实践性智力和创造性智力。这或许启示我们，走出过于追求高分数和高名次的误区，重视生活教育和创新教育，可能给孩子带来更强大的力量和更宽广的道路。

第四，良好的生活方式。

良好的生活方式是五元家教法的第四个元素，这是保证孩子健康成长的基石。人是环境的产物，近朱者赤，近墨者黑，一切都是从童年开始的。例如，父母读书多，孩子读书也多；父母爱运动，孩子也容易喜欢运动；父母合理膳食，孩子也会深受其益。良好的生活方式是孩子形成健全人格的摇篮。在养成良好的生活方式方面，父母的榜样作用尤为重要。

作为家庭教育工作者，心中要时刻记住几个重要的数字，如中小学生要每天运动1小时，如小学生每天睡眠至少10小时，初中生每天睡眠至少9小时，高中生要每天睡眠至少8小时……当然，生活方式不仅仅是吃饭、睡觉和运动，还应当包括人际交往和兴趣爱好等内容。

第五，平等和谐的家庭关系。

五元家教法的第五个元素是平等和谐的关系，这是家庭教育成功的必备条件。对于家庭关系要有新视角，首先要重视和谐的夫妻关系，并将夫妻关系作为家庭最核心最重要的关系；其次是建立平等的亲子关系，父母不仅应尊重儿童的权利，还要善于发现孩子的独特个性，真诚地学习孩子身上的优点，使教育过程充满理智之爱；再次是发展三代人的关系，如朱小蔓教授所说，完整的家庭教育是三代人的互动。

进入人工智能时代，对于掌握信息技术的要求急剧提高，但绝不等于技术至上，更需要正确的价值观和温暖的道德精神，而这正是“新家庭·智慧爱”紧迫而重大的新课题。正是从这样的角度，我们倡导五元家教法，希望它能够成为打开新家庭教育神秘之门的金钥匙。有了它，云遮雾罩的家教难题就有了清晰可见的路径；有了它，父母们能够自信而坚定地走出充满诱惑的家教误区。对于家庭教育工作者来说，五元家教法是一个宽阔而开放的系统，是一个大有创新潜力的天地。

新发展时期我国家庭教育三大问题与对策分析

鹿永建[①]

习近平总书记2015年春节团拜会上作出关于“重视家庭建设、注重家庭、注重家教、注重家风”的重要讲话之后，我国家庭教育建设和研究进入一个前所未有的新发展时期，呈现出高层高度重视、政府部门和党群组织措施频出、专业组织和专业人士主动作为、学校和社会力量积极参与、商业资本见机逐利涌入、广大父母主体觉醒等鲜明特点。

虽然新时期家庭教育事业取得了一定的发展，但长期存在于学界的家庭教育基础研究薄弱的问题更加凸显，并在事关家庭教育认识论的科学性、家庭教育主体与受教育者的关系定位、家庭教育中老大难的性教育难题的解决之道等家庭教育重大问题上以新的面貌和细节呈现出来。家庭教育是否具有规律性、亲子关系如何保持平衡性、性教育实践如何体现有共识的人性观，这三个问题现实地摆在面前，成为影响新发展时期家庭教育建设的重要问题。三个问题相互影响、相互掣肘，影响深远，有必要加以阐释并澄清。

一、保守坚定而明确的家庭教育观：坚持家庭教育基本规律和基本共识，防止方法至上、相对主义消解家庭教育价值观。

家庭教育可以找到超越于个性的共性规律，这一教育常识有多种表达方式。列夫·托尔斯泰《安娜·卡列尼娜》开篇第一句话就是“幸福的家庭每每相似，不幸的家庭个个不同”，这句名言讲的是家庭结构有其内在规律和要求，必须基本满足这些要求，一个家庭才谈得上幸福，如果在某一个重要方面有所缺乏，那就可能造成功能的缺失，从而影响家庭功能的发挥，进而也影响家庭成员的幸福感。

然而，这一教育常识在当下的家庭教育理念传播和教育实践中经常被怀疑和忽略，有人针锋相对地提出：“不幸的家庭每每相似，幸福的家庭个个不同。”也许这是对于过去长

---

① 鹿永建，中国教育学会家庭教育专业委员会常务副理事长，中国教育学会理事，新华社高级编辑。

期存在的家庭教育规律的概念化、教条化表达的一种反动，但是不免走向了另一个极端。幸福的家庭个个不同，不同在什么地方呢？如果是为了强调其多样性，这种表达不免言过其实，甚至更像用幸福家庭在细节上的多样性模糊和谐家庭必须遵循的客观规律性，过度强调家庭幸福中主观感受的重要性，导引出家庭建设并没有多少共同规律性的推论，也就把家庭变成一种可以随便加以定义的结构。这种观点在家庭教育实践中的具体表现为少谈规律多讲方法、少谈理念多给实招、少谈对错是非多谈有用没用等，背后是虚化客观真理和永恒价值的相对主义思想。

作为西方后现代主义思潮核心理念之一的相对主义真理观，认为真理是相对的，根本就没有什么传统意义上的真理。这一理念的积极意义在于对僵化的教条主义真理观的反动，其致命弱点是不知不觉地把相对主义真理观当成了最高真理的唯一表达，从而陷入逻辑的自相矛盾。在崇尚多元文化的当下，如果失去了对家庭建设和家庭教育基本规律的认知与坚持，不可避免陷入缺少方向感的误区。比如，家庭的本质有两个要素，一是血缘性，二是誓约性。夫妻关系来自誓约性，亲子关系来自血缘性。特殊的亲子关系如收养家庭、重组家庭的亲子关系是誓约性和血缘性的交织。两相综合，家庭关系并不是人们日常理解的那样基于血缘性的本质特征，而是基于誓约性和血缘性两个特征，其中夫妻关系的誓约性是最核心的特征。这样的认知和信念在事实上促成真实而亲密的亲子关系、有效的养育生活和深厚的感情纽带，反过来验证了家庭教育中真理信念的重要性。

而受到相对主义思想影响的家庭轻视家庭关系尤其是夫妻关系的誓约性，一旦家庭关系遇到重大挫折，很容易因找不到维系家庭共同体共渡难关的非物质价值资源而走向分崩离析。因此必须明确，家庭教育中的规律性、真理性、信念性内容是决定家庭教育正确走向的河床和堤坝，而家庭教育的方法和策略是河中之水，形成家庭教育的日常化存在和多样化丰富表达。家庭教育专业人士必须认识到相对主义在逻辑上无法自洽，从而保持警惕性；同时坚持探索、保守、运用真实而活泼的家庭教育规律，才能有力地抵御相对主义思想对于家庭教育认识论的侵蚀。

二、避免偏于一端的亲子关系观：坚持正确的尊重观，采取合理合宜的管教方法，莫让伪尊重大行其道。

尊重儿童是当下最先进的教育观念之一，但是教育现实告诉我们，若不平衡好父母老师权威与尊重儿童权利这两者的关系，儿童中心主义会导致自我中心主义的一代儿童。笔者日前在北京某区的一所初中与德育主任作交流，作为课任老师和初二孩子家长的她，困惑于一些家长一味地强调对孩子的尊重，犯了错误不让批评，孩子打了别人也袒护不让老师管理，且一再声称西方先进的教育观念就是这样尊重孩子。这样的例子屡见不鲜。

秉持何种儿童观以及如何维系成人与儿童的关系，这是家庭教育最为基本的关系性问题之一。关于儿童的看法，中西方长期以来都形成了两种对立的看法。一种认为儿童天性善良，在教育中只需晓之以理，足够耐心且方法对路，孩子就能够明白何为正确、何为错误。如果孩子犯了错误，让他以非常温和的形式体验一下错误的后果，他就能够明白错在哪里，用不着大人管教，更不必用体罚的方法来规范之。以美国当代家庭教育作家为例，目前非常流行的《正面管教》（尼尔森）一书可以说反映了这种观点。另一种观点是，人性中有善良和美好的一面，但那些优美的理智、意志、情感已经被深深地嵌入人心灵最深处的罪性严重地扭曲。人心中向善和向恶的两种取向共同存在、相互斗争、痛苦扭结。这种观点强调要用优秀的理性、优美的艺术来呼唤和培养人的天性中美好的部分，也要用严格的管教、必要时用杖责来遏制住未成年人作恶的冲动。仍以美国当代家庭教育作家为例，《勇于管教》（杜布森）一书即反映了这种观点。

笔者在研究和观察中发现，两种观点各有其程度不同的价值与合理性。值得提倡的是，既尊重儿童权利，又要实施对于儿童的有效管教，实现育儿中爱与管教的平衡。也就是说，应当敬畏真理、热爱生命、尊重孩子，也要采取对孩子的问题进行有目的有方法有针对性有限度的管教。家庭教育的管教中，既不能将严厉管教的权力和可能性绝对排除在外，更不能偏好迷恋甚至滥用严厉的管教，这样的管教才是真正有效的。有效管教中爱和规范并重，体罚往往是一种威慑手段，须严格限制，实在有必要时才可使用。有的孩子文静而听话，根本不需要严加管教，只要晓之以理就会配合，据统计10%的男孩属于此类。而有的孩子性格顽劣，如果不严加管教，其自我中心就会加速膨胀，甚至很快走上犯罪道路而无法自拔。因此，在提倡尊重儿童的当下，也要避免偏于一端的亲子关系观，实现育儿中爱与管教的平衡。

三、强化教育共识中的性教育特殊论：教育应向性教育开放，同时狙击性开放思潮。

性教育，这是个世界性的难题，不仅中国的父母和教师觉得困难，美国的父母与教师也是如此，这与性的特殊性与性教育的特殊性紧密相关。比西方父母更羞于、怯于、拙于谈性的中国家长们也比西方父母更倾向于把性教育的重任交给学校。而性教育的敏感性、复杂性对于教师的挑战并不比对父母的挑战小，这就造成公共教育领域性教育的薄弱至今没有大的改观。与此同时，性教育的需求是实实在在的，形成了一个巨大的空洞。空洞的吸力之下，网络空间涉及性的内容常常大行其道，这是人所共知的。值得关注的是，近年带有性开放色彩的泛课程和学者言论登堂入室，甚至以培训形式进入或影响公共教育领域。性开放思潮开始通过系列化图书、公益培训和专家言论进入公共教育领域，将深入影响未来中国人的性观念、性伦理、性道德，应引起警惕并予以狙击。

中国林业大学性学者方刚2011年评点“上海少女卖淫案”的文章，是典型的性开放言论案例。当年，上海闸北区检察院对警方破获的一起未成年女性参与和介绍卖淫的特大案件提起公诉。方刚在“我对上海少女援交事件的初步看法”的博文中说：“青少年也有性权利。青少年同样有权利自主地决定自己的身体使用权。任何打着保护青少年的名义对青少年性权利的剥夺，都是对他们的性人权的粗暴侵犯。成年人以保护为名剥夺青少年性权利，是有违社会进步的。”但是，这些未成年少女的性权利还应包括不受性侵害、不被教唆从事性交易的权利，而非空泛、容易误读的“有权利自主地决定自己的身体使用权”。方刚也谈到青少年的性责任，“青少年在行使性权利的过程中，应该做到不伤害自己，也不伤害他人和社会”。他是从消极的角度谈青少年的性责任，但性责任不仅于此。如果青少年领悟性责任止于不伤害，进入婚姻则消极追求不伤害，缺乏对积极的性责任的认知、实践和坚持，反而必定造成一系列伤害，这可能是有关人士始料不及的。

抗衡事实上已经在传播当中的性开放观念和性解放思潮，应强化教育共识中的家庭教育特殊论，倡导两个原则与一个策略，推动性教育落地于作为家庭教育主体的每位父母、作为家庭教育主阵地的每个家庭。

一是将性教育作为生命教育组成部分，恰如其分地开展性教育，尤其把握好性生理知识尺度，尊重人类性行为的隐秘性和私人性，明确其成人性。性行为是人类生活最具有私密性的内容。2017年引起公众关注的性教育教材之争，焦点之一就是涉及性器官和性行为的尺度问题。形象地说，好的性教育，应当能够让未成年人从理性上理解性行为的基本含义，但又不会诱发过多的感性联想；就像高水平的时装表演中时装模特展示服装之美和人体之美，却不让正常人产生非分之想。因此，公共教育中加大力度开展性教育，普及性生理、性心理、性伦理知识，其中应包括对人类性行为的隐秘性和私人性的健康有度的意识。

二是强调婚姻中的性爱是合理和美丽的，反对婚姻之外的性行为。目前学界、教育界和公益界正在进行预防性侵害的教育，针对性强、价值非凡。与此同时，还应强化一个重要的保守主义价值共识：婚姻中的性爱是最合理的，最美好的。性教育不能在婚前性行为的是非观上含糊其词。而且，这样的性伦理与婚姻观教育，在家庭当中，由父母实施最为恰当、有力、有效。

三是推动优秀性教育图书亲子共读。家庭教育中的性教育如何开展？笔者认同一种观点，就是在孩子进入青春期性发育之前（九到十岁，女孩子可略早），通过亲子共读一至几本书，让孩子在进入青春期前就在理性上明白进入青春期会发生的种种变化，这可以基本解决儿童性教育难题。当然，其中有三个要诀：一是选取值得信赖的图书作者和优秀可读的图书；二是父母先读，并在青春期到来之前完成亲子共读；三是共读过程中有亲子讨论和交流更佳，其中注意交流和讨论的分寸。

新时代家庭的性教育

朱惠英[①]

我的专业领域是犯罪研究中的司法心理学，如何才能对这次国际论坛的主题有一些贡献？当我细想这个问题的时候，我觉得它们的关系还是很大的，因为根据我在少年司法单位工作多年的经验而言，在司法领域的人都会说一句话——“司法是最后一道防线”，家庭出了问题，教育做不好，接下来就有可能进入司法系统，所以我们总是希望在大刀还没有用到之前，能够先从教育，特别是从家庭教育功能方面提供一些帮助，目前在台湾的司法领域里也已经做了一些工作。

今天我从家庭的性教育主题谈起，因为性教育可能在中国人的文化里，是比较羞于启齿的一个问题。不管是在台湾还是大陆皆是如此，我想就自己多年在性犯罪领域的工作经验与大家做一点分享。

2017年4月底，台湾新闻媒体报道了一位文坛新秀林奕含的自杀事件，在过世之前她刚出版了新书《房思琪的初恋乐园》。这本书在大陆可能没有销售，但在网络上非常火热。林奕含用这种方式来控诉她自己曾经经历过的创伤，因为书里所描述的女主角的成长历程，即房思琪的成长和林奕含本身的生活背景有极高的相似性，所以社会大众在读这本书的时候，都把它视为林奕含的自传，并以这样的方式来读它，然后对两者之间的雷同性做了很多的揣测。

我们先从这本书中的女孩发生了什么样的事情，经历了什么样的挣扎说起。《房思琪的初恋乐园》描写的是一个正值青春年华、情窦初开的美少女，在她13岁那年遇到了补教界的一个国文名师李国华老师，在对方的精心策划下失去了自己的童贞，之后两人维持了多年不正常的关系，然后她就在一个“我到底是爱他，还是厌恶他”的两极情绪里不断地摆荡，直到最后陷入了疯狂。而现实生活中的林奕含，也曾经和台湾一位年长她许多的补教名师发生过婚外情，社会大众不明确林奕含和补教名师发生感情的确切时间点，不过

① 朱惠英，台湾嘉义大学辅导与咨商学系暨研究所助理教授、咨商心理师、临床心理师。

根据推算，应该是林奕含具备台湾法定的性自主年龄以后的事情，就是发生在林奕含年满16岁以后。台湾地区的有关规定主张只要年满16岁之人就可以自主地决定是否要和他人发生性行为，倘若她的年纪没有到16岁，就会被视为是无性自主权的人，所以那个时候发生的性行为，无论是自愿还是非自愿的，一律都被视为受到侵害或是受到剥削。那么林奕含在法律上，据推算已经是年满16岁才有的所谓婚外情事件，所以无论自愿与否，都被视为是她自愿的，同时因为她是与有妇之夫交往，同时又让她背负着“小三”的罪名。后来新闻有了各式各样的揣测，据说这个补教名师的原配介入，想要去收拾这段婚外情，传闻甚嚣尘上。不过以林奕含后来的发展来看，她应该受了许多打击，充满着委屈。

书中有一段情节是这样描写的：房思琪13岁时，被李国华以软硬兼施的方式性侵害以后，对方不断以甜言蜜语去说服她，所以她疑惑这一切是否该这样发生。在某一天的餐桌上，房思琪和自己的母亲有了以下的一段对话。房思琪问妈妈：“我们的家教好像什么都有，就是没有性教育。”妈妈诧异地看着她回答：“什么性教育？性教育是给那些需要性的人，所谓教育不就是这样吗？”房思琪一时间明白了，在这个故事中父母将永远缺席。他们旷课了，却自以为是还没开学。

这本书的女主角——房思琪最后以疯癫收场，而作者林奕含是以自杀向这个世界告别，或者说她是以自杀对这个世界做出控诉，林奕含的故事给台湾社会带来一番动荡，甚至让台湾的“地检”主动去调查林奕含和这位补教名师之间的情感纠纷的传闻，想要厘清她是不是真的和房思琪一样遇到过同样的遭遇，是不是被诱奸，是不是在她未成年还不了解事实的情况之下就受到了大人的伤害，以至于她的内心在后来充满了道德的谴责、自我的鞭笞，在不知道该如何向他人诉说或求助的情况之下，最后走上了生命的绝境。但最终结果却因罪证不足不予起诉。可是书中人物和真实人物的人生相呼应的剧情，仍然让台湾的很多人感到唏嘘。

此书除了反映家庭缺乏性教育的现象之外，还反映出家庭对情感教育也非常匮乏。2016年台湾的儿福联盟公布了一份针对台湾少儿性知识的调查报告。报告发现几乎所有的家长都不愿意和子女讨论性教育的问题，高达67.6%的家长从来没有和他们的子女讨论过性行为的问题。除了家长不讨论性教育问题之外，也有三成的学生反映在校老师对性也是避而不谈。我记得自己从初中直到现在，我们的健康教育里有一个章节是性教育，有些老师在我那个年代会把那个章节盖起来跳过，或让学生自己看，据说现在这种情况稍微改善了一些。这种现象的发生与老师本身在性教育议题上接受的训练程度有关，有些教师还是觉得这个话题难以启齿。在这样的背景下，我们大概可以预期未成年人对性知识的了解是不够的。但是这个研究告诉我们，有超过五成的小学五年级学生和七成的六年级学生表示他们具备充分的性知识，他们知道该如何避孕。我们真的要思考他们的性知识到底是从哪里来的，是谁在教育他们这个问题。

另外一个和性教育息息相关的问题就是情感教育。儿福联盟的调查也发现，台湾有超过三成的未成年人在如何表达情感方面能力非常缺乏，不知道该如何适当地和他们爱慕的对象告白，不知道该如何表达情意，也没有办法处理情感结束以后种种起伏的情绪。台湾过去这几年发生了很多情杀的案件，如果有关注台湾的新闻就知道，不久前发生了新的案件，两个都受过高等教育的青年，开始有些情感上的纠纷，后来就发生了泼硫酸自杀的情形。纵观近几年，这样的案件层出不穷，比如在台北捷运站的车厢里发生了一起杀死4位陌生人，造成20多人受伤的案件。在案犯犯罪之前，他说过他情感上的挫折，就是因为交不到女朋友。还有一起案件是高雄医学大学医学系的一位高才生，因为陷入三角关系的纠纷里，最终杀了对方然后自杀。这个案件中的案犯我们称他为“台大宅王”，一样是因为女朋友要分手，他觉得自己为这段感情付出了很多，不甘心，所以就用激烈的手段杀了他的女友。

每当这一类案件发生时，我们就不禁感叹，我们的情感教育出了什么问题？所以在少儿的发展上，教导他们如何处理亲密关系要包括如何好好地分手，情感教育也是他们身心发展非常重要的一个议题。这类的案件让我们知道，情感教育不足，不会谈情说爱，无法分离但是也不懂亲密，就是我们这一代的年轻人遇到的一个发展上的困境。而未成年人在迈入青年期的过程中感到非常焦虑和痛苦的原因就是不知道如何爱自己、爱他人。

性教育如果从狭隘的角度来讲，讲的是自己身体私密的事情，是讲两个人之间亲密的事情。如果从广义的角度来讲，性教育讲的是怎么认识自己，怎么认识他人，怎么爱护自己，又怎么尊重他人的事情。从情感教育来讲，谈的就是怎么和他人在互动当中以真实又适当的方式来面对自己内心的波澜，兼具社会性和发展性。所以当我们能够以情感教育为体，性教育为用，才能协助成长中的少儿在亲密关系的发展上不至于受到伤害或伤害别人，也能够满足发展阶段的需求，这不论是在预防犯罪方面，还是在发展阶段方面都非常有意义，性教育和情感教育的结合是非常重要的。

我们来回顾一下相关发展理论，主要包括埃里克森和弗洛伊德的相关研究成果。埃里克森的社会心理发展阶段理论中提到人类发展中的重要历程，其中青春期发展阶段的重要任务就是自我认同的建立，明白我们到底是谁，完成自我认同是很重要的。青少年在和他人的互动当中，别人是否接纳我，这在此阶段中也是很重要的。用这个接纳来定义在社群当中的“我”的自我观，就是借着他人的“印照我”看见我自己，这是青春期阶段未成年人为什么会在乎朋友远胜于在乎家人的重要原因。此外，需要关注弗洛伊德的性心理的发展研究。青春期正好就是两性期，所谓两性期就是孩子开始认识自己和他人之间亲密的互动。在青春期这个阶段如果他有好的自我认同，他的成长就比较顺利，否则就会对自己产生许多的迷惘和困惑。在弗洛伊德的两性期，孩子除了对自己性变化的问题好奇以外，也是一个性欲蓬勃发展的阶段。如果我们把这两个发展理论结合看，会知道青少年的自我认同不仅包含社交上人际关系被接纳与否，亲密关系的互动也是青少年自我认同的来源。所以当青少年在探问说“我是谁”这个问题的时候，其实也包括探问在性这件事情上我到底是谁，我喜欢什么，我讨厌什么，甚至我们更进一步地来讲，青少年探索的性议题包括在性别认同上我是谁，在性倾向上我受谁的吸引，在性生理上我如何适当爱护我自己、满足我自己等等内容。

性教育是一门包含生理性、社会性以及心理性的多元教育，成长中的少儿非常需要信任的成年人的引导，减少他们摸索的不安和罪恶感。当老师和家长对于性的问题避而不谈时，对于成长中的少儿特别是青春期的青少年，他们会从各式各样的渠道来获得相关的资讯。网络信息毫无过滤地成为未成年人性教育资讯的来源，这也可能是为什么儿童福利联盟做的调查里发现即便父母、老师不谈性教育，青少年对于如何有效避孕却自认为知识非常充足的原因。当各式各样的物品都能够从手机上购买，各种资讯都可以从手机中取得的时候，新时代的家长要深切地自问，在性教育这件事上到底是谁在教育我的孩子?

我在性犯罪者心理辅导领域工作多年，也对受到性侵害的被害人做过多年的心理治疗，我真的深刻感受到对成长中的少儿实施性教育的重要性。多数性侵害的被害人都是发生在被害人和加害人相识的情况下，不少性侵害的被害人是因为对家人本来就抱着信任的感觉和好感，不知道自己在对方的眼中只是被视为一个可以满足性欲的对象，在毫无防备以及对性懵懂的状态下被性侵害，当自己的身体被对方不当地接触，其心理上感受到不舒服和不安，但是对方一方面好言好语或者夹杂着恐吓的这些言词，又让被害人忌惮，导致当事人多年之后才恍然大悟，原来当年发生的是性侵害事件。

回溯到房思琪这本书，我刚刚描述的情节并不是特例，甚至可以说一点儿都不少见。以多年接触性被害人和加害人的经验来看，利用被害人对性的无知以及权利不对等关系下具有的角色的优势，来满足个人的性欲，这样的性侵害是非常常见的。如果家长能够在子女成长的过程中给予适当的性教育，除了帮助他成长以外，更能够让青少年拥有更多的自我保护意识。一旦发生了性侵害，我们在后续的治疗上真的是要花费非常大的心力，因为这种伤害对他的影响非常深远，包括危害到自我认同、性别认同、性关系以及罹患身心疾病。

此外，随着社会和科技的发展，对于性教育和性别教育的知识和论述，已经不再和以往一样只局限于在两种性别的论点上，跨性别者的存在也是成为日渐重视的议题，人与人之间的性吸引也不仅局限于男女两性之间，除了异性恋之外，同性之间的性吸引，不受性别限制的性吸引和性倾向也走入社会大众的视野。这些情况自古以来是人类生活的实况，但因文化、宗教、信仰、社会规范等因素可能不被认可。可是如果从性犯罪防治者的角度来看，其实社会的约束都漠视了人类性欲是多元的本质，反而会为性侵害的发生提供温床，性侵害从来不是只有男生对女生的性侵害一种形式而已，同性之间的性侵害更容易发生，但更不容易被侦测。因为同性别之间的互动比异性之间更容易隐藏性的意图，以玩闹的方式身体碰触这种夹杂着性的试探，被害人就在不知不觉的情况下被性侵，事后又害怕求助，以至于出现重复犯罪，被害人数不断增加。

所以，性教育不单只是学校老师的事情，而是每一个关切子女身心健康的家长都应该重视的事情。家长帮助孩子了解自己，认识自己，接受自己天生的性倾向和认识自己的身体，遇到问题可以放心地开口求助，才能减少未来更多潜在的房思琪式的悲剧。

新家庭教育需要六种“爱的智慧”

卢 勤①

什么是智慧?

拿得起是聪明，放得下是智慧，只会拿起，不会放下是愚蠢；知道要什么是聪明，知道不要什么是智慧，只会取，不会舍是愚蠢。

当今家庭教育中有两大误区：

一是许多父母对自己的孩子拿得起，放不下。孩子从小抱到大，管吃管住管穿管用，管买车管买房，管找对象，管结婚生子，管看孙子，管接管送……周而复始，费尽心血，一生都在为子女服务，自己从未真正活过，但得到的结果又是什么呢？子女无情无义，没有孝心。有的孩子因为父母管束太多，自由选择的空间太少，就对父母心生怨恨，以致终酿悲剧。

二是别人家的孩子学什么，自己孩子也要学什么；别人家孩子有什么，自己家孩子也要有什么，生怕比不过人家，生怕输在起跑线上。这种父母从未想过，孩子需要不需要，适合不适合，该不该有，有没有兴趣，一心只想让孩子出人头地，考重点学校，考名牌大学、考研出国留学……出了国又怎么样呢？孤独、抑郁、心理压力大，有的孩子得了严重的心理疾病，有的走上自杀之路……

这一切都不是我们想要的！由于我们的愚蠢，害了孩子，也害了我们自己！

今天，提倡做智慧父母，势在必行。那么，做父母的应该如何爱孩子才是科学的呢？

我总结了六种“爱的智慧”与大家分享。

第一种：智慧的爱，知道使用孩子；愚蠢的爱，总爱伺候孩子。

刀不磨会变钝，孩子不用会变懒。

愚蠢的父母心甘情愿做孩子的保姆，事事替孩子代劳。在家替孩子叠被、穿衣，甚至

① 卢勤，中国教育学会家庭教育专业委员会副理事长，高级编辑，中国少年儿童新闻出版总社首席教育专家、原总编辑。

喂饭；在外替孩子背书包、背画板、背水壶，明明是孩子能干的事，全由父母代办了。孩子呢？全然不把父母的辛劳放在眼里，他认为：你为我服务，应该的！谁让你生了我！这样的孩子长大会变成无能、无情、无责任感的人，很难适应社会。父母在儿时替孩子抗住了一切，今后又怎能指望孩子抗住世界？

智慧的父母会巧妙地使用孩子，孩子从小就被“委以重任”，凡是孩子力所能及的事，就支持孩子自己干；凡是孩子为父母做的事，哪怕只是端来一杯水，父母都会欣然接受，真诚地对儿子说：“有儿子就是不一样！”赞美女儿说：“有个女儿真好！”孩子听了美滋滋的，觉得自己有用，帮父母做事的劲头倍增。长大后这样的孩子往往责任感很强，能扛得住事儿。

第二种：智慧的爱，喜欢激励孩子；愚蠢的爱，总爱指责孩子。

挑剔的父母总是在否定孩子，爱用自己孩子的短处与别人家孩子的长处比较，“你瞧人家”是他们的口头禅。结果呢？在否定中长大的孩子，极易对别人充满敌意，自暴自弃。

宽容的父母总是在肯定孩子，他们容易发现孩子点点滴滴的进步。“很好，孩子，你比昨天又进步了！”“不要紧，成功只是躲在失败的后面！”孩子看到自己的进步会信心十足，在宽容中长大的孩子，将会极富耐心。

苛刻的父母容不得孩子犯错误，面对犯错的孩子非打即骂。这是在逼着孩子说谎话，由此孩子学会了逃避，学会了推卸责任。在指责中长大的孩子，将来容易怨天尤人。

智慧的父母明白，任何一个孩子的成长历程，都是一个犯错—知错—认错—改错的过程。不允许孩子犯错，是对孩子的伤害。于是，他们会耐心地帮助孩子认识错误，让他去感受自己行为带来的后果，这就是我们常说的自作自受，让孩子学会对自己的行为负责。

第三种：智慧的爱，注重让孩子分享；愚蠢的爱，只顾让孩子独享。

糊涂的父母，把物质看得比精神重要，好吃的、好喝的、好用的都先给孩子。看孩子“独享”，自己很享受，生怕孩子吃了亏。独享就像一个恶魔，让孩子变得贪心。在独享中长大的孩子，自私冷漠，眼中没有别人，心中没有父母，身边也没有朋友。孩子长大成人后，父母不会感受到一点儿来自孩子的幸福。

智慧的父母，从小让孩子在分享中长大。分享，是快乐的源泉。当一个人在分享中感到快乐，他内心的世界会变得很大，他会把别人的心装进自己的心，遇事为别人着想，考虑别人的感受。于是，他学会了关心，学会了爱，在社会上拥有更好的人际关系。小时候，在分享中，他奉献了自己的力量，从而产生了成就感和价值感；长大后，会成为一个有益于人民的人。他懂得，不是因为拥有了才付出，而是因为付出了才拥有。

第四种：智慧的爱，事事相信孩子；愚蠢的爱，总爱怀疑孩子。

疑心重的父母总爱用怀疑的眼光看孩子，不相信淘小子会干好事，不相信偷拿家里钱的孩子会改好，总是把孩子看成是说谎者，不相信他们，总是在众人面前提起孩子说谎的事情。在你怀疑的目光中，孩子会选择继续说谎。长大后，他会变成一个言而无信的人，甚至变成一个大盗。

智慧的父母，一直相信孩子，会用信任的目光看孩子。他们深信自己的孩子是好孩子，哪怕他有过失。他们常常用“发现新大陆”的眼光，去发现孩子身上的闪光点。孩子从父母独特的目光中，感受到“妈妈相信你”的信任的力量。于是，他们会努力表现自己积极的一面，生怕失去这份信任。在认同中长大的孩子，将会掌握目标，爱人爱己，善解人意，变得优秀。

父母相信孩子，孩子才会相信自己。信任会唤醒沉睡的巨人。

第五种：智慧的爱，善于管教孩子；愚蠢的爱，只会放纵孩子。

愚蠢的父母认为，爱孩子就是百依百顺，孩子要什么给什么，不管合理不合理；孩子想干什么就干什么，不管该干不该干。于是，孩子从小目中无人，无法无天，甚至违法乱纪，这样会坑害了孩子的一生。这样的父母不明白一条真理：“如果你想让孩子变成不幸的人，就对他百依百顺。”

智慧的父母认为，孩子是需要管理的，规矩是需要学习的。放手不等于放纵，关爱不等于溺爱，帮助孩子从小养成良好的行为习惯，是对孩子一生负责。爱孩子需要智慧，智慧的父母不仅关心孩子今天得到了什么，而且关心明天孩子能用上什么；不仅关心孩子今天装进了什么，而且关心孩子应该扔掉什么。让头脑、身体与房间、书包一样，永远留有空地，接收新的东西。

第六种：智慧的爱，看重过程；愚蠢的爱，只看重结果。

人生最大的财富是体验，体验成功、体验失败对孩子都十分重要。

愚蠢的父母看重结果，告诉孩子只许成功不许失败，这样的孩子经不起失败。一个父亲甚至要求女儿只许考第一名，不许考第二名，考不到第一名就别回家。结果，女儿差0.5分没考到第一名，就跳楼自杀了。2017年9月2日，香港教育局新任副局长的长子因在单车比赛中受伤而患抑郁症在家中跳楼，惜告身亡。惨痛的教训告诉我们：名利是身外之物，亲身的体验，才是自己的。只要结果的父母最后得到的是一个不择手段、急功近利、急于求成的孩子。

智慧的父母看重过程。他们认为，孩子长大了早晚要离开父母，自己闯出一片天地，与其让他们面对挫折时感到愤怒、无助，不如从小摔摔打打，经历失败与痛苦，“撞”出面对人生的勇气和本事。孩子冲刺百米，智慧的父母关注的不是跑第几名，而是摔倒时，怎样跌得有尊严，膝盖被磕出血来，怎样清理伤口，怎样包扎；孩子参加演出，智慧的父母关注的不是孩子获得几次掌声，而是孩子被淘汰后是不是尽力了，是不是还开心？

父母的智慧，实质上就是放平心态，永远用乐观积极的心态去面对人生。作为父母，你想让孩子快乐地成长吗？你想让孩子拥有幸福的人生吗？那么，你就勇敢走出误区，把孩子放下，用智慧的眼光认识孩子，用智慧的方式走进孩子的世界，还给孩子一个有爱的童年，和孩子建立起亲密、温暖的关系吧！

家庭教育：回归家庭才能担当时代重任

关 颖[1]

一、背离家庭——家庭教育之殇

家庭教育，无论怎样定义，顾名思义，是发生在家庭中的教育活动，体现家庭的本质特征，是家庭的重要功能。

对每个人来说，家庭教育是再熟悉不过的事情了。作为家长，对孩子的教育是每天都在发生的事，为孩子倾注了大量心血。家庭教育指导者、工作者，更了解当下我们国家、整个社会对家庭教育的重视，以指导和服务家长为己任，为之付出了很多。

那么，每个人都能说清楚家庭教育是什么吗？在现实中，我们不难看到：

——有的家长为了孩子拼命挣钱，把自己大把的金钱和时间连同自己的孩子交给了别人，把功夫下在了家庭以外。孩子有家，而家却不像个家。缺少了家的温暖、家的温馨、家的和谐、家的快乐。家庭的功能残缺不全或扭曲，何谈家庭对孩子的教育？

——有的家长把家庭教育理解为“家庭学习”，把家庭当作了学校的“第二课堂”，孩子成了“考试机器”，自己成了老师的“助教”、学习分数的“傀儡”。却不了解教孩子做人是家长的本分，家庭生活才是取之不尽的教育资源。“耕了人家的地，荒了自家的田”却茫然不知。

——有的家长发自内心地爱孩子，为孩子精心设计当下的一点一滴、未来发展的每一步，替孩子做能为孩子做的一切，甚至以“牺牲”自己为代价。可是并不知道孩子是一个独立的权利主体，不懂得家庭中以自我为中心的爱、没有尊重的爱不是真正的爱，把孩子囿于家长的天地中、剥夺和侵害儿童权利的爱甚至会对孩子造成伤害。

——有的家长时常抱怨学校教育不尽如人意，抱怨不良的社会环境污染了孩子、带坏了孩子，却不清楚自己和家庭才是对孩子影响最直接、最深刻的小环境。自己的心态平

---

[1] 关颖，天津社会科学院社会学所研究员。

和、家庭的环境宽松就是给孩子“减负”；家风正，才可以抵挡和过滤社会上的不正之风。

在未成年犯罪调查中我们了解到，绝大多数孩子犯罪并不是父母教唆，在他们还是个普通孩子的时候，他们的父母与普通孩子的父母一样，在孩子身上花费了很多心血。只是父母们“为了孩子好”的朴素愿望并没有让孩子感到家的温馨，孩子成了家庭教育功能不良与缺失的牺牲品。有个孩子的妈妈说，她和丈夫做生意，家里条件不错，孩子本来学习挺好，他们外出对孩子也很放心，万万没想到孩子在网吧里拿刀子捅死了人。孩子被抓了妈妈才知道，他一个人在家感到寂寞、害怕，就时常去网吧，还带着一把刀壮胆。因为跟同伴发生争执，一刀下去就要了那孩子的命。妈妈说：“他从来没跟我说过他自己的感受，我要是早知道孩子会这样，打死我也不会让他一个人在家。”

还有我们国家六千多万留守儿童的问题，遭受意外伤害的、产生心理疾病的、自杀的、犯罪的……总有发生，根本原因是父母的监护责任缺失。在贵州山区的一所以留守儿童为主要生源的中学，我们看到孩子们的吃住条件都很好。老师说，这些孩子不缺钱，缺少的是亲情。有个孩子3年没见过父母，学校有视频聊天设备帮助孩子与父母沟通。而孩子面对屏幕中的爸爸妈妈，一句话也没有，一点儿表情都没有。家是什么、父母是谁，在他的心中淡漠了，没有感觉了。这个画面给我强烈的冲击：政府、社会、学校给孩子们提供再好的生活环境，志愿者给他们再多的心灵抚慰，代替得了家庭吗？能给予孩子父母亲情吗？绝对不能！

这样极端的事例告诉更多的人：家庭教育之殇，就是背离家庭。

父母作为监护人对孩子法定的义务是什么？家庭在孩子成长中的作用是什么？孩子自幼感受不到父母亲情，没有家庭的呵护会对他带来怎样的伤害……这些问题是每一位做了父母的人不能不知道、不能不认真思考的问题。

二、家庭教育从认识家庭开始

家庭教育之所以背离家庭，无论有怎样的客观原因，人们缺少对家庭的本质、家庭的功能、家庭的特点等有关家庭的最基本的认识是主要原因。

家庭的本质是家庭关系，是人的自然关系和社会关系的统一；家庭是人们社会生活的基本单位，是人的精神寄托，是社会的细胞。著名教育家马卡连柯说：“家庭是社会的一个天然的基层细胞，人类美好的生活在这里实现，人类胜利的力量在这里滋长，儿童在这里生活着、成长着——这是人生的主要快乐。”

与学校单一的教育功能不同的是，家庭是一个多功能的社会组织，有生育功能、性生活功能、经济功能、教育功能、抚养与赡养功能、感情交流功能、休息与娱乐功能，还有宗教、政治等其他功能。正是家庭具有这些功能，才能从物质的、生理的、精神的、文化的各个方面满足家庭成员的需要，孩子出生后才得以健康生存和全面发展。而家庭功能任何一方面的缺失，都会给人的成长制造障碍。比如有的家庭只注重经济功能，有高水平的物质生活，却缺少情感交流的功能，就难免造成人际关系不和谐，甚至出现家庭危机。

为什么家庭对孩子有特殊的价值呢？这也是由家庭的特点决定的：从地理空间上看，家庭是家庭成员共同生活的地方。以往说到家庭，是家人同在一个“屋檐下”，现在多是同在一个单元中。在全部社会成员中，家庭成员在空间上最为接近，彼此的接触方式是面对面进行的。从互动频率上看，家庭不像学校、工作单位有很多人，作为学校的学生、单位的员工，一个人在集体中是几十分之一、几百甚至上千分之一。而家庭成员人数相对比较少，而且彼此的关系相对稳定、密切，相互之间互动的频率很高。从互动方式上看，家庭成员之间相互控制和影响主要通过非正式形式，没有严格的限制和规范，不像是工厂里的工人按照既定的工序彼此发生联系。家庭成员的互动是在人们的日常生活中随时随地进行的，表现在家庭的各个领域。从互动深度上看，家庭成员之间的互动不仅是表面的，由于彼此关系的特殊性，更多融入了心灵深处的相互依恋和情感交流。家人之间的感情之深是其他关系不可比拟的。从利益关系上看，家庭成员彼此利益相关、目标一致，通常在吃、穿、用、住等生活事项上是一体的，经济上的联系十分密切。未成年的孩子与父母是不可分割的，父母为孩子提供生活保障是必须履行的义务。从维系的时间上看，家庭成员之间的关系贯穿于一个人从出生到死亡的全过程，相对于其他社会群体在时间上最为持久。正是因为家庭具有不同于其他社会组织的特点，对孩子的影响才是最深刻、最有力的，通过家庭认识社会才是完整的。而家庭教育背离家庭的种种问题，不可避免地使得家庭对孩子的积极影响在其效果上大打折扣，亲子之间关系的亲密性、权利义务的特殊性遭到严重破坏。

家庭对人的功能是全方位的，任何一方面的缺失犹如人体缺胳膊少腿，是不完整的、残疾的。即便家庭结构完整，也有可能不能很好地履行家庭对孩子的责任。家庭具有家庭成员面对面接触、互动频率高、利益关系一致、维系时间持久等特点。家庭对孩子的影响最深刻恰恰是这些特点决定的。家庭的这些功能和特点，正是家庭有别于学校等其他教育载体的难得的优势所在。充分发挥家庭的功能、全面体现家庭的特点，家才是真正的家，才能对孩子的成长、成才发挥积极作用。所以，家庭教育要从认识家庭开始。

三、家长学习从基础知识开始

当下，从国家、社会到每一位家长，对家庭教育的重视都达到了空前的程度，是家庭教育事业发展的最佳时机。《教育部关于加强家庭教育工作的指导意见》指出："注重家庭、注重家教、注重家风，对于国家发展、民族进步、社会和谐具有十分重要的意义。家庭是孩子的第一个课堂，父母是孩子的第一任老师。家庭教育工作开展的如何，关系到孩子的终身发展，关系到千家万户的切身利益，关系到国家和民族的未来。"在新的时代背景下，只有家庭教育回归家庭，才能承担起如此重要的责任。而作为承担家庭教育主体责任的家长，自身素质的提升又是最关键的因素。

所以，教育部首先要求"广大家长要全面学习家庭教育知识，系统掌握家庭教育科学理念和方法，增强家庭教育本领"。然而，指望学校、社区每学期一两次家庭教育指导和家庭教育实践活动，不可能达到这样的目标。如何启发家长自我教育，引领家长自觉学习，是家庭教育工作不能不认真思考、不能不深入探讨的问题。

回顾我国30多年来的家庭教育指导，普遍存在的问题是，重一般性宣传，轻扎实的教育；重孩子显性问题的干预，轻对家长的基本观念引导和源头问题的根治。国家七部委颁布的《全国家庭教育指导大纲》就没有指导家长学习了解家庭和家庭教育科学常识的内容。就连对家庭教育指导对象的表述都是违背我国法律的："18岁以下儿童的家长或监护人"——家长被排除在"监护人"之外。无论是决策者对家庭和家庭教育的认识模糊还是文件起草者一时的疏忽，由于漠视家庭和家庭教育的基本问题而对公众产生的误导是真真切切地存在的。多年来，教材编写和各种家庭教育指导活动，大多针对孩子的问题而设计，广大家长对家庭和家庭教育的基本问题知之甚少，甚至一无所知，难免在孩子教育中走弯路、走错路。被"伪专家"和利欲熏心的机构牵着鼻子走，也就不足为怪了。

家庭教育背离家庭的种种现象暴露的问题给我们的警示是："注重家庭"首先要注重家庭维护自身的特点和自身功能的完善；"注重家教"首先要注重家长履行自己必须履行的家庭责任，注重打好认识基础。这样，才能在各种外部因素冲击家庭的背景下保持一份清醒，把家庭中自己该做的事情做好。家庭教育回归家庭，有正本清源的意义，必须从源头做起。犹如小孩子学数学从1+1=2开始、学英语从ABC开始一样，家长"增强家庭教育本领"，必须从学习家庭和家庭教育的基本常识入手，了解"家庭教育是什么"。

就学习内容而言，主要包括：认识家庭——教育孩子不是大人对孩子的说教，而是整个家庭的各个要素对孩子的影响，不了解家庭就不知道什么是家庭教育；认识家庭教育——它是一切教育的根，家庭对孩子的作用没有谁可以替代，家庭生活是最具优势的教育资源；认识自我——家长知道自己"我是谁"？应当做什么？这是承担起教育孩子主体责任的必要前提；认识孩子——孩子是独立的权利主体，漠视和侵犯儿童权利是家庭教育失误的根本原因；认识家庭教育与学校教育的关系——合作才能共赢，各司其职才能优势互补、形成教育孩子的合力；认识社会环境对家庭的影响——社会变革中家庭教育面临新挑战，家长承担着新的责任；认识家长如何在更高层面提升自己——高品质的家庭教育不仅需要家长学习知识，更需要在实践、感悟基础上积累的教育智慧。这些内容看上去都那么平常、简单。如果家长对这些内容真的理解了，融会贯通了，在孩子教育中会少走弯路，把自己该做的事做得更好。

就学习方式而言，是家长自主学习为主。基本理念：一是家长不是被动的受教育者，而是学习的主体，是活动的参与者、组织者。启发家长自主学习、自我教育、建立自组织，是“增强家庭教育本领”的关键。二是家长是孩子的教育者，但他们不是无师自通的，家庭教育指导重在夯实基础、搭建平台、创新模式，从根本上为家长提供帮助，引领家长“悟道”。三是国家、社会重视家庭教育必须有实实在在的人力物力投入。家长教育指导首先应当保证面向全体家长的普及教育，是由政府买单的“基础教育”“义务教育”，个体的特殊需求由社会、市场参与。

就学习渠道而言，借助移动互联时代多媒体融合的有利条件。以往的家长、学校通常是我讲你听、我教你学，家长的学习是被动的，有什么问题习惯于问老师、问专家。在当今知识爆炸、互联互通的社会背景下，引领家长自主学习，就要开阔视野、创新模式，以基础知识学习内容为蓝本，开发多媒体、多形式的衍生产品。如音频、视频、应用程序、亲子游戏，以及系列亲子活动、小品短剧等文艺作品等，通过移动互联设备线上与线下有机结合、互动。

对家长而言，学会学习是最大的智慧；对家庭教育工作而言，启发家长自我教育是最大的业绩。从基础学起，从点滴做起，家庭教育才有望回归家庭，担当起国家和时代赋予的重任。

教育改革如何从家长教育开始

洪　明[1]

2013年10月31日，《人民日报》刊登了一篇题为《教育改革从家长教育开始》的文章，这篇文章借助于互联网力量得到了广泛传播，引起了强烈的共鸣，得到了广泛的认同，产生了持续性影响。文章认为，中国的教育问题不能简单归结为学校，而更应该反思人生"第一所学校"——家庭，因为今天学生存在的问题一般都是知识、技能之外的东西（如感恩、责任、抗挫、合作等），而这些品质的培育，家庭所起到的作用往往比学校更大。因此，教育改革不能光靠学校，应该从家长开始。

的确如此，教育改革如果不能得到家长的认同、支持，不能转化为家庭教育的行动，任何美好的愿望都可能会被打折扣，甚至会落空，一个最典型的例子就是减负。学业负担问题是我国基础教育中的"老大难"问题，尽管新中国成立以来党和政府进行了多次减轻学生课业负担的努力，但从总体上看收效不大，某种程度上看今天学生负担不是少了，而是多了。根源是什么？家长应该是最大阻力。一方面，国家出台了诸多政策强力要求学校减轻学生负担；但另一方面，家长却在极力地增加学生负担——社会培训机构的超常规发展就是明证。说到底，教育改革需要改变家长。但到底怎么样改变家长呢？这个问题可能比认识到需要改变家长更难、更复杂。

首先，需要充分认识到家庭教育事业的公共属性，明确政府在家庭教育事务中的主体责任。众所周知，"公共事务是为了满足社会全体或大多数成员需要，体现他们的共同利益，让他们共同受益的那类事务"，判定某项事务是否属于公共事务，关键要看它是否能实现公共利益。虽然从某些方面看，家庭教育属于家庭内部的私事，家长如何教孩子、给孩子提供什么样的资源，与他人和社会关系不大，政府不应该管得太多太细；但是，如果从民族素质这个大计出发，从家庭教育对整个教育事业所担负的作用看，家庭教育就不仅是属于家庭的事了，它关涉到整个社会、整个民族的公共利益，理当属于公共事务。既然

① 洪明，中国青少年研究中心研究员。

属于公共事务，就应该纳入公共事业范畴之中，政府就要起到主导作用。为做好家庭教育这个公共事务，政府需要作出三方面努力：一是法律介入，干预家庭教育；二是多种媒介参与，指导家庭教育；三是人力、物力投入，支持家庭教育。

将家庭教育纳入公共事务，关键还在于更进一步明确责任主体部门。根据家庭教育事务管理的历史经验、现实需要以及可能性，国家应该加强教育行政部门在家庭教育事务中的重要地位，在人力、物力、财力等方面提供更多的支持。同时，教育行政部门应更加积极主动地协同妇联、关工委、文明委、卫计委等部门，做好顶层设计、系统构思，全面提升家庭教育工作的管理水平，最大限度地做好家庭教育工作。

其次，进一步发挥学校在家庭教育指导与服务工作中的重要作用。将家庭教育视为公共事务，纳入公共事务之中，不是说要由社会其他力量代替家长进行家庭教育，而是要完善家庭教育功能，端正家庭教育方向，将立德树人作为家庭教育的根本任务，不断提升家长的家庭教育意识与能力。为达到这一目的，必须要形成一个庞大的、能够全面覆盖所有家庭的具体工作体系。我国目前能够直接面向和服务家长的主要有三种力量：妇联、社区和学校，但比较而言，能够对家庭进行有效指导和服务的中坚力量主要是学校，妇联、社区、关工委等部门开展的家庭教育服务活动主要也是依靠学校。学校在教育引导家长方面具有无与伦比的优越性：其一，学校是专门的教育机构，有着专门的教育从业者，具有强大的影响力和全方位的覆盖面。其二，学校有为了孩子而教育家长的动机和责任，相对于妇联、社区、关工委等机构而言，只有学校与家长在法律上是孩子教育的责任人，二者在教育孩子问题上目标一致、功能互补、资源共享，共同对学生成长负有法律责任。

强调学校的重要作用，旨在注重学校在指导和服务家长过程中的主要责任和整合功能，学校应该整合妇联、社区、社会志愿者、企业、社会教育机构等资源与力量，将学校变成一个开放的家庭教育工作系统。目前，不少学校成立家庭教育指导与服务中心，全方位、成体系地服务本社区、学区范围内的家庭，指导家长不断成长。当然，明确学校教育与引导家长的责任，关键还要不断提高教师教育培训家长、指导服务家庭教育工作的能力，并将家庭教育工作纳入学校工作范围和教师的工作量考核范围之内。

再次，需要通过立法等方式强化家长在教育儿童过程中的主体责任。当今家长（父母）家庭教育的“履职”状况问题较多，大体上可以分为缺位、越位和不到位等问题。缺位，主要是指家长不负责任，生而不养、养而不教，在家把教养孩子的任务交给祖辈或他人，上学则把教育责任完全推给学校。孩子出了问题，不做自我反省，习惯性地将责任推给学校和社会。越位，就是家长干了自己不应该干的事，比如学习问题，这本是学校最擅长和最重要的事情，孩子学什么、怎么学，学校应该起到更加重要、更加专业的作用，家长应该给予充分的信任与尊重。但是有的家长不满学校的学习内容与进度，另起炉灶；有的家长让孩子选择性学习，自认为不重要的就让孩子不学、少学，认为重要的就让孩子多学、提前学；许多家长除了学校布置的作业外，还额外增加作业，自己不行就大量报班。选择性学、重复学、提前学、超纲学，不仅给孩子增加不应该的负担，还给学校教育带来很大困扰，打乱了正常的教学进度。不到位，就是指家长缺乏指导孩子成长和学习的能力，加上社会上良莠不齐的教育观念误导，让家长无所适从，"履职"能力差的主要表现很多，常见的诸如：有的家长恨铁不成钢，崇尚棍棒底下出孝子；有的家长则把快乐学习与赏识教育简单化、标签化；有的家长把失去原则等同于爱，把任性误认为有个性；有的家长把规则视为阻碍孩子个性发展的障碍；有的家长崇拜虎妈，有的家长崇拜猫爸……

针对缺位问题，国家要加强立法，把家庭教育纳入儿童受教育权范畴之内，让家长树立教育孩子第一责任人的意识，真正明白自己是孩子成长的第一任老师、家庭是孩子成长的第一个课堂的道理，主动担负起教育责任，对于那些不履责的家长予以适当的惩戒。针对不到位和错位问题，需要对家长进行教育引导，厘清家庭教育与学校教育的边界和重点，按照教育规律和儿童成长规律办事，树立正确的教育观念，对孩子未来保持合理期待，处理好与孩子的关系，发挥好家庭教育的优势，抓住家庭教育的关键期，注重言传身教，学会整合各种教育资源。

第四，从根本上说，要大力提高家长教育和家庭教育指导能力。要想改变家长，除了需要通过立法明确家长责任、规范其行为外，根本上还要提高家长自身教育素质和家庭教育能力，这就需要对家长进行教育培训和指导服务。目前家长教育与培训（台湾称之为亲职教育）开展的主要形式是各种类型的家长学校，主办者有教育行政部门或学校、妇联、关工委，还有社会其他力量。但家长学校教育效果总体不尽如人意，原因复杂，除因商业利益渗透而导致的培训性质变味等问题外，更重要的原因在于培训者对家长教育性质认识不清、定位不准、课程设置不科学，没有抓住家长教育的根本特点。我认为，家长教育是以提高教育胜任力为主要目的的成人教育，具有非正规性、"职前"与"职后"结合、统一性和个性化兼顾、补救性和发展性统一等特征。

一要牢牢抓住家长教育胜任力这个核心。家长教育就是要提高家长的家庭教育胜任力，是家长胜任自己家庭教育挑战的能力，包括观念、动机、知识和能力等多重结构，这里既有统一性，也因家庭具体情况不同而存在个性化特征。常常听一些家长抱怨：一些讲座和书籍说得挺好，就是回家之后不知道怎么办。其原因就在于没有抓住家庭教育胜任力的个性化问题。二要结合教育问题，构建家长教育内容体系。家长教育内容，除了包括有关家庭建设、家庭关系、家庭文化、家庭辅导等基本的陈述性知识外，还包括大量的围绕"怎么办"的程序性知识。尤为重要的是，在家长教育中应该注重促使家长如何进行自我反思的策略性知识，只有自我反思才能促使家长不断学习、不断提高。一定程度上说，不能促使父母反思的家长教育都不是好的教育。三要以学校教师为基础，构建全方位的家长教育者（或指导师）体系。依据美国的经验，可以采取专职与兼职相结合的方式，专职主要是具有教师资格证且供职于州家庭教育协会的教师，兼职教师主要由教育等相关专业的大学教授、与儿童工作息息相关的各类知名的专业人士以及优秀教师和家长。四要创设科学、高效的家长教育形式。受场地、内容、授课者、受教者等多种因素的限制，当前以学校为主的家长学校主要只能采取讲座方式，其针对性和效果可想而知，因此一方面需要争取更多的条件，另一方面要创新机制，关键在于培训的内容具有针对性和可选择性，讲座、沙龙、阅读、观摩、分享、在线问答等形式都可以大胆尝试。

家庭教育指导与家长教育密不可分，旨在以正确的理念为指导科学地开展具体的教育活动、解决具体的教育问题。家长教育侧重于改变家长的认知结构，重在于“知”；家庭教育指导与服务主要针对家庭教育具体问题和任务，重在于“行”。家庭教育指导，一是为家长设计具体的教育方案，如开展亲子阅读项目；二是解决家庭教育中存在的问题，如家庭教育诊断与指导；三是为家庭教育困难家庭提供帮助，如问题青少年家庭教育的参与。

基层家庭教育的实践与思考

赵　珂[①]

我来自四川省妇联，现在担任四川省家庭教育研究会会长、四川省家长学校总校校长。我曾经是一位教育媒体人，因为工作与学校有了很多的交集，基层的多年走访我看到了太多孩子因为家庭原因离开学校，也因此我开始从事公益活动。多年的公益之路让我反思教育，反思成长，并开始关注家庭教育，今天能跟大家一起交流，我感到非常荣幸。

从事家庭教育这几年我一直在基层工作，每年用大量的时间在县、乡镇，甚至村开展调研。对于基层来说，家庭教育就是让孩子吃饱穿暖，供孩子上学。随着社会发展，特别是互联网的普及，让农村的孩子更快地先于父母接触到了外面的世界、新鲜的资讯，同时也接触了更多不良的社会诱惑。很多父母还是采用老一辈的家庭教育方法，奉行“黄荆条子出好人”，导致亲子矛盾激化。每一个父母都是爱孩子的，但是不是每一位父母爱的方式都对，如何引导父母爱出智慧，是我们基层家庭教育工作者的使命。

我们国家自1978年恢复高考至今将近40年了。有个小玩笑，刚出生的小婴儿抱被上就放置了高考倒计时的牌子，这个看似有趣的创意其实很现实，孩子出生后，在未来的18年已经有了明确的奋斗目标，也是全家人的奋斗目标。我们国家的学校教育，经过几十年的探索和总结，已经非常成熟，而到今天为止，家庭教育是否有了一个可以量化的、明确的衡量标准呢？可能都没有一个明确的答案。家庭教育只有开始，没有结束。

前段时间有一位同事的朋友来做咨询，说孩子进入青春期，非常叛逆，不上学了，就在家玩游戏，稍微说重了情绪激动，就要跳楼。专业老师做了一个简单的了解之后，要求家长先进行辅导。家长很不配合，说我是来解决孩子问题的，我上什么课？我掏钱是让你劝孩子去学校上学。这就是目前家庭教育面临的一个现状，家庭教育咨询最突出的作用是解决问题，而不是培养父母。我们一直在提倡家庭教育，家庭教育应该如何定位、确认教育方向，是基层工作中首先要明确的问题。

---

① 赵珂，四川省家庭教育研究会会长、四川省家长学校总校校长。

互联网的飞速发展为社会信息的快速传播提供了便捷的途径。如今，生活环境得到极大改善，物质需求得到极大满足，人在精神领域也在不断寻求更好的追求。这一切为我们即将组建的家庭和现有的家庭带来了改善和挑战。在基层，家庭教育该如何与时俱进带领家长成长呢？我想跟大家分享下面几点。

第一，转变家庭教育工作的对象。

很多人认为家庭教育就是教育孩子。包括很多学校，家委会替代了家长学校，每年的家长培训课题多是告诉家长如何配合学校教育孩子，提高学习成绩。有很多家长甚至连孩子写作业磨蹭都在不断寻求帮助，很少有家长去反思自己，看孩子的各种毛病是否出现在自己身上，也就是，普遍在家庭教育工作的主要对象的认知上出现了差错。家庭教育的主要对象是家长，家庭教育，教在家长的“行”，育在家长的“心”。家长需要学习的不是如何管好孩子，而是如何改变自己的家庭生活观念，如何提高自己的个人素养。

我在四川省妇女发展基金会做秘书长的时候协调海门企业家在凉山州开办女子学院，去挨家挨户调研女子入学情况。在某户看到一个女孩蓬头垢面，她母亲说家里穷。那个地方不缺水，穷跟不讲卫生没有关系，而是观念问题。如果家长能把家里打扫干净，孩子也会觉得干净漂亮是件美好的事情，努力追求美好，生活就不会过得穷困不堪。我们一个理事张艳是绵竹市原妇联主席，自己常年到村里开展家庭教育公益讲座，在村里很多家长文化水平不高，说复杂了听不懂，我们省妇联开发了一套母亲课堂教材，按照孝、爱、亲、和、廉做成卡片，一个字一个字讲。从简单的生活习惯影响这些父母，不说脏话，见面问好，爱护环境，不乱丢垃圾，不乱吐痰，邻里互帮互助，不随便拿别人东西，照看小孩时不摸麻将等。甘孜州泸定县妇联主席陈艺常年下乡工作，到彝族村时，进门首先教那些彝族妇女如何扫地，如何擦洗锅盖，该怎么讲卫生，如何给小孩改善生活环境。这就是基层的家庭教育，改变父母的生活习惯是第一步，家长的改变才能影响孩子未来的成长。

第二，家庭教育从提高婚姻质量开始。

婚姻是一个比较宽泛的命题，放到基层的家庭教育工作中，尤为重要。特别是农村，外出务工人员比较多，2017年的六一，我们到一个乡镇中心校做调研活动，全校400多名孩子，99%都是留守儿童，而且大部分父母都不在身边，有些甚至几年没有父母的音讯。父母外出务工导致的高离婚率是农村家庭教育问题突出的一个重要原因。妇联作为群团组织，在妇联改革中将群团服务功能延伸到村里，特别是近几年，省妇联每年重点培养“幸福使者·母亲课堂骨干”“幸福使者·家庭教育骨干”，再通过逐级孵化，“幸福使者”队伍延伸到乡镇、村社，每年“幸福使者”通过多种形式深入基层，开展婚姻家庭及家庭教育知识宣讲，从细节处不断影响群众的基本家庭观念，不断引导群众认识婚姻对于子女未来成长的影响，一些父母在当地政府的脱贫攻坚的扶持下开始返乡工作，尽量留下来照顾子女，这种从婚姻角度来改善家庭教育工作的做法收效非常明显。

第三，明确孩子在家庭中的定位和需求。

一个家庭新生命的诞生是新课程的上线。很多家长从准父母开始就在为孩子的成长操心，全家一切以孩子为中心，甚至把一个家庭的全部希望都押到孩子身上。吃最好，穿最好，用最好，一句开玩笑的话说，全民“富二代”。父母却隐藏了夫妻之爱、孝敬长辈、关心邻里；隐藏了工作的辛劳、同事的友好相处，一个孩子就是头上一片天。最终家庭教育会看到一个不知敬畏、无法无天的孩子。如何摆正孩子在家庭中的位置，就是要让孩子知道父母不仅是父母，还是长辈的孩子，有领导，有同事，有朋友，父母需要私密场合，需要工作时间，需要朋友互动。孩子只是生活的一小部分，孩子需要了解父母的一切角色，知道什么叫生活，给孩子从生活细节中传递社会责任感。生活教育是最好的家庭教育，比解决家庭教育问题来得更简单有效。

在基层家庭教育实践中，很多父母因外出务工没有时间陪伴孩子，所以把这种欠缺换成了物质补偿，尽其所能满足孩子一切需要。孩子在家留守多由爷爷奶奶陪伴，老人只能保证孩子吃饱穿暖，其他方面的关注和陪伴很少，很多孩子在家的娱乐多为电视、手机，跟家长交流很少，也导致了很多青少年社会问题频发。妇联针对这一问题在乡镇、村社建立了“儿童之家”“妈妈之家”，开设家长学校，定期开设活动，提供关怀帮扶服务，在一些基础性的陪伴上做了一些尝试，利用过年返乡时间集中开展家长课堂，引导家长跟孩子正确沟通，教会家长如何做好有效陪伴，并设立微信群，免费为家长提供家庭教育讲座。以上都是这几年四川省妇联、四川省家庭教育研究会、四川省家长学校总校针对基层家庭教育工作所做的一些有效尝试，在调研和回访中不断总结经验，形成相对固定的教育服务模式。

第四，家庭教育理念的持续性宣传与个性化家庭教育服务并重。

父母是孩子的第一位老师，家庭教育对人产生的是基础性和根本性的影响，具有不可逆性。人们常常习惯于把教育对象锁定在孩子身上，教育重心倾斜，从而忽视了家长这一庞大的受教育群体。家长在家庭教育这一活动中有主体作用，而使家长树立科学的家庭教育理念、树立家庭教育的正确认识有助于更好地宣传家庭教育、促进教育的发展。

由于受教育群体的特殊性，我认为家庭教育理念的持续性宣传与个性化家庭教育服务并重，除了大众化的讲座对家长的理论性认识进行意识引导，进行持续性地关注和跟进，还要从实际出发，满足不同家长需求。首先，要注重实效性。根据家长子女的不同年龄、阶段，家长不同的家庭身份、家庭结构等开展个性化的家庭教育服务，避免了千篇一律的讲座活动，避免了资源浪费。其次是要有实践性。即讲课内容要能指导家庭教育实践，能帮助家长解决家庭教育实践中遇到的种种问题和困难。第三是要有系统性。从横向讲，就是给家长以全面的抚养子女的科学知识，从学科知识系统讲，要给予心理学、生理学、教育学、伦理学、社会学等学科知识。从纵向讲，按照各个孩子不同的年龄阶段，给予家长以相应的知识。第四是要有时代特点。要把崭新的学术理论思想教给家长，随着信息时代的到来，父母与孩子处在同一起跑线上，如果家长不继续学习，就无法承担教育者的角色。

家庭教育的成败是否也有衡量标准？家庭一代一代的传承，后人的一生就是前人想要得到的答案。如果觉得非要一个衡量标准，可能就是孩子成家立业后是否过得幸福。不断进步的社会，需要我们不断地努力，为着下一代的幸福，认真地学习，不断地探索，在孩子最需要的日子给予高质量的陪伴。让每一份爱都充满智慧，充满色彩。

第二篇 数据发布

关注健康生活方式的基础工程——体育运动

孙宏艳①

“生命在于运动”，多年来这句话耳熟能详。少年儿童正处于人生的开端，少年儿童时期的身体素质可以说是一生健康的奠基阶段。少年儿童通过运动增大肺活量，促进肌肉与骨骼的发育，提高消化与代谢功能，促进神经系统进一步发育。然而，运动不仅是健康的奠基、生命的基础，运动对少年儿童还有着特殊的意义。运动对少年儿童的心理健康、学习成绩、情绪协调等等，均有非常重要的作用。运动能提升少年儿童的心理素质，使他们形成良好的个性与顽强的意志。少年儿童在运动中不断地克服困难与惰性，征服自我，个性因此得到磨砺，自信心、责任感、荣誉感、果断性、独立性等现代社会需要的优良品质，也可以在运动中逐渐形成；运动还可以缓解少年儿童成长中面临的学习压力、发展压力，使不良情绪得到释放，身心获得愉悦与舒展；运动还可以帮助少年儿童学会合作与变通，锻炼交往与沟通能力，增强其社会适应性。体育运动是一种特殊的社会文化活动。运动中需要遵守规则、尊重对手，运动中需要竞争也需要公平，少年儿童在运动中形成的这些行为规范，有利于他们未来更好地适应社会生活。运动也是新时代新新人类非常青睐的一种休闲方式，各种充满挑战性、趣味性、冒险性的活动，既给了少年儿童张扬个性、表现自我的机会，又使他们在运动中获得友谊与快乐。因此，良好的体育运动状况及习惯是少年儿童健康生活方式的基础工程。

一、少年儿童学校体育运动状况

1. 仅有六成多中小学生能达到国家规定的每周三节体育课的标准。比较而言，小学、城市学生达标比例更高。

---

① 孙宏艳，中国青少年研究中心少年儿童研究所所长、中国青少年研究会副秘书长、少先队专业委员会主任、中国青少年研究中心研究员。

我国对学生体育运动始终非常重视。早在1982年，教育部就发布了要求中小学生每天体育锻炼一小时的通知；2007年国务院又下发了《中共中央国务院关于加强青少年体育增强青少年体质的意见》；同年，教育部、国家体育总局、共青团中央联合发布了关于《全面启动全国亿万学生阳光体育运动的通知》；2010年发布实施的《国家中长期教育改革和发展规划纲要（2010—2020年）》也明确规定要“保证学生每天锻炼一小时”；2011年十一届全国人大四次会议批准的《政府工作报告》再次强调要“保证中小学生每天一小时校园体育活动”；2011年7月8日，教育部又印发了《切实保证中小学生每天一小时校园体育活动的规定》，指出要“严格执行国家关于保证中小学生每天一小时校园体育活动的规定”，要形成工作机制、监督机制、评价机制和表彰奖励或问责制度。一系列规定的目的是为了促进学生健康成长，切实提高中小学生体质健康水平，全面推进素质教育。

学校是少年儿童体育运动的主渠道，体育课、课间操等成为中小学生实现每天体育锻炼的主要环节。根据《学校体育工作条例》规定：普通中小学校必须开设体育课，每天应当安排课间操，学校每学年至少举行一次以田径项目为主的全校性运动会。在教育部颁发的《切实保证中小学生每天一小时校园体育活动的规定》中也明确规定：“中小学校要认真执行国家课程标准，保质保量上好体育课，其中小学1—2年级每周4课时，小学3—6年级和初中每周3课时，高中每周2课时；没有体育课的当天，学校必须在下午课后组织学生进行一小时集体体育锻炼；每天上午统一安排25—30分钟的大课间体育活动。要将上述学生校园体育活动时间和内容纳入教学计划，列入学校课表，认真组织实施。”

因此，本次研究中，我们首先调查了学生的体育课情况。数据统计结果表明，“本学期”中小学生每周有1节体育课的比例为3.7%，2节的比例为31.7%，3节的为57.8%，4节的为4.9%，5节的为1.9%。由于本次被调查的对象均为小学四年级至初中二年级学生，因此，根据国家规定，他们应该达到的标准是每周3课时体育课。从上述数据可见，体育课能达到每周3节及以上的学生比例为64.6%。这说明，中小学生每周体育课数量能达到国家规定的标准的比例不足七成。

2004年课题组也进行了同样的调查。数据显示，2004年学生每周体育课3节及以上的比例合计47.0%。可见，12年之后，中小学生每周3次以上体育课的比例有了较大幅度的提升，共上升了17.6个百分点。当时全国中小学生执行的是1990年国务院批准颁布的《学校体育工作条例》（以下简称《条例》），该条例对学校体育教学、体育课外活动、课余体育训练与竞赛等方面虽然做了一些规定，但是有些方面的量化标准不够明确。例如，《条例》规定：“学校应当根据教育行政部门的规定，组织实施体育课教学活动。普通中小学校、农业中学、职业中学、中等专业学校各年级和普通高等学校的一、二年级必须开设体育课。普通高等学校对三年级以上学生开设体育选修课。”从这段话可以看出，当时只规定了普通中小学校必须开设体育课，但是到底每周开设几节课并没有明确要求。《条例》还对课外体育活动、课间操等进行了规定："普通中小学校、农业中学、职业中学每天应当安排课间操，每周安排三次以上课外体育活动，保证学生每天有一小时体育活动的时间（含体育课）。中等专业学校、普通高等学校除安排有体育课、劳动课的当天外，每天应当组织学生开展各种课外体育活动。"可见，当时对课外体育活动的要求比体育课更细致一些。因此，我们难以判断当时体育课的达标情况，但是值得欣慰的是，如今学生每周上体育课的情况已经有了明显改善。

图1对小学和初中调查对象进行年级细分，发现小学四年级、五年级及初一每周3节体育课的比例均在六成以上，而小学六年级的比例刚过半数（53.8%），初二的比例不足半数（46.3%）。分析认为，总体来说随着年级升高，能达到每周3节以上体育课的比例越来越低。初一比例有较大幅度回升，可能是因为经历了小升初之后，学生的学习压力得到释放，学习时间不像小升初时那么紧张，老师们占用体育课时间的情况得到缓解，因此体育课时间明显比小学六年级增多。但是初二开始下降幅度较大，比初一下降了15.5个百分点。

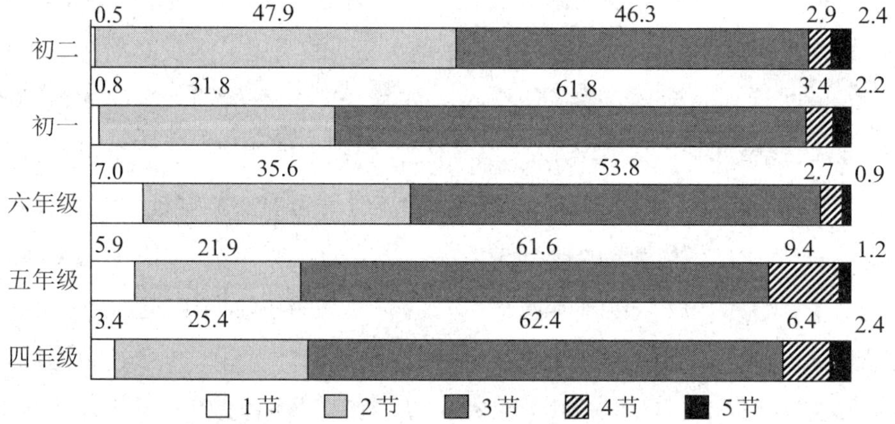

图1　各年级学生每周体育课节数占比（%）

对城乡学生进行比较发现，城市学生每周只有1节或2节体育课的比例，合计为32.3%，农村学生合计为38.7%，农村比城市高6.4个百分点。同样，从图2也可以看出，城市中小学生每周3节及以上体育课的比例为67.7%，农村中小学生每周3节及以上体育课的比例为61.3%，城市比农村高6.4个百分点。这说明，总体来说城市少年儿童每周体育课达标的比例要高于农村学生。

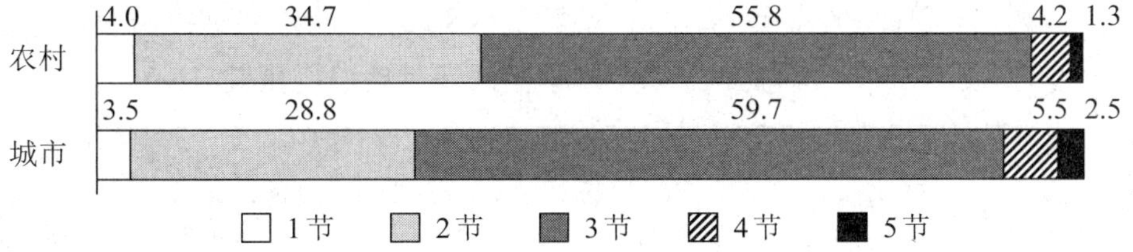

图2　城乡学生每周体育课节数占比（%）

2. 逾两成学生课间活动很少或几乎不出来活动。比较而言，初中生、农村学生、女生课间出去活动的比例更低。

课间活动也是学生在学校期间缓解大脑疲劳的重要途径，虽然只有十多分钟的时间，却是学生休息和运动的重要时间，学生可以通过短暂的课间休息走出教室呼吸新鲜空气，消除上一节课的紧张与疲劳，使眼部肌肉得到放松，四肢得到舒展，这既有利于学生重新集中注意力，又有利于学生的长期身心发展。但是，国家对此并没有硬性规定，因此也特别容易被学生或老师忽视。有的学生课间喜欢在教室里甚至座位上看看手机、翻翻小说或抓紧时间赶写作业，或趴在课桌上休息一下，也有的学生只在楼道里跑跳打闹，有的老师一不小心会拖堂到下一节课铃声响起。

本次研究也调查了学生课间休息时走出教室活动的情况。结果发现，课间“几乎每次都出来”的比例只有17.2%；“经常”出来的有27.2%，“有时”出来的有32.2%，以上合计76.6%（见图3）。但是，课间“很少”出教室活动和“从不”出来的，分别为20.6%和2.8%，合计为23.4%。由此可见，课间能出来活动的学生不足八成，有两成多学生课间活动较少。

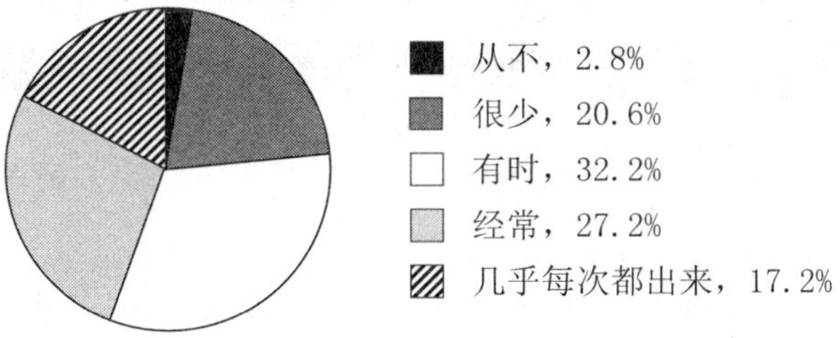

图3　学生课间出来活动的频率

2004年中小学生生活方式调查发现，课间“几乎每次都出来”的比例只有22.9%，“经常出来”的有32.5%，“有时出来”的有28.6%，而学生课间“很少出来”活动的比例为13.6%，“从不出来”活动的比例为2.4%（见表1）。比较发现，12年后中小学生课间出去活动的比例下降，不出去活动的比例却增加了7.4%。这说明经过十多年的教育改革之后，学生对课间活动仍然重视不够，参与不够。分析认为，也许学生的课间活动被更多的作业、学习占据，也许学生课间更喜欢躲在教室里休息，越来越懒得动起来。

表1　2004年与2016年中小学生课间活动情况比较（%）

	2004年	2016年
几乎每次都出来	22.9	17.2
经常出来	32.5	27.2
有时出来	28.6	32.2
很少出来	13.6	20.6
从不出来	2.4	2.8

对本次研究数据进行分组比较发现，农村学生课间出去活动的比例更低，见图4。农村学生课间从不出来的比例为3.1%，很少出来的比例为23.8%，二者合计26.9%。城市学生课间从不出来的比例为2.5%，很少出来的比例为17.4%，二者合计19.9%。农村比城市高7个百分点，这说明农村学生的课间活动情况不如城市学生。

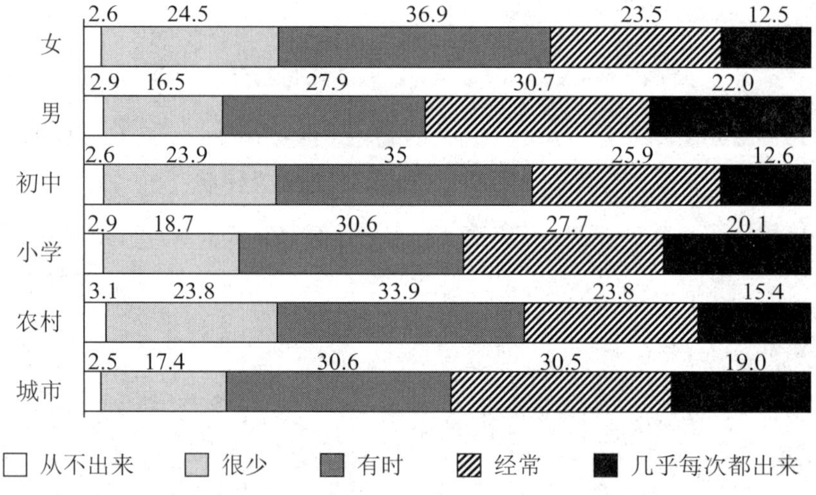

图4　学生课间出来活动频率的各类分组比较（%）

性别比较发现，女生不爱出去活动的比例更高。从图4中可见，女生课间从不、很少出去的比例合计为27.1%，男生合计为19.4%，女生比男生高7.7个百分点。这说明女生课间出去活动更少。分析认为，一些女生喜欢安静的活动，课间喜欢待在教室里翻翻课外书、与伙伴聊聊天，因此到户外活动比例比男生低。

小学和初中比较发现，初中学生课间不爱出去活动的比例更高。数据显示，初中学生从不、很少出去的比例合计为26.5%，小学生合计为21.6%，初中生比小学生高4.9个百分点。这说明初中生课间出去活动更少。

3. 所有学校每学年均能达到至少组织一次全校运动会的要求，但是能够参与运动会竞赛项目的学生不足七成。

1990年颁布的《学校体育工作条例》规定："学校体育竞赛贯彻小型多样、单项分散、基层为主、勤俭节约的原则。学校每学年至少举行一次以田径项目为主的全校性运动会。"本次调查数据显示，参与问卷调查的中小学生所在学校在过去一年时间里，均组织过全校运动会，其中，组织过1次的比例为58.1%，组织过2次的比例为41.9%，二者合计100%。可见所有学校均达到了国家规定的标准。和12年前的调查结果对比发现，2004年有81.6%的学校组织过全校学生运动会，可见如今学校举办运动会的情况已有较大改观。

小学和初中比较看，小学每学年组织全校运动会的次数更多。其中，组织2次的比例如下：小学为48.5%，初中为32.1%，小学比初中高16.4个百分点。初中各学校大多每学年组织1次全校运动会的比例为67.9%，而小学组织1次的比例为51.5%。这说明初中生每学年运动会的次数要明显少于小学。导致这样的原因，可能与初中学生课业更多、闲暇时间更少有关。

城乡比较来看，城市学校每学年组织2次全校运动会的比例略高于农村，其中城市比例为42.8%，农村比例为40.1%。而农村学校每学年组织1次全校运动会的比例略高于城市，农村比例为59.0%，城市比例为57.2%。这一点也说明了城市学校的体育运动情况要好于农村。

虽然各学校每学年至少举办了1次运动会，但是学生的参与率并不高。数据显示，参加了学校运动会比赛项目的学生有66.5%，没参加的有33.5%。也就是说，学生参与运动会的比例不足七成。2004年的数据显示，70.3%的学生参与学校运动会。可见，12年过去了，学生参与学校运动会的比例不升反降，下降了3.8个百分点。

对学生参加体育比赛项目的比例分组研究发现，城市学生参加的比例为65.3%，农村学生参加的比例为67.8%，农村比城市高2.5个百分点；小学生参加的比例为68.5%，初中生参加的比例为63.6%，小学比初中高4.9个百分点；男生参加的比例为63.6%，女生参加的比例为68.8%，女生比男生高5.2个百分点。可见，比较而言，农村学生、小学生、女生对学校运动会的参与程度更高。

二、少年儿童校外体育运动状况

1. 平时有近半数学生每天体育运动时间不到1小时，周末有近三成学生每天体育运动时间不到1小时。

本次研究中，我们还调查了中小学生课余用在体育运动上的时间。数据统计显示，在平时进行体育运动时间在半小时以内的为17.5%，0.5—1小时的为31.8%，1—1.5小时的为27.9%，1.5—2小时的比例为3.1%，2—3小时的比例为11.5%，3—4小时的比例为4.2%，4小时及以上的比例为4.0%。由此可见，学生每天课余体育运动时间不足1小时的比例为49.3%，将近半数。也就是说，有近半数学生每天的课余运动时间达不到国家要求的标准。

表2 中小学生课余进行体育运动的时间比较（%）

	平时	周末
0.5小时	17.5	10.0
0.5—1小时	31.8	18.9
1—1.5小时	27.9	28.3
1.5—2小时	3.1	3.3
2—3小时	11.5	19.2
3—4小时	4.2	10.1
4小时及以上	4.0	10.2

数据统计还显示，在周末时间里进行体育运动时间在半小时以内的为10.0%，0.5—1小时的为18.9%，虽然这两项和平时相比呈现明显下降趋势，共下降20.4个百分点，但是二者合计仍然有近三成（28.9%）。这说明，即使到了周末，也有近三成学生体育运动时间达不到1小时的标准。相反，1小时以上的各选项比例均有所上升（见表2）。可见，上升比例最大的是2—3小时这一选项，共上升了7.7个百分点；其次是4小时以上，共上升6.2个百分点；3—4小时上升了5.9个百分点。总体来说，花费在体育运动上的时间，1小时以上的比例周末比平时要上升两成多，而1小时以下的比例下降两成。

对比2004年的调查结果发现，2004年平时课余运动时间不足半小时的比例为47.4%，0.5—1小时的比例为35.8%，二者合计83.2%，周末二者合计69.9%。而2016年学生在平时和周末运动不足1小时的比例分别为49.3%与28.8%，与2004年相比分别下降了33.9、41.1个百分点（见表3）。也就是说，无论是平时还是周末，2016年少年儿童课余运动时间不达标的比例都有了大幅度下降，而运动时间1小时以上的比例增幅明显。

表3　2004年与2016年学生课余进行体育运动的时间比较（%）

	2004年		2016年	
	平时	周末	平时	周末
0.5小时以内	47.4	34.0	17.5	10.0
0.5—1小时	35.8	35.9	31.8	18.8
1小时以上	16.8	30.1	50.7	71.2

对本次调查数据进行城乡分组发现，城市和农村学生在平时花在体育运动上的时间总体差异不大，在多个选项上相差均不足1个百分点。周末时城乡学生的差异略大，在1小时以内的比例农村更高（30.3%），比城市学生（27.3%）高3个百分点，而城市学生花费1小时以上的比例比农村学生略高（见表4）。

表4　中小学生课余进行体育运动的时间城乡分组比较（%）

	平时		周末	
	城市	农村	城市	农村
0.5小时以内	16.7	18.4	8.6	11.3
0.5—1小时	32.2	31.5	18.7	19.0
1—1.5小时	28.4	27.5	28.5	28.2
1.5—2小时	3.1	3.0	3.2	3.3
2—3小时	11.1	11.9	20.5	18.0
3—4小时	4.5	3.8	10.1	10.2
4小时及以上	4.0	3.9	10.4	10.0

小学生与初中生的比较发现，平时小学生花费在体育运动上的时间呈现两头高、中间低的趋势，初中生呈现中间高、两头低的趋势。从表5可见，小学生每天体育运动不足1小时的比例为49.7%、初中生为48.4%，小学生比初中生略高。此外，在2小时以上的比例小学生更高，初中生在1—2小时的比例更高。这可能是因为初中生比小学生运动量大，因此在平时虽然课余时间比小学生少，但是他们每天花在体育运动上的时间在1—1.5小时段里比小学生高3个百分点，在1.5—2小时里比小学生高0.5个百分点。而小学生要么运动少，要么疯玩更多，因此呈现两头高的趋势。

表5　中小学生课余进行体育运动的时间中小学分组比较（%）

	平时		周末	
	小学	初中	小学	初中
0.5小时以内	17.4	17.3	9.3	11.1
0.5—1小时	32.3	31.1	17.5	21.3
1—1.5小时	26.8	29.8	28.3	27.5
1.5—2小时	2.7	3.2	3.6	2.5
2—3小时	11.9	11.4	20.2	18.1
3—4小时	4.3	4.1	10.7	9.4
4小时及以上	4.6	3.1	10.4	10.1

周末时，在1小时以内的选项上，初中生比例更高，比小学生合计高5.6个百分点。这说明在周末的时间里，小学生花费在体育运动上的时间比初中生多，不能达到1小时以上运动时间的比例不足三成（26.8%），而初中生不足1小时的比例超过三成（32.4%）。1小时以上的各项比例小学生均高于初中生，合计高5.6个百分点。

对学生每天花费在体育运动上的时间进行性别比较发现，每周一至五的平日时间里，女生每天体育运动不足1小时的比例更高（54.7%），合计比男生（44.1%）高出10.6个百分点；而男生每天体育运动1小时以上的比例更高，尤其在2小时以上的比例，高出女生8.1个百分点。

表6　中小学生课余进行体育运动的时间性别分组比较（%）

	平时		周末	
	男	女	男	女
0.5小时以内	14.6	20.5	8.3	11.6
0.5—1小时	29.5	34.2	14.8	23.3
1—1.5小时	28.6	27.1	27.2	29.1
1.5—2小时	3.6	2.6	3.4	3.2
2—3小时	13.2	9.7	20.5	18.1
3—4小时	5.0	3.4	12.2	7.9
4小时及以上	5.5	2.5	13.6	6.8

周末时间里，男女生的差距加大。女生每天体育运动时间不足1小时的比例为34.9%，男生比例为23.1%，女生比男生高出11.8个百分点。

由此可见，男生总体来说比女生运动量大，小学生比初中生运动量大，城市学生比农村学生运动量大。在各类分组中，差异最大的是性别分组。

2. 七成学生几乎没有参加过校外体育培训班。年级越高参加校外体育培训班的比例越低。

除了学校的体育课、课间操、运动会以及学生的课余体育运动，我们还调查了课外体育培训的情况。数据显示，有8.5%的学生经常参加校外体育培训班，有21.3%偶尔参加，有70.2%几乎没有参加过校外体育培训班。可见，较多进行课外体育培训的学生不足一成。

城乡比较发现，城市参加校外体育培训班的比例更高，其中偶尔参加22.7%，经常参加10.8%，合计有33.5%的学生参加过体育培训班。而农村学生偶尔参加的比例为20.0%，经常参加的比例为6.2%，合计有26.2%的学生参加过体育培训班，城市比农村高出7.3个百分点。因此，几乎没有参加过校外体育培训班的农村学生比城市学生高出7.3个百分点（见图5）。

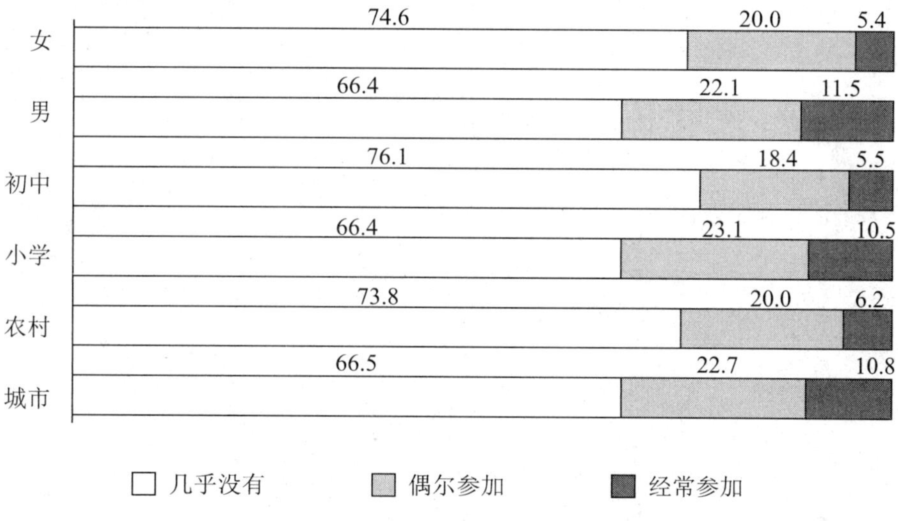

图5 学生参加校外体育培训班的各类分组比较（%）

同样，图中还可看出，小学生几乎从没参加过校外体育培训班的比例为66.4%，初中生为76.1%，初中生比小学生高9.7个百分点；女生从没参加过校外体育培训班的比例为74.6%，男生为66.4%，女生比男生高8.2个百分点。这说明，农村学生、初中生、女生参加校外体育培训班的比例更低。

对各年级细分发现，随着年级升高，学生参加校外体育培训班的比例越来越低。图6

可以清晰地看见，年级越高，学生没有参加过校外体育培训班的比例越高。其中，初二达到了79.4%，接近八成，比小学四年级高出15.8个百分点。

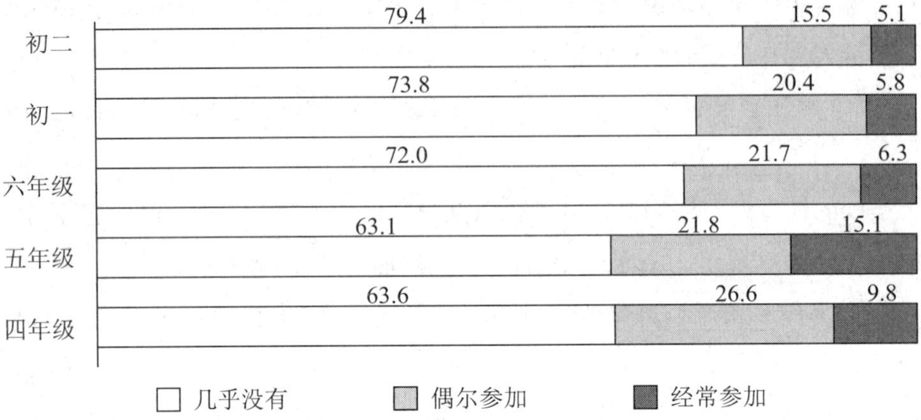

图6　学生参加校外体育培训班的年级比较（%）

调查还发现，学生参加与课堂知识有关的学习班，平时花费1小时以上的比例为67.5%，周末花费1小时以上的比例为91.7%；学生参加各类特长班培训，平时花费1小时以上的比例为69.0%，周末花费1小时以上的比例为86.8%。在这些特长培训中，体育课外培训又能占多大份额呢？我们禁不住要画一个大大的问号。

3. 跑步、打羽毛球、骑自行车等是中小学生经常参加的体育活动形式。

图7数据显示，学生经常参加的体育活动首选跑步（60.6%），占六成以上，其次是羽毛球（49.9%）、骑车（48.3%）、篮球（37.3%）、游泳（27.7%）、足球（23.8%）、乒乓球（23.1%）、爬山（22.0%）等。可见，学生经常参加的体育活动以上述各类形式为主。

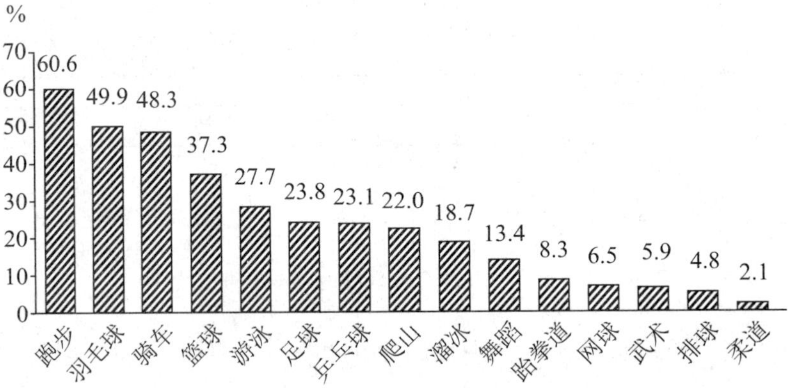

图7　学生经常参加的体育活动形式（多选）

城乡比较发现，在绝大多数选项上，城市学生参加各类体育活动的比例均高于农村学生，这说明城市学生参加体育活动的机会更多，比例更高。但是差异最大的是游泳，城市学生比农村学生高8.9个百分点；其次是羽毛球，城市学生比农村学生高8.4个百分点。见图8。而在其他选项上差异最大的也只有3个多百分点。分析认为，产生这样的差异可能是因为游泳、羽毛球等项目对场地条件要求更高，因此城乡差异更大。

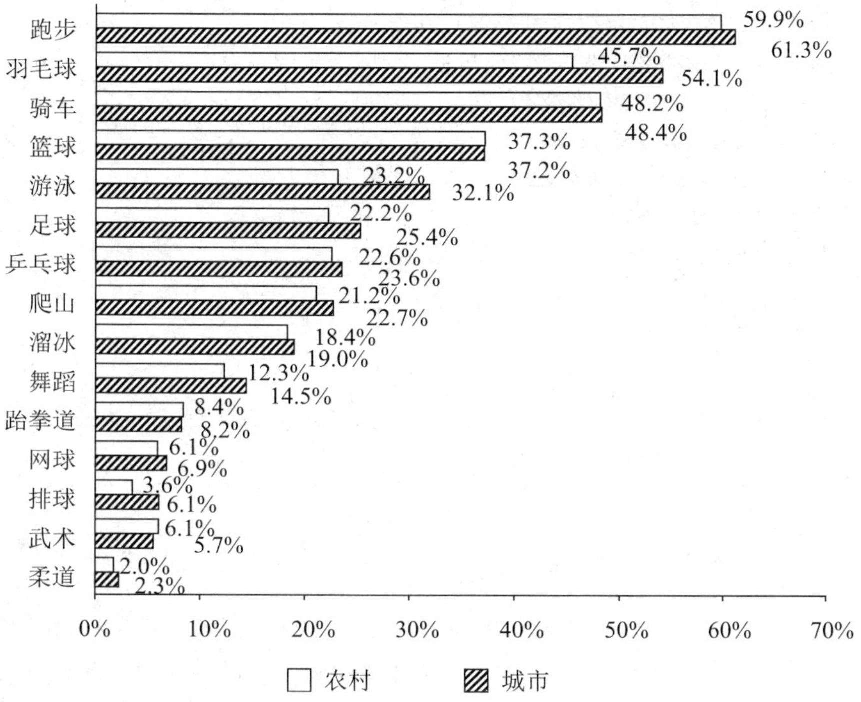

图8 城乡学生经常参加的体育活动形式比较（多选）

小学与初中比较发现，小学生参加较多的体育活动形式主要有骑车、羽毛球、游泳、足球、爬山、溜冰、舞蹈、跆拳道、武术、网球、柔道。其中差异最大的是溜冰，小学生比初中生高10.8个百分点；其次是足球，小学生比初中生高6.4个百分点；第三是骑车，小学生比初中生高6个百分点。初中生参加较多的体育活动形式主要有跑步、篮球、乒乓球、排球。其中差异较大的是篮球，初中生比小学生高6.7个百分点。见图9。分析认为，这些差异体现了中小学生不同年龄的发展特点，首先小学生在体育运动方面有更多的时间、热情、兴趣，因此他们在一些选项上比例均高于初中生。其次，很多父母希望孩子在小时候学习一些运动技能，例如溜冰，孩子年龄小，适应性强，学习速度更快，不至于因为怕摔而举步不前。而初中生随着身体的发育，个子长得快，也大多比小学时高了很多，因此在打篮球方面比例更高。

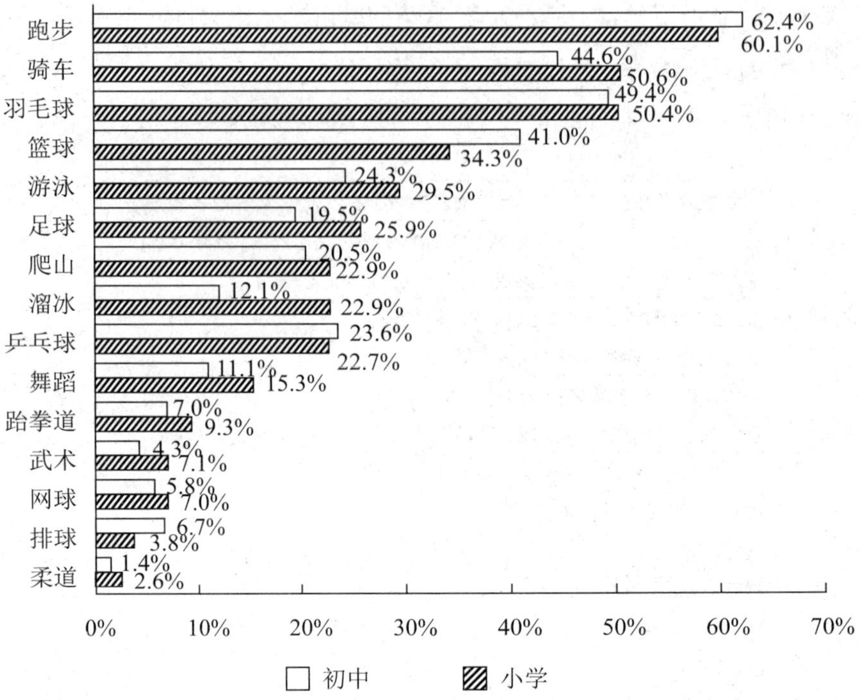

图9 中小学生经常参加的体育活动形式比较（多选）

对学生的体育活动形式进行性别比较可见，中小学生的活动有着鲜明的性别特征。例如，男生更喜欢打篮球、骑车、踢足球、打乒乓球等等，其中差异最大的是篮球，男生比例为52.4%，女生为21.8%，男生高出女生30.6个百分点；踢足球男生高出女生26.4个百分点；打乒乓球男生高出女生15.4个百分点。女生参加跑步、打羽毛球、溜冰、跳舞的体育活动更多一些，差异最大的是跳舞，女生比男生高18.8个百分点。见图10。

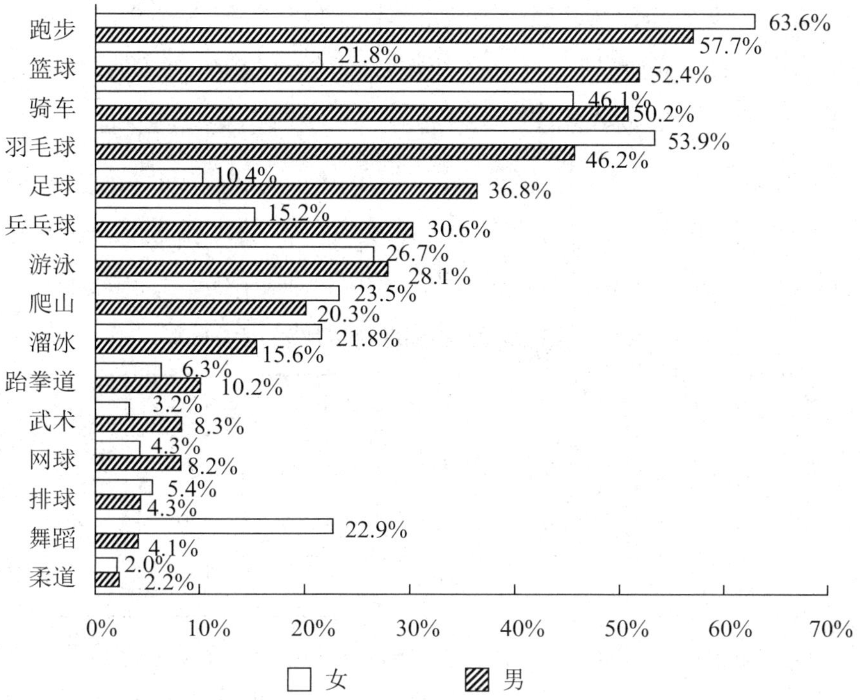

图10　男女生经常参加的体育活动形式比较（多选）

三、少年儿童的运动认知与态度

1. 近七成学生认同运动的价值，但是也有近三成学生认为学习比运动更重要。

学生的运动观念或运动价值观对运动行为有直接影响。本次调查发现，中小学生对运动的认识并不全面。表7可见，认同“运动是积极的休息”的比例合计68.7%，表示不认同的比例为26.1%，还有5.2%的学生表示不知道；认同“学生每天应运动1小时以上”的比例为82.1%，不认同的比例为13.8%，还有4.1%的学生表示不知道；“学习比运动更重要”是反向测试题，非常同意11.7%，比较同意16.6%，二者合计28.3%，这说明有近三成学生认为学习更重要，而不太同意、很不同意的比例为68.2%，说明更看重运动价值的学生近七成。还有3.5%的学生表示不知道。因此，总体来说，有近七成甚至八成学生看重运动的价值。

表7　中小学生运动观念的分组比较（%）

	非常同意	比较同意	不太同意	很不同意	不知道
学习比运动更重要	11.7	16.6	43.4	24.8	3.5
运动是积极的休息	33.1	35.6	18.9	7.2	5.2
学生每天应运动1小时以上	49.4	32.7	9.6	4.2	4.1

然而，虽然大多数学生能够认同运动的重要性，但是当运动遇到学习时，中小学生对运动的价值认同就会产生动摇。和另外两个观点的认同率相比，认为“学习比运动更重要”的认同率比其他两个观点的不认同率更高。

表8是对学生进行的分组考察，数据显示，城市学生、初中生、女生认为“运动是积极的休息”的比例更高，认为“学生每天应运动1小时以上”的比例更高，而且认为反向测试题“学习比运动更重要”的比例更低。这说明城市学生、初中生、女生的运动观念更科学。

表8 学生运动观念的分组比较（%）

	城市	农村	小学	初中	男	女
学习比运动更重要	26.5	30.1	32.2	22.9	30.1	26.1
运动是积极的休息	72.0	65.4	67.8	70.7	67.7	69.6
学生每天应运动1小时以上	83.1	81.0	81.9	81.9	81.1	82.7

从表中也可以看出，差异较大的是小学生与初中生对“学习比运动更重要”的认同，初中生比例为22.9%，小学生比例为32.2%，相差9.3个百分点。这说明随着年龄增长，初中生对运动与学习的辩证关系已经能够有较深刻的认识。

2. 七成多学生体育运动的首要原因是锻炼身体、增强体质，也有两成多学生为减肥而运动。为减肥而运动的比例升高，为增强体质而运动的比例下降。

图11对学生的运动目的进行调查发现，学生参加体育运动的第一原因“锻炼身体、增强体质”比例超过七成（72.2%）；因为“感兴趣、快乐”而运动的比例为57.0%，这说明兴趣是学生进行体育运动的重要原因，居第二位；排在第三位的是“放松、休息”，比例也过半数（52.8%）。可见，增强体质、收获快乐、放松休息是学生参加体育运动的主要目的。

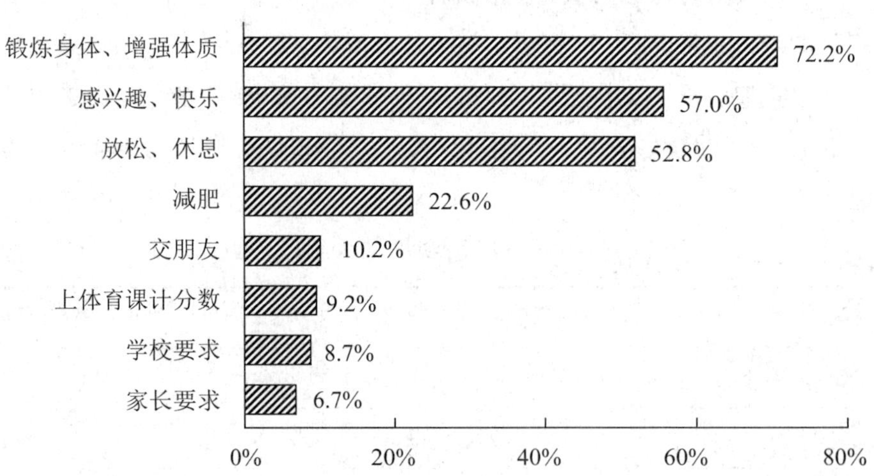

图11 学生参加体育运动的主要原因（多选）

和2004年的调查结果对比发现，为“锻炼身体、增强体质”运动的比例下降5.2个百分点，为“放松、休息”而运动的比例下降4.4个百分点，这两项变化比较明显。为了“减肥”而运动的比例明显上升，共上升8.6个百分点，因为“感兴趣、快乐”而运动的比例上升3.4个百分点。从数据看，变化最突出的是因“减肥”而运动这一项。近几年来，以瘦为美成为很多人的审美观，尤其是正处于身心发展重要阶段的青少年，自尊水平、自我意识都有明显增强，他们更看重他人眼中的自己，看重外貌给自己带来的影响。一些媒体甚至是主流媒体，也把瘦、苗条、骨感作为美的代表推到青少年面前，因此，越来越多的青少年对运动感兴趣，往往不是为了锻炼身体，使身体更强壮，而是为了使身材更苗条、更瘦。另外，“学校要求”“上体育课计分数”的比例均有所上升，这也许说明，中小学生的体育运动目的更功利化、更被动。

表9　2004年与2016年学生参加体育运动的原因比较（%）

	2004年	2016年
感兴趣、快乐	53.6	57.0
上体育课计分数	7.2	9.2
减肥	14.0	22.6
锻炼身体、增强体质	77.4	72.2
放松、休息	57.2	52.8
交朋友	11.2	10.2
学校要求	7.5	8.7
家长要求	/	6.7

对学生进行城乡比较发现，总体来说城市学生参加体育锻炼的目的绝大多数高于农村学生，在给出的8个原因中有7个城市比农村高。其中差异较大的分别是为“感兴趣、快乐”“放松、休息”“减肥”“交朋友”几个因素：“放松、休息”高5.7个百分点，“交朋友”高5.2个百分点，“感兴趣、快乐”高5.1个百分点，“减肥”高4个百分点。而农村学生只有“学校要求”一项比城市学生高2.1个百分点。见图12。由此可见，城市学生参加运动的原因更多元、更主动，他们希望通过运动获得快乐、放松等，农村学生参加运动的原因则比较被动。

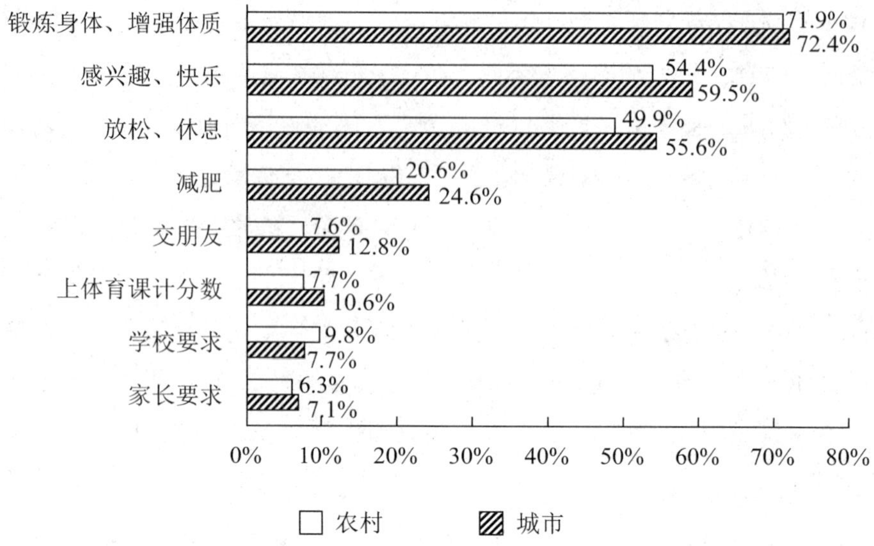

图12 城乡学生参加体育运动的原因比较（多选）

小学生与初中生比较发现，除了“感兴趣、快乐”一项外，其他各项的比例均为初中生高于小学生。差异较大的是“减肥”“上体育课计分数”“放松、休息”“学校要求”。其中，“放松、休息”高7.4个百分点，“减肥”高9.1个百分点，“上体育课计分数”高7.2个百分点，“学校要求”高8个百分点。见图13。可见，初中生体育运动的原因主要有两方面，从主观意愿来看，以自我形象及放松休息为主；从客观意愿来看，以分数和学校制度为主。这说明中学生对体育运动的内涵有了更深刻的认识，另一方面也说明他们因为学习压力大而更希望通过运动来进行放松。

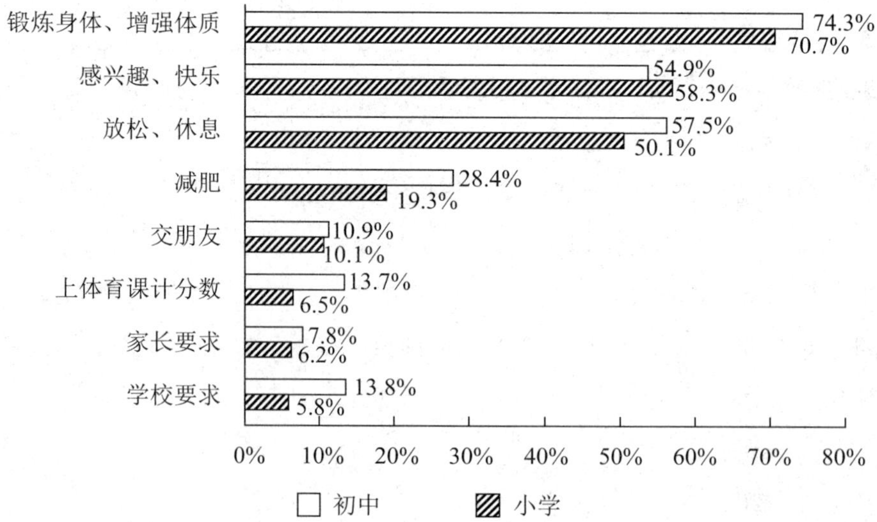

图13 中小学生参加体育运动的原因比较（多选）

而小学生因为“感兴趣、快乐”参加体育运动的比例更高，比初中生高3.4个百分点。由此可见，随着年级升高，学生的运动兴趣在下降，功利的、被动的因素在上升。

性别比较发现，男生参加体育运动的原因，在“感兴趣、快乐”“交朋友”两项上均高于女生，分别比女生高出8.5、4.5个百分点；而在其他选项上女生均高于男生。其中，差异较大的是“减肥”，女生比男生高8个百分点；“放松、休息”高5.7个百分点，“学校要求”高5.8个百分点。见图14。上述数据可见，男生进行体育锻炼的目的更积极、主动，更看重运动的交往功能，女生的运动目的更被动，同时女生更注意自我形象。

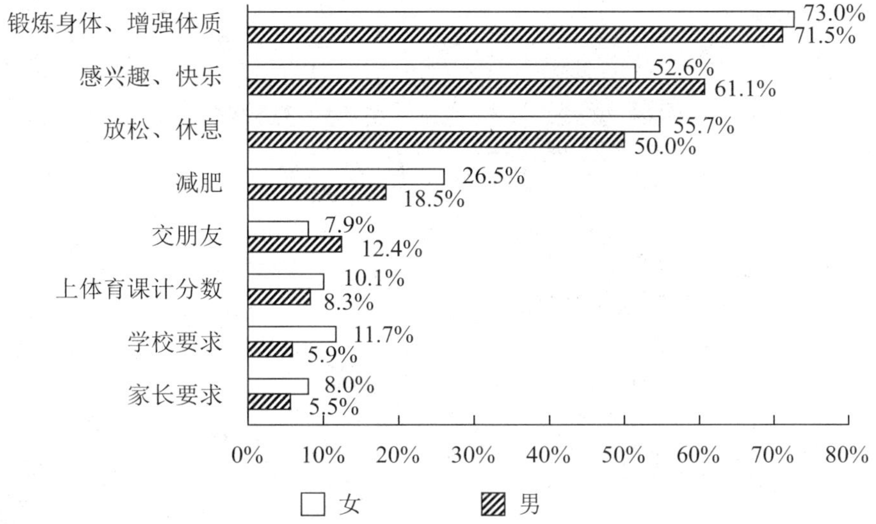

图14 男女生参加体育运动的原因比较（多选）

从上述分组比较还可以看出，为减肥而运动的比例，城市学生、中学生、女生更高；因为放松而运动的比例，城市学生、中学生、女生更高。

3. 近半数学生自感运动量不足，年级越高运动量不足比例越高。运动量不足的首要原因是没有时间，其次是没有运动伙伴。

当问到“你觉得自己的运动量足够吗?”有48.7%的中小学生回答“不足”。认为运动量足够的比例也刚刚过半数（51.3%）。而2004年学生感到运动量不足的比例为50.8%，比例仅下降了2.1个百分点。分组统计发现，城市和乡村学生感到运动量不足的比例一致，均为48.7%；小学生运动量不足的比例为42.6%，初中生为57.7%；男生运动量不足的比例为43.0%，女生为54.4%。由此可见，女生、初中生感到运动量不足的比例更高。

对不同年级进行细分发现，基本呈现出年级越高运动量不足的比例越高的特征。数据显示，运动量不足的比例，小学四年级为43.8%，五年级为38.5%，六年级为45.6%，初一为54.3%，初二为62.5%。分析认为，随着年级升高，一方面学生的学业压力增大，时间减少，另一方面学生对体育的兴趣也在逐渐下降，因此导致年级升高运动量反而降低的结果。

考察学生运动量不足的主要原因发现，“没时间”是排在第一位的原因（51.2%），超过半数。其他依次为“没人一起运动”（43.4%）、“不喜欢运动”（25.9%）、“没有合适场所”（25.4%）、“不懂运动方法”（23.7%）、“太辛苦”（18.1%）、“太麻烦”（15.9%）。另外，还有4.7%的学生觉得“身体好没必要运动”，3.9%的学生因为“身体不好不能运动”，因为“父母不让运动”和认为运动“太花钱”的比例均为3.3%。见图15。可见，时间仍然是制约学生进行运动的首要因素，其次是没有运动伙伴，缺乏兴趣、缺乏场地与方法也是非常重要的因素。

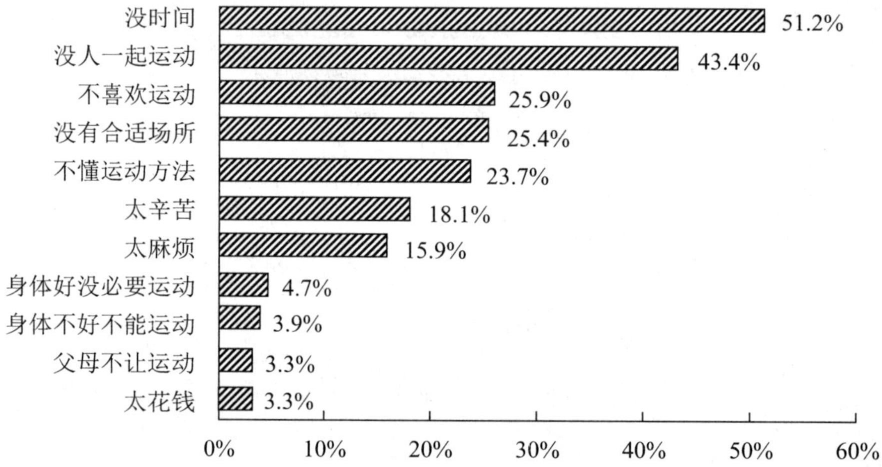

图15 学生运动量不足的主要原因（多选）

图16是2016年与2004年的调查数据对比。从图中可见，“没时间”的比例下降最大，共下降了18.8个百分点；其次是“没有合适场所”，下降了13.3个百分点；“父母不让运动”的比例也下降了，但仅下降了3.1个百分点。这说明时代发展到今天，时间因素、场地因素虽然影响很大，但已经有了明显改善。父母、老师等成年人也会鼓励中小学生拿出更多时间去运动，各种政策也会促进少年儿童运动场所更加丰富多样。另外，父母的观念也逐渐改善，不让孩子外出运动的比例有所降低。

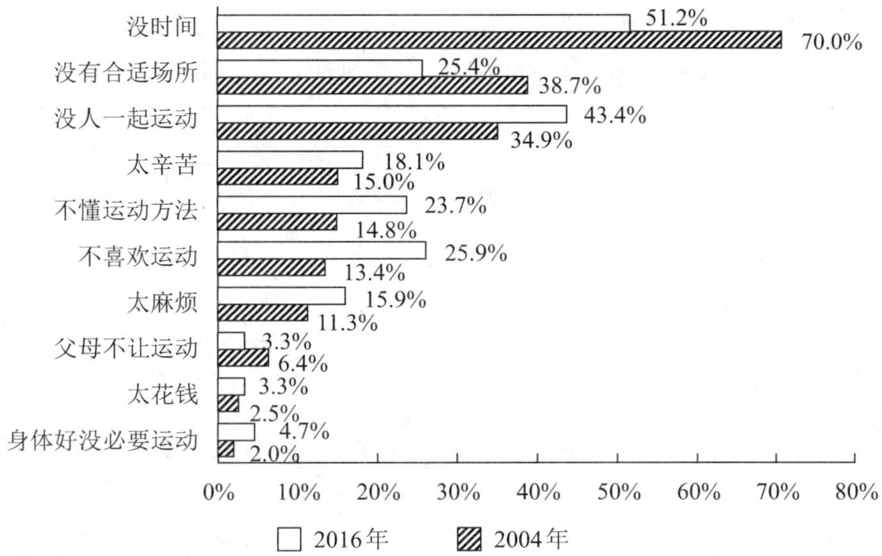

图16 2004年与2016年学生运动量不足的主要原因比较（多选）

注：2004年未进行“身体不好不能运动”原因调查。

但是我们也看到，其他各因素均呈现上升趋势。其中“不喜欢运动”比例上升幅度最大，共上升12.5个百分点，“不懂运动方法”上升8.9个百分点，“没人一起运动”上升了8.5个百分点。此外，认为运动“太麻烦”“太辛苦”“太花钱”“身体好没必要运动”的比例也有所升高。这几项与不喜欢运动均属于主观因素，而“没时间”“没有合适场所”“父母不让运动”“没人一起运动”“不懂运动方法”属于客观因素。从上述几项的比较可见，少年儿童不爱运动的主观因素有所增加，客观因素有所下降。

对学生运动量不足的原因，我们同样进行了分组比较，详见表10。

城乡比较发现，在多个因素上城市学生比例较高，尤其是没时间这一项，城市学生比农村学生高5.1个百分点，而在其他选项上虽然有差异但并不大。农村学生在“不懂运动方法”“太麻烦”“不喜欢运动”“身体不好不能运动”4个选项上比城市学生高，其中差异最大的是“不喜欢运动”，比城市学生高2.7个百分点。这说明城市学生因缺乏时间而不运动的比例高，农村学生因缺乏兴趣而不运动的比例高。

小学生与初中生比较发现，除了在“太花钱”“身体好没必要运动”两个选项上小学生比初中生比例略高外，在其他各选项上初中生均比小学生比例高。其中差异最大的是“没时间”，比小学生高11.7个百分点；“没有合适场所”高8个百分点，“不懂运动方法”高8.1个百分点，“太麻烦”高7.6个百分点，“太辛苦”高6.5个百分点，“不喜欢运动”高4.6个百分点，“没人一起运动”高4.1个百分点。可见，年级越高学生参与运动的主观意愿越低，不喜欢运动、怕麻烦、怕辛苦的比例越高。当然，一些客观因素也是阻碍中学生积极进行体育锻炼的原因，如没时间、没场所、没伙伴。

表10 学生运动量不足原因的各类分组比较（多选，%）

	城市	农村	小学	初中	男	女
没时间	53.7	48.6	45.4	57.1	50.5	52.3
没有合适场所	26.0	24.8	21.7	29.7	25.1	25.5
不懂运动方法	23.6	23.9	20.0	28.1	19.4	26.9
太麻烦	15.6	16.2	12.5	20.1	15.3	16.7
太辛苦	18.2	18.0	14.9	21.4	15.8	20.1
太花钱	3.4	3.1	3.7	2.8	4.1	2.6
不喜欢运动	24.5	27.2	23.7	28.3	22.0	29.1
没人一起运动	43.5	43.3	41.3	45.4	37.7	47.7
父母不让运动	3.8	2.7	3.0	3.4	3.5	3.1
身体好没必要运动	5.2	4.2	5.2	4.1	5.8	3.8
身体不好不能运动	3.6	4.1	3.3	4.6	4.8	3.0

男生与女生比较发现，在“太花钱”“父母不让运动”“身体好没必要运动”“身体不好不能运动”4个选项上，男生高于女生。但是比例相差均很小，最多仅2个百分点。在其他多数选项上女生比例均高于男生，而且差异较大。其中，差异最大的是“没人一起运动”，比男生高10个百分点。另外，“不懂运动方法”高7.5个百分点，“不喜欢运动”高7.1个百分点，“太辛苦”高4.3个百分点。从对比数据看，女生参加体育锻炼更需要有伙伴支持，需要方法指导。但是，女生的运动兴趣更低，更怕辛苦。

四、少年儿童体育运动的社会支持

1. 超过四成父母几乎从不与孩子一起运动，父母每周都与孩子一起运动的比例不足四成。

对中小学生来说，亲子运动既有助于培养孩子良好的运动习惯，又能给孩子更多的情感支持，使孩子虽然感到辛苦、麻烦，但是仍然能坚持运动。另外，父母与孩子一起运动，还是良好的亲子互动渠道，能使亲子间在共同运动中增进交流与沟通。本次调查发现，有四成多（40.4%）的中小学生报告父母几乎没有与他们一起运动过！每月运动1—3次的比例为22.8%，每周运动1—2次的比例为20.8%，每周3—4次、每周5次及以上的比例均为8.0%（见图17）。也就是说，父母每周都与孩子一起运动的比例合计不足四成（36.8%）。如果我们把每周5次及以上等同于“总是”，把每周3—4次等同于“经常”来看的话，那么能常常与孩子一起运动的父母只有16.0%。

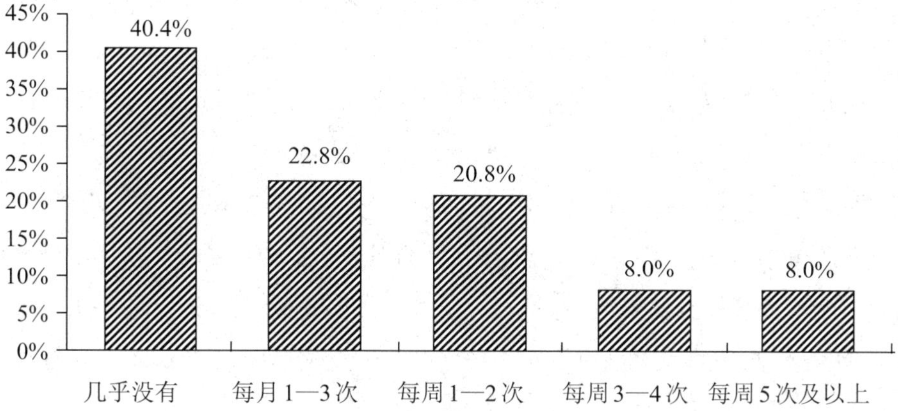

图17　父母与孩子一起运动的频率

课题组对父母与孩子一起运动的频率进行了一些分组比较，详见表11。

城乡学生比较发现，城市父母几乎没有陪孩子一起运动的比例为39.3%，农村比例为41.4%，农村比城市高2.1个百分点。可见，农村父母和孩子一起运动的比例更低。

小学生与初中生比较发现，初中生父母几乎没有与他们一起运动的比例为51.2%，小学生比例为33.2%，相差18个百分点，差距比较悬殊。这说明初中生父母陪孩子一起运动的比例较低。分析认为，产生这一结果的原因至少有两个，一方面或许是因为孩子大了，父母认为孩子更安全了，因此陪伴少了；另一方面或许是因为初中生更希望摆脱父母的束缚，他们更想和同龄伙伴在一起。

表11　父母与孩子一起运动的频率的分组比较（%）

	城市	农村	小学	初中	男	女
几乎没有	39.3	41.4	33.2	51.2	40.5	40.5
每月1—3次	22.6	23.1	22.1	24.0	22.1	23.6
每周1—2次	20.8	20.8	22.6	18.1	20.6	20.9
每周3—4次	8.3	7.6	10.8	3.8	8.1	7.7
每周5次及以上	9.0	7.1	11.3	2.9	8.7	7.3

对男生与女生进行比较，各项差别均比较小。因此性别因素可以忽略不计。

2. 超过四成父母经常带孩子到专业运动场所锻炼。

2015年10月，中国青少年研究中心还采用问卷调查的形式，对小学生运动的社会支持状况进行了调查。被试取自北京、哈尔滨、厦门、郑州、成都、西安、广州共7个城市的28所学校，有效样本量3314人。其中，小学四年级学生1157人，五年级1232人，六年级925人（以下简称“小学生运动调查”）。家庭给孩子的运动支持，对促进孩子热爱运动、形成运动习惯有直接影响。图18显示，除了潜移默化的影响外，家长给孩子最多的支持是鼓励他们和伙伴一起运动（85.9%），第二是经常告诉孩子一些运动注意事项（80.6%），两项比例均八成以上。但是，这两项支持行动均停留在“鼓励”和“告诉”层面。排在第三位的是为孩子购买专业运动用品，超过七成（70.2%），虽然比前两项下降了10—15个百分点，但是已经体现在行动上，从家庭支持的程度来说更进一步。排在第四位的是“父母和我有相同的运动爱好”（59.4%）”，第五位是“父母和我一起看运动节目或比赛”（57.0%），第六位是“父母经常和我一起运动”（53.9%），三项比例均在五成以上。这三项与前面的三项相比，父母的支持行动更胜一筹，能和孩子一起运动、一起看比赛、有相同的兴趣爱好，无疑是对孩子更大力度的支持。可见，有超过半数的父母能用实际行动与孩子共同运动、共同成长。此外，数据还显示，一些父母具有更高层次的支持力度，能认识到专业运动场所和指导教师的重要性，如有44.0%的小学生反映父母经常带他们去专业运动场所锻炼，43.5%的小学生反映父母经常和他们讨论运动话题，28.9%的小学生反映父母会为他们请专业的运动老师或教练。

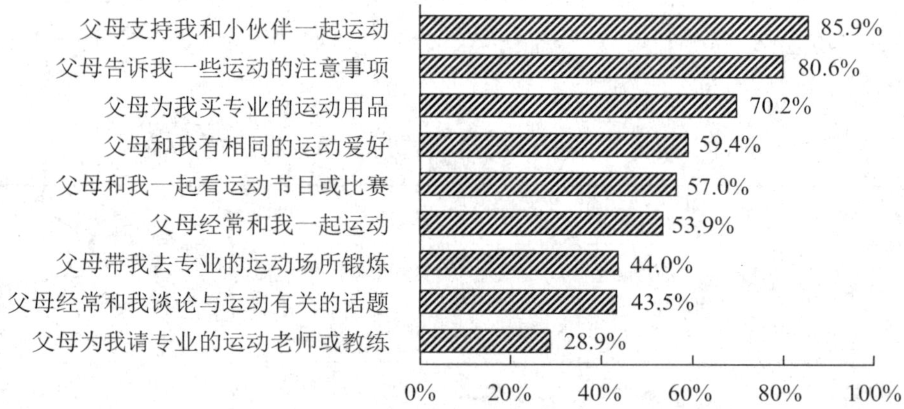

图18 小学生的运动支持状况

3. 超过八成小学生认为父母最关心学习，关心品德性格的只有两成，关心运动的不足一成。

“小学生运动调查”数据显示，八成多（80.9%）的小学生认为父母最关心学习，其次是健康（69.3%），第三是安全（60.5%）。比较可见，学习在父母心中远远超过健康和安全，其中学习与健康相差10个百分点，与安全相差20个百分点，与品德性格（23.8%）、培养习惯（15.8%）相差更悬殊，分别相差57、65个百分点（见图19）。家长关心学习，与当前的教育压力有密切关系，不得不把学习作为第一议题。但是，家长对孩子的情绪、交友、兴趣、运动的关心程度均不足一成，让人担忧。这些因素虽然不能直接决定分数，却有可能影响孩子一生的发展方向，决定孩子未来的人生幸福。

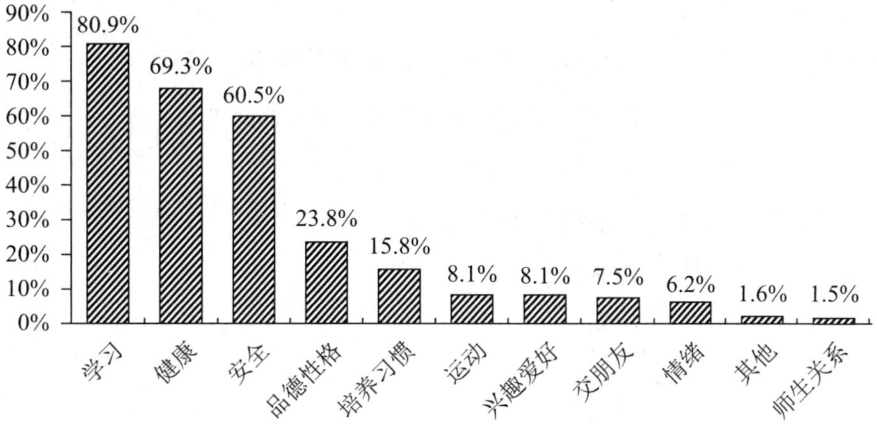

图19　父母最关心的事情（最多选3项）

4. 近六成学生在小区广场或公园进行体育活动，也有三成多学生在家里进行体育活动。

学生参加体育活动都利用哪些场所呢？他们的运动资源如何？本次调查发现，小区广场或公园、学校是他们体育活动的主要场地。图20数据显示，学生首选的场所是小区广场或公园（58.7%），比例接近六成。其次是学校（52.2%），比例也过半数。可见这两个场所是学生平时进行体育活动的主要场所。另外，也有三成多学生（32.6%）在家里运动，这一数字值得关注，说明学生的生活环境中可利用的体育活动场所较少。

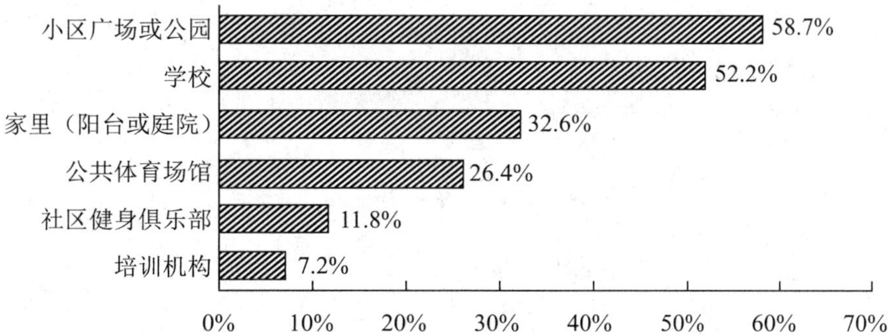

图20　学生主要的运动场所（多选）

城乡学生比较发现，总体来说城市学生的运动场所比例要高于农村学生，其中差异最大的是到公共体育场馆，城市比例为28.8%，农村比例为23.9%，城市高出农村4.9个百分点；其次是把培训机构作为运动场所，城市高出农村4.4个百分点。但是，农村学生把家里作为运动场所的比例略高，比城市学生高出1.7个百分点。见图21。这些现象均呈现了明显的城乡特点，说明城市孩子有更多的运动资源，去公共体育场馆、培训机构的机会也比农村孩子多。而农村孩子在家里、庭院运动则更便利。

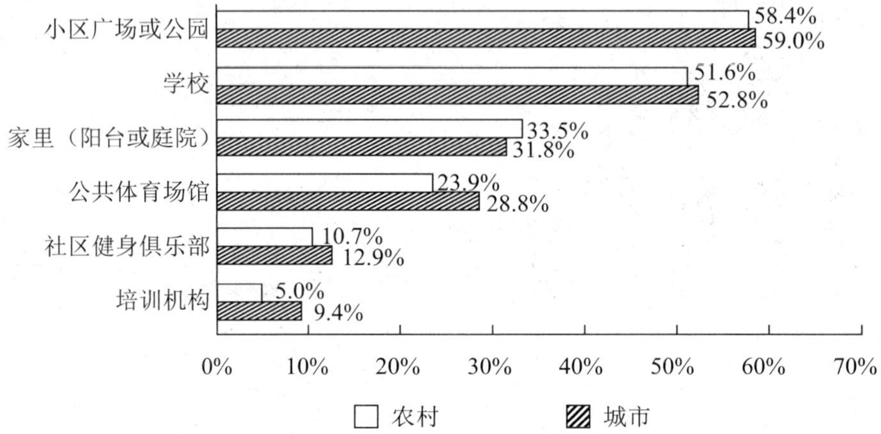

图21 城乡学生主要的运动场所比较（多选）

对小学生与初中生进行比较发现，小学生在小区广场或公园、社区健身俱乐部、培训机构运动的比例更高，其中差异最大的是小区广场或公园（61.2%），比初中生（55.0%）高6.2个百分点；而初中生在学校、家里（阳台或庭院）、公共体育场馆运动的比例较高，差异最大的是学校，初中生比例为65.9%，小学生为43.4%，初中生比小学生高22.5个百分点。见图22。

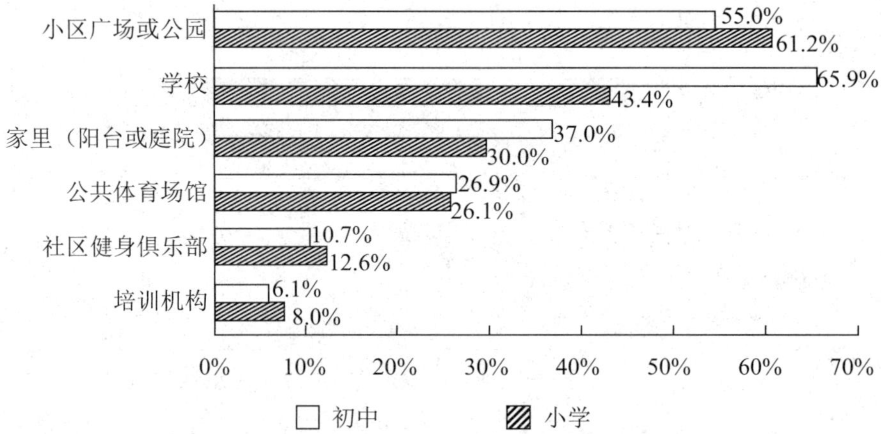

图22 中小学生主要的运动场所比较（多选）

对男生、女生的主要运动场所进行比较发现，女生更喜欢在小区广场或公园、学校、家里进行运动，其中差异最大的是家里，女生比男生高出10.3个百分点。而男生更喜欢在公共体育场馆、社区健身俱乐部、培训机构运动，其中差异最大的公共体育场馆，男生比女生高6.2个百分点。见图23。

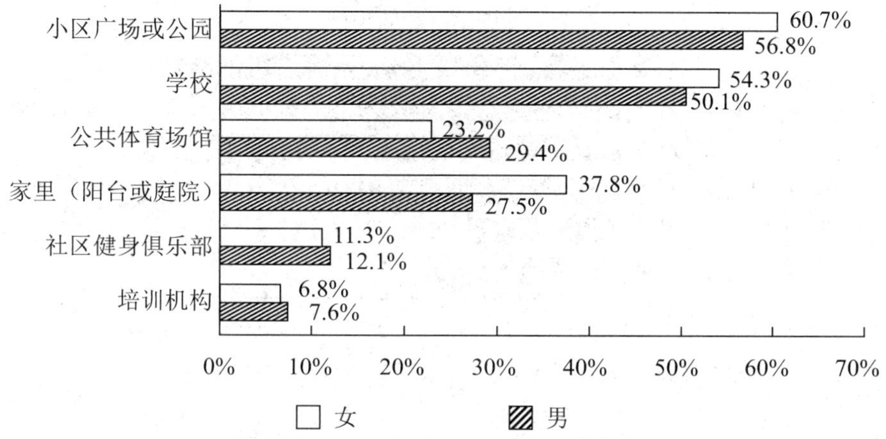

图23　男女生主要的运动场所比较（多选）

5. 近八成小学生在运动中受过伤，半数小学生学习过专业运动课程。

“小学生运动调查”数据显示，有77.5%的小学生在运动中受过伤。男生（82.2%）比女生（72.9%）受伤比例高10个百分点，六年级学生（81.5%）比五年级（79.9%）和四年级（71.8%）学生受伤比例更高。

除了学校体育课外，学习过专业儿童运动课程的比例为51.8%，没学过的比例为48.2%。参加专业运动课程培训对于预防运动伤害有很大帮助。图24可见，课外兴趣班（60.8%）是专业运动课程培训的第一场所，其次是学校（34.9%）。此外，图书、电视、网络也为小学生学习专业运动课程提供了渠道。

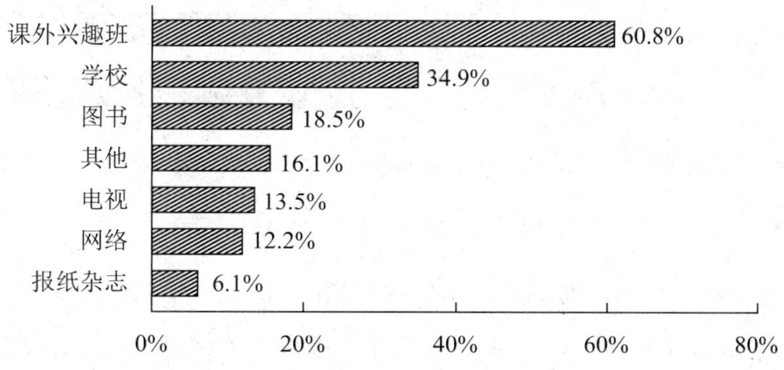

图24　小学生学习儿童专业运动课程的主要途径（多选）

图25显示没有参加专业儿童运动课程培训的原因，“没兴趣”位居第一（36.1%），“家长没给安排”位居第二（33.2%），其他依次为“没时间”（32.9%）、“不知道去哪里学”（20.7%），“其他”（12.1%）、“对学习没有帮助”（7.8%）。可见，影响小学生参加专业运动课程学习的三大原因是“没兴趣”“家长没给安排”和“没时间”，三者均占比三成以上。

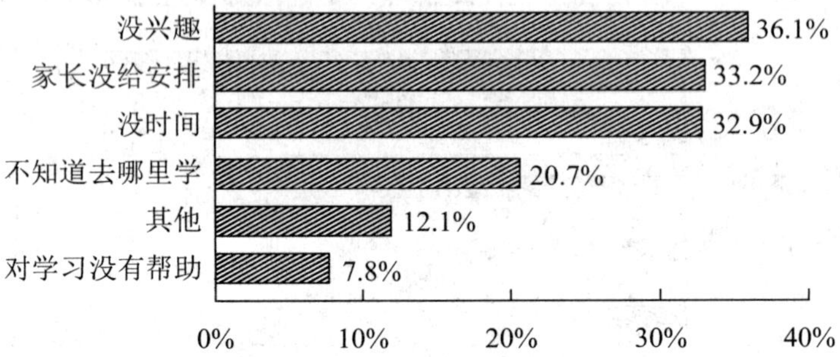

图25 小学生没学习专业运动课程的原因（多选）

6. 近半数小学生认为体育锻炼最缺乏专业教师或教练指导。

“小学生运动调查”统计还发现，小学生认为进行体育锻炼最缺乏的是能指导运动的老师或教练。其中，认为非常不足的比例为25.8%，有些不足的比例为23.3%，二者合计49.1%，接近半数。见图26。其次缺乏的是运动器材或设施，非常不足的比例为11.1%，有些不足的比例为31.3%，二者合计42.4%。排在第三位的是缺乏运动时间，非常不足和有些不足的比例合计30.2%。

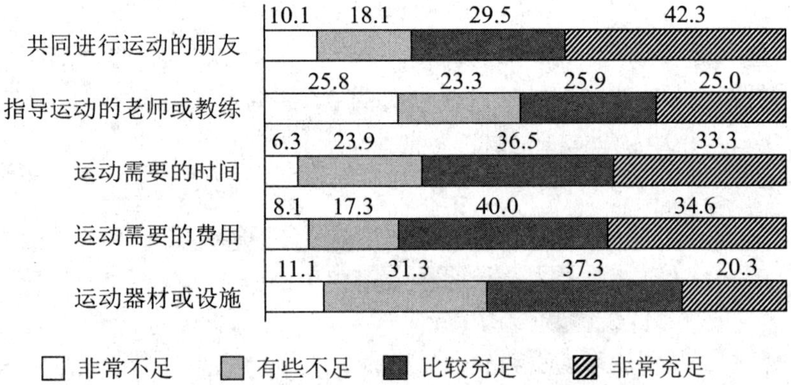

图26 小学生运动条件的缺乏状况（%）

可见，指导教师、设施、时间是小学生比较缺乏的三个运动条件。在这里，尤其需要我们关注的是运动指导教师，除了体育课之外，小学生能接触到运动指导教师的机会较少，运动往往靠自己摸索，或者家长指点、同伴传授，这些非专业的探索不利于培养运动兴趣、避免运动伤害。好的运动指导教师，既可以让小学生在运动中感受到乐趣与成功，又有利于预防运动中受伤。

五、提升少年儿童运动兴趣的途径与方法

对上述研究数据分析可见，总体来说中小学生的体育运动状况还是不容乐观。具体有如下几点：

1. 学校体育工作明显改善，但是依然任重道远。

经过十多年的努力，学校体育工作得到较大改观。本次调查主要从体育课、课间时间、运动会三个维度考察了学校体育工作的情况。对比发现：

学校体育课的课时设置有了明显改善，每周有3次以上体育课的比例与2004年相比提升了将近两成（17.6%），但是依然有35.2%的学校不能达到国家要求标准，到了初二，每周能达到3次体育课的比例不足半数。

课间经常走出教室活动的比例不足三成（27.2%），与2004年的数据相比还有了明显下降，而且年级越高越不爱出去活动。

虽然学校每年举办运动会的情况已经达到了国家要求的标准，并且与2004年相比有了较大改善，但是学生参与运动会的比例却有些许下降。而且初中生参加学校运动会的比例明显低于小学生。

近些年来，国家特别重视中小学生的体质健康状况，采取了一系列的措施来鼓励中小学生积极参加体育锻炼。因此，我们欣喜地看到了各级教育部门为改善学生体育运动状况所作出的努力，但是我们也从调查数据中看到了无奈，学生参与学校各项体育活动的情况并没有得到根本好转，甚至还有“恶化”的趋势。

2. 课外体育运动时间明显减少，课外运动培训热度不及学科培训。

学生仅靠学校的体育课、课间操、运动会等形式的体育运动，远远不能满足他们成长的需要。课外运动是课内体育的有益补充，学生每天的运动时间、运动量要得到保证，甚至主要依赖于课外。对比发现：

虽然国家要求中小学生要课余时间运动1小时以上，但是本次调查发现，平时有近半数、周末有近三成中小学生不能达到国家规定的标准，初中生在周末不能达到标准的比例更高。而且，与2004年相比，下降幅度非常大，平时下降30多个百分点，周末下降40多个百分点。

除了课余时间的自由体育活动之外，参加校外的体育培训班也是体育运动的一种补充。但是调查发现，学生参加学科知识培训班的比例较高，而参加过校外体育培训班的比

例不足三成，而且年级越高参加校外体育培训班的比例越低。

3. 中小学生参与运动的内在动机下降，外部动机上升。

学生对运动的认知、态度直接决定了学生的运动行为及习惯，但是对比研究发现：

虽然有近七成学生普遍认同体育运动的积极意义，但是当运动遇到了学习，中小学生的认知就会发生动摇，有三成学生认为学习比运动更重要。

中小学生参与体育运动的目的更加功利化，和2004年相比，为减肥而运动的比例明显升高，为增强体质而运动的比例明显下降。并且，随着年级升高，学生的运动兴趣逐渐下降，初中生因为感到快乐而运动的比例低于小学生。

虽然与2004年相比，学生感到运动量不足的比例略有提升，但是仍有近半数感到运动量不足，而且年级越高参与运动的主观愿望越低。另外，引起运动量不足的客观原因下降，主观原因上升。

4. 社会支持严重不足，尤其缺乏专业的运动指导。

坚持运动需要强有力的社会支持，家庭、学校、社会等都是少年儿童养成良好运动习惯的支持力量。父母给孩子的帮助、支持尤其重要，但是在运动意识普遍强化的现代社会，少年儿童的运动支持还离不开专业指导。调查发现：

父母给孩子的运动支持大多停留在口头鼓励层面，其次是给孩子购买运动用品。这两项已经达到七八成。但是，有超四成父母几乎从不与孩子一起运动，父母每周都与孩子一起运动的比例不足四成；而且八成多父母最关心的是孩子的学习成绩，关心孩子运动状况的比例还不足一成。这似乎证明了父母的“言行不一”，一方面要求孩子爱运动，但是另一方面给孩子的运动支持又不够坚实有力。

虽然学校、小区广场等是孩子们运动的主要场所，但是三成多中小学生经常在家里运动。孩子们即使有时间运动，也只能在家里进行。不活动的课间、没有场所的运动，既昭示了孩子们的运动窘境，也说明孩子们的运动资源不够丰富。

运动不仅需要热情与韧性，还需要安全与健康，这样才能使少年儿童的运动热情有更持续的动力。专业的运动指导、专业的运动课程，是更进一步的社会支持，既能减少中小学生的运动伤害，又能强化少年的运动兴趣。但是调查发现，近八成中小学生曾经在运动中受过伤，有近半数学生认为体育锻炼最缺乏专业教师或教练指导，有四成多认为缺乏运动器材或设施。

针对本次研究的结果，笔者提出如下提升中小学生运动兴趣的建议，希望能通过全社会持续不断的努力，使少年儿童对运动有正确的认知，并养成良好的运动习惯，最终形成健康的生活方式。

第一，多学科合作，研发适合少年儿童的专属运动项目或课程。

爱玩儿、爱运动是少年儿童的天性，但是由于缺乏兴趣，使学生形成了严重的运动缺失局面。产生这样的结果，除了没时间、没伙伴、没地方运动之外，没兴趣也是重要因素。一些学校的体育项目常常过于课程化、统一化，以考试为主要目标，不够生动活泼，难以引起学生兴趣；一些培训机构开设的体育运动项目，要么价格昂贵，要么过于成人化，未必适合小学生参与。因此，有必要邀请运动学、教育学、心理学、社会学等多学科专家团队，共同为促进中小学生运动出谋划策。同时，结合中小学生的年龄特点、性别特点、心理接纳特点等，专门为中小学生设计少年儿童专属运动项目或课程。

第二，重视少年儿童的伙伴交往，多创造群体运动的机会。

伙伴对于少年儿童的运动行为具有非常重要的影响，有无朋友是他们是否爱运动、运动频率高低的重要因素。数据显示，中小学生更喜欢和朋友一起运动，越是爱运动的学生朋友越多。体育运动是人与人交往的社会活动，人际关系促进体育运动，体育运动又促成更多的人际关系。所以，家长和教师要在关注孩子运动状况的同时，也要关注他们的交往状况，要多鼓励中小学生与伙伴交往，为他们创造与同龄人一起活动的机会，使他们多参加群体性的运动，在运动中学会交往，在交往中促进运动。

第三，家长要为孩子做榜样，营造爱运动的家庭环境。

家庭支持对学生运动意识及习惯的影响至关重要，父母越爱运动、家庭的支持力度越大，孩子的体育成绩、学习成绩越好。但是，现实生活中家长往往只要求孩子爱运动，要求孩子为了考个好的体育成绩去锻炼，自己却不爱运动，不认可运动的价值，长时间与电视、网络做伴。有的家长甚至因为担心受伤、怕耽误学习而阻碍孩子运动。孩子爱运动要先从父母做起，家长要认识到运动的多重价值，并身体力行地为孩子做榜样。家长更要抽出时间和孩子一起运动，创造共同运动的机会，学习共同运动的项目，这不仅是培养孩子爱运动的好方法，也是密切亲子关系的好途径。

第四，改善学校体育的评价机制，增强少年儿童的运动兴趣。

本次研究发现，随着年级升高，学生对学校体育课的喜爱程度逐渐降低，而且越是不愿意参加学校体育运动的学生体育成绩和学习成绩越差。学校是学生进行体育运动和学习专业运动课程的主要场所，因此我们要大力提高学校体育教师的教学能力，改善原有的教学方法，改变传统的教学模式，增加学校体育的趣味性，激发学生的运动热情和兴趣。另外，要完善学校体育运动的评价机制，树立新型的师生关系，用教师的人格魅力潜移默化地影响学生，使学生形成热爱体育、终身体育的意识。

第五，充分利用新媒体，全方位地向少年儿童传播运动价值和知识。

网络已经成为少年儿童越来越重要的生活环境，甚至成为其生活方式的重要组成部分。中国互联网络信息中心发布的第34次《中国互联网络发展状况统计报告》显示，10

岁以下网民占比为2.1%，10岁—20岁网民占比24.5%。因此，对学生进行运动素养教育，也应该与各类新媒体密切结合，如微视频、微话题、微博、微信公众号等，向中小学生宣传运动知识，介绍专业的少年儿童运动课程及项目。同时，我们还需要为少年儿童创设更加丰富多彩的休闲生活，帮助学生走出网络，走上运动场。

第六，共享运动资源，为小学生创设良好的运动环境。

本次研究发现，除了没有时间之外，没有合适的设施和场所也是妨碍少年儿童运动的重要原因。公园、小区等地成为孩子们运动、玩耍的主要场所，但是，很多社区的健身器材大多比较成人化，并不适合中小学生使用。学校体育设施和场馆经常只在体育课对学生开放，课后便大门紧锁，周末、寒暑假等休闲时间学生大多无处可去，更没有体育器材可用。家长也不放心让孩子到高收费的、成年人较多的健身馆去。如果当地一些学校、企业的操场、篮球场、乒乓球室、游泳池等能在周末或寒暑假对学生免费开放，将有利于想锻炼却没有场地、没有器材的学生进行体育运动。因此，建议资源共享，向当地企事业单位等机构征集为少年儿童运动健身服务的公益机构名单，当地政府可对这样的公益机构给予政策倾斜，从而营造全社会都关心少年儿童运动健身的环境。

第七，提高儿童运动安全意识，培育专业化的儿童运动指导队伍。

缺乏专业运动教师指导是学生认为最缺乏的运动支持，也更容易使学生在运动中受伤。然而，学校体育教师大多只在体育课时间授课，校外兴趣班或培训机构开设的儿童运动课程并不专业，常常由在校大学生或社会无业人士兼职。这样的校外指导教师队伍构成不利于避免儿童运动伤害、提升儿童运动安全意识。因此，学校体育课要大量融入运动安全知识和训练，对学生进行运动安全方面的专业指导。运动领域的公益企业，可与校外教育机构合作，聘请退役运动员等专业人士为少年儿童开设运动课程，整合社会各方教育资源，形成专业化的、专兼职都有的儿童运动指导队伍。

学校里的家长志愿者：现状、群体特征与效用

吴重涵[1]

家长志愿者活动，是家校合作的标志性活动。只要说到家校合作，就会联想到家长志愿者。但是，家长志愿者行动在现实中存在争议，“好得很”（学校居多）和“糟得很”（部分社会舆论）尖锐对立。其中一个原因，是我们对于家长志愿者行动的规律和特点还缺乏认识。为此，我们利用2012年和2015年江西省家校合作的数据平台，就当前家长志愿者行动的一些特点进行讨论。

本研究使用“江西省家校合作跟踪调查”2012年和2015年两轮调查数据库相关数据［国家社科基金“制度化家校合作与儿童成长的相关性研究”（BHA140091）］，涵盖了从幼儿园到高中、从优质学校到薄弱学校、从城市到农村、从公办到民办各类学校。

一、志愿服务现状：学校“热”起来了，家长还没有

（一）基本现状

图1分别呈现了两轮调查中，志愿服务的学校开展比例、家长参与比例和家长参与意愿。图2折线代表学校开展家校合作六种类型的程度，斜线柱状图相应代表家长参与六种类型的程度，灰色柱状图代表家长参与的意愿。

① 吴重涵，江西省教育科学研究所所长、研究员。

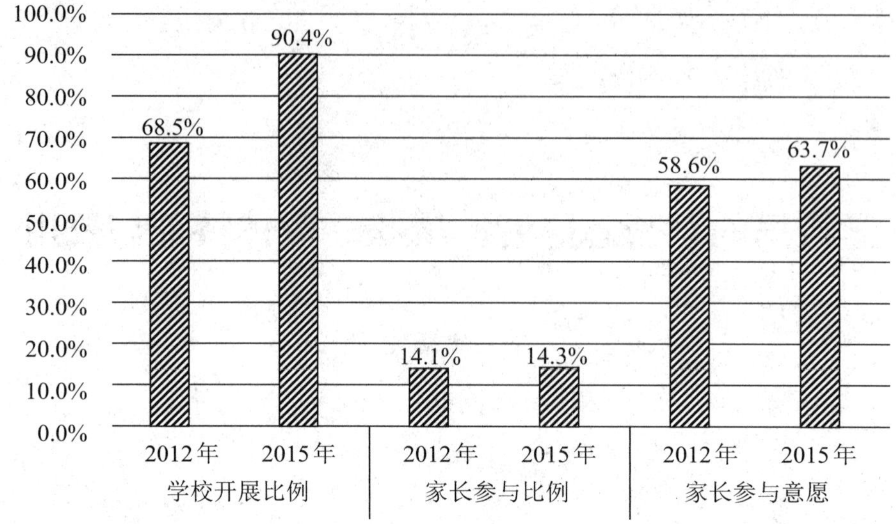

图1 学校和家长参与志愿服务比例（2012、2015年）：学校普及，家长基本不变

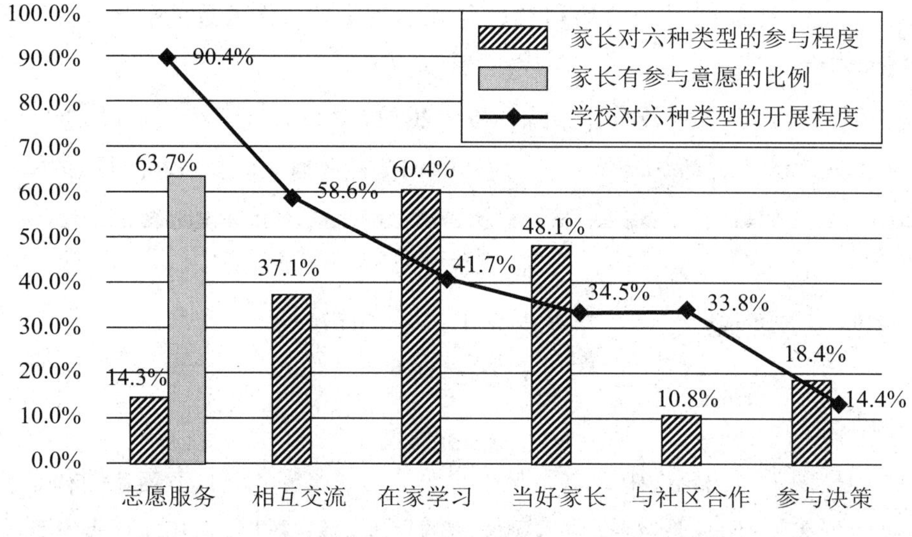

图2 家校合作中志愿服务的总体情况：标志性活动类型、家校差异、意愿和行动差异

（二）数据解读

1. 学校、家庭差异大。在2012年的调查中，有志愿服务项目的学校比例为68.5%（最高），经过三年的制度化推进，这一比例上升到了90.4%（判定标准：正式招募家长志愿者启动仪式或家长志愿者培训，提供志愿者统一标识等）。所以，我们看到几乎所有开展家校合作工作的学校都在轰轰烈烈开展志愿者活动。然而，家长参与率并不高，且稳定在14%不变（判定标准：至少参与了一项志愿者活动）。由此形成学校和家长在志愿者行动上的显著差异。

2. 家长参与意愿和实际参与差异大。家长的意愿不低，而且在两轮调查中一直维持在较高比例，实际参与的家长一直维持在较低比例，两者形成鲜明对比。

这个差异为什么形成，是否可以消除，在多大程度上可以消除？我们通过驻校辅助观察发现，让有参与意愿的家长都实际参与志愿者行动，并非易事。原因是，那些有意愿而没有实际参与的家长，他们的期望是多样性甚至个性化的。当前志愿者活动的内容和形式，没有满足这种多样化参与意愿。如果强制让家长参与，非但家校不能“合作”，而且会成为引发家校矛盾和冲突的导火索。

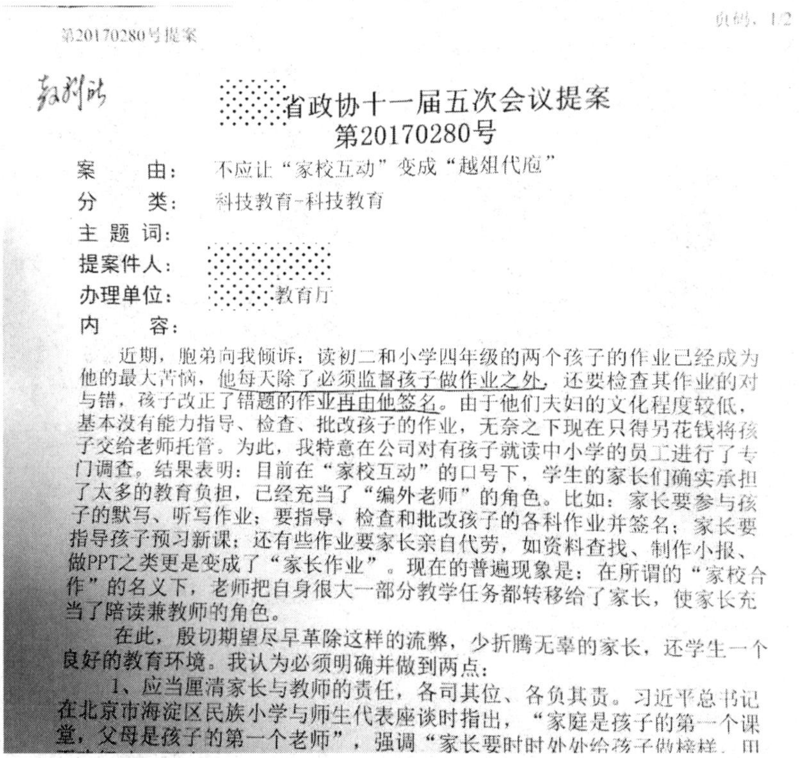
第20170280号提案　　页码：1/2

[redacted]省政协十一届五次会议提案
第20170280号

案　　由：不应让“家校互动”变成“越俎代庖”
分　　类：科技教育-科技教育
主 题 词：
提案件人：[redacted]
办理单位：[redacted]教育厅
内　　容：

近期，胞弟向我倾诉：读初二和小学四年级的两个孩子的作业已经成为他的最大苦恼，他每天除了必须监督孩子做作业之外，还要检查其作业的对与错，孩子改正了错题的作业再由他签名。由于他们夫妇的文化程度较低，基本没有能力指导、检查、批改孩子的作业，无奈之下现在只得另花钱将孩子交给老师托管。为此，我特意在公司对有孩子就读中小学的员工进行了专门调查。结果表明：目前在“家校互动”的口号下，学生的家长们确实承担了太多的教育负担，已经充当了“编外老师”的角色。比如：家长要参与孩子的默写、听写作业；要指导、检查和批改孩子的各科作业并签名；家长要指导孩子预习新课；还有些作业要家长亲自代劳，如资料查找、制作小报、做PPT之类更是变成了“家长作业”。现在的普遍现象是：在所谓的“家校合作”的名义下，老师把自身很大一部分教学任务都转移给了家长，使家长充当了陪读兼教师的角色。

在此，殷切期望尽早革除这样的流弊，少折腾无辜的家长，还学生一个良好的教育环境。我认为必须明确并做到两点：

1、应当厘清家长与教师的责任，各司其位、各负其责。习近平总书记在北京市海淀区民族小学与师生代表座谈时指出，“家庭是孩子的第一个课堂，父母是孩子的第一个老师”，强调“家长要时时处处给孩子做榜样，用

图3　某政协提案：家校合作强制家长参加，引发家长反感

（三）实践启示

1. 让更多的家长参与家长志愿者行动，是下一步家长志愿者行动的一个较大行动空间。

2. 提高家长志愿者参与的比率，不仅要考虑学校的需要，也要从满足多样化、个性化的家长意愿入手。

3. 拓展家长志愿者行动范畴。受爱普斯坦启发，家长来学校做运动会和晚会的观众，在校外维护学校的声誉，都应视为家长志愿者，也存在积极意义。按此定义，江西省家长参与率2015年快速提升到48%左右。

二、群体特征：阶层差异大，激活潜力高

（一）基本现状

关于家长的社会阶层，本调查选取了家长学历、职业地位、地域、收入水平和社会关系五个层面。柱状图代表实际参与的家长比例，折线图代表有意愿但未实际参与的家长比例。

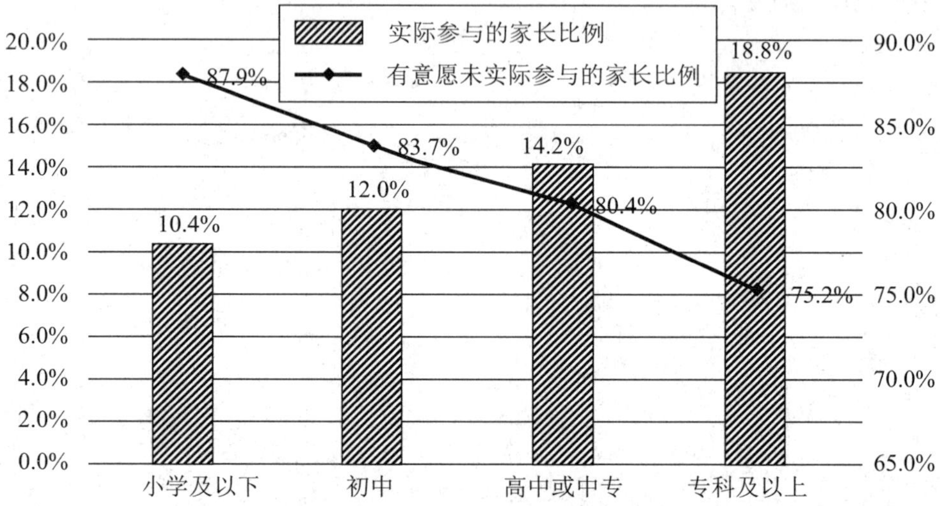

图4 不同学历家长参与志愿服务的比例

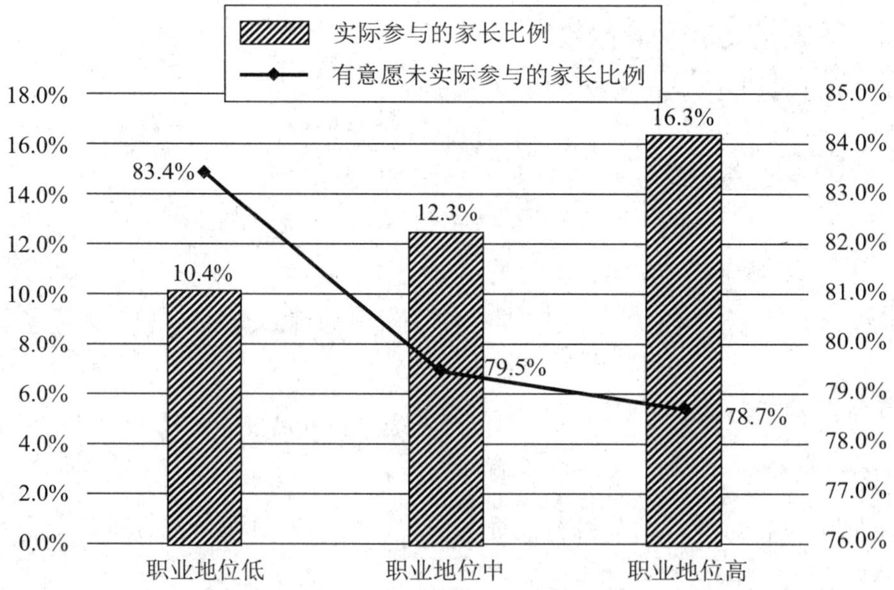

图5 不同职业地位家长参与志愿服务的比例

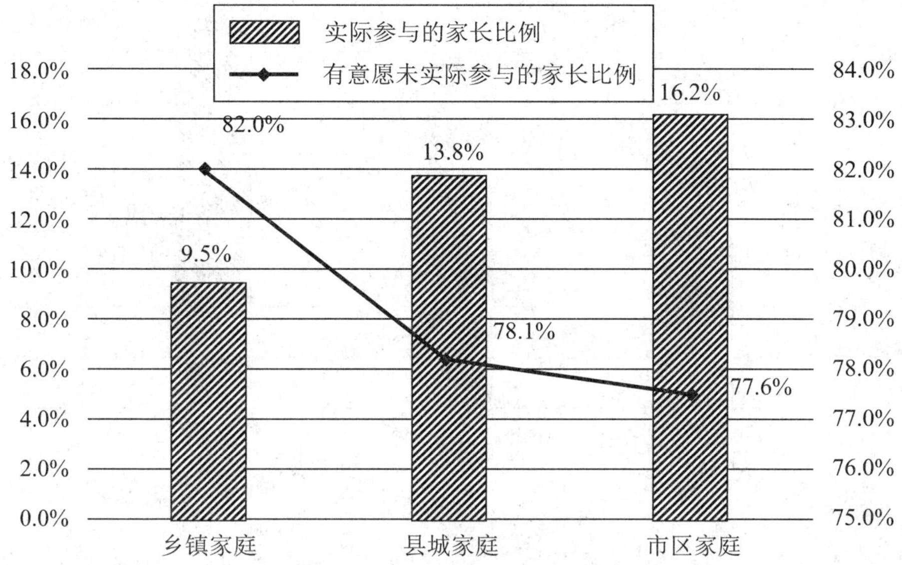

图6　不同地域家长参与志愿服务的比例

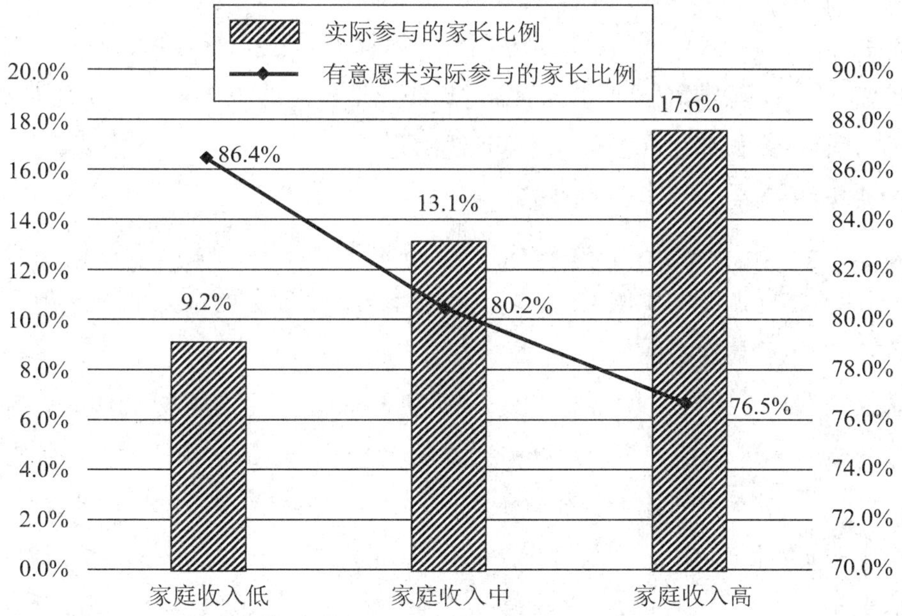

图7　不同收入家庭参与志愿服务的比例

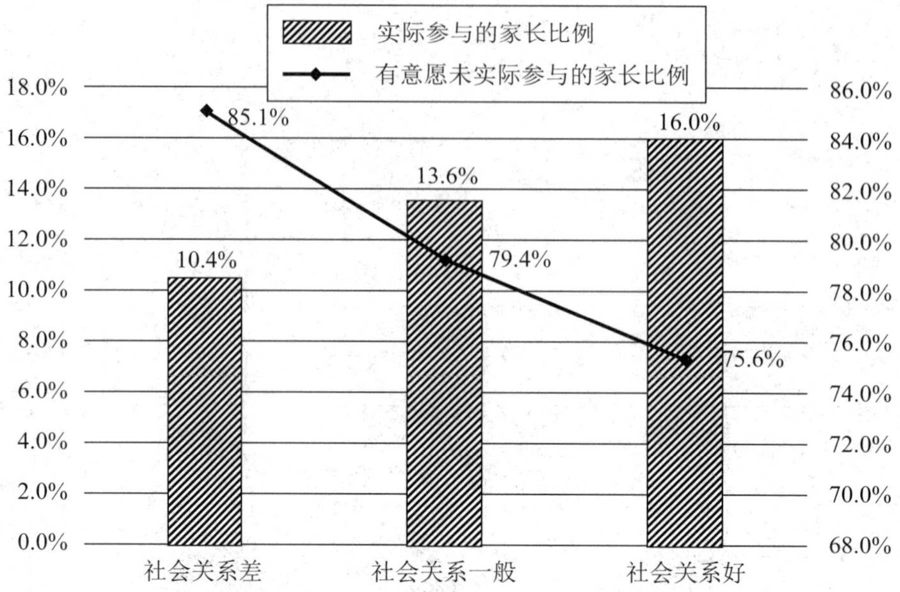

图8　不同社会关系家庭参与志愿服务的比例

1. 阶层差异大。以家长学历为例，小学及以下学历的家长，参与志愿服务的比例是10.4%，而具有大学学历的家长，其比例为18.8%，几乎是前者的两倍。这说明在实际参与志愿服务的家长中，学历越高，参与志愿服务的机会越高。（见柱状图）

2. 激活程度低。有参与意愿但未实际参与的家长，对学校来说，他们是家长参与的潜在参与者，是被关在校门外的群体。从折线可以看出，尽管社会阶层越高，被关在校门外的比例要小一些（职业地位低的83.4%对比职业地位高的78.7%），但无论从哪个角度看，没有被激活的家长都在80%左右（见折线图）。

（二）数据解读

1. 从家庭社会阶层来看，无论是学历、职业、地域、收入还是社会关系方面，等级越高，家长参与志愿服务的比例越高，家长到校参与志愿服务的机会在社会阶层上的差异很大，存在明显的阶层性特征。

2. 教育是促进社会公平的重要工具，它给低下社会阶层以向上流动的渠道和机会。《科尔曼报告》发现，造成儿童教育获得差异的主要原因不是学校的硬件和师资的差异，而是不平等的家庭背景及所构建的社会关系，即教育不平等的根源首先在家庭及其家长对教育的参与，其次才是学校。我们的调查也有同样的发现，促进弱势家庭对子女教育的参与，对教育乃至社会公平有重要的现实意义。但现实数据却告诉我们，当前的志愿服务，作为学校最积极的家校合作项目，学校偏好的家长，多数是高学历、高收入、职业地位高、社会关系好的家长们。而那些低学历、低收入、职业地位低、社会关系差的家长，更有可能被学校排斥在外。家长进学校，存在学校的阶层选择性抑制，可能造成弱势家庭雪上加霜的效果，可能成为助长社会不公的工具。

3. 家长参与的多样化需求，多具有社会阶层的类特征。如何激活、在多大程度上能够激活不同阶层家长的意愿，这是一个问题。

（三）实践启示

满足家长多样化、个性化的参与意愿，一个重要的改进思路，就是设计适合不同阶层家长意愿的志愿者活动，包括方便低下阶层参与的时间和地点、技能特长的独特性，以及个性化的需求满足等。

三、志愿服务的效用：显著提高学校声誉，家庭需求有待重视

（一）基本现状

家长参与志愿服务会带来什么收益呢？根据我们的调查，启动了志愿服务项目的学校，相较于没有启动的学校，对学校的正面评价存在显著差异（见图9）。

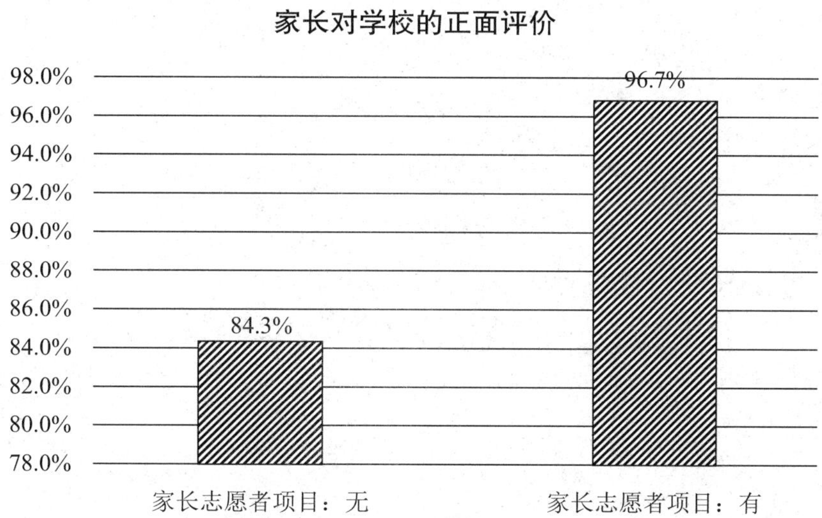

图9　有家长志愿者项目，家长对学校正面评价显著增加

（二）现实意义

家长进学校，参与志愿服务，除了给予学校直接的资源和劳动力支持外，还让家长了解了学校和教师的工作，增进相互理解，一般情况下，显著提升了家长对学校的正面评价，改善了学校的办学环境，形成了良好的教育改革和发展的生态。

然而，在调查中我们发现，家长志愿者活动虽然很重要，但也有功能的局限性。家校合作六种实践类型的显著功能，分布如下表所示。

家校合作六种类型所对应的显著功能

	服务家庭	服务学校	服务学生全体	服务儿童个体
当好家长	√			√
相互交流	√	√	√	√
志愿服务		√	√	
在家学习	√			√
参与决策		√	√	
与社区合作	√	√	√	

（三）实践启示

作为主导方的学校，要兼顾家校合作中的为学校和为家庭服务的功能均衡，不能过度热衷于志愿服务来解决家校合作的一切问题。家长志愿者服务的最大受益方是学校。因此，作为儿童、学校和家庭多方共赢的家校合作，学校应均衡家校合作六种类型活动，特别是面向家庭、儿童的个性化支持和服务。

中国城市家庭教养中的祖辈参与问题调查报告

岳　坤[①]

一、调查背景及样本介绍

2017年4—6月，中国教育学会家庭教育专业委员会承接中国教育学会委托课题“中国城市家庭教养中的祖辈参与问题研究——基于6城市的调查”研究任务，在北京、苏州、广州、哈尔滨、成都、郑州6个城市针对祖辈参与家庭教养的情况实施问卷调查，面向小学四至六年级家庭，共发放配套家庭问卷（每套含儿童问卷、父母问卷和祖辈问卷共三份问卷）4303套，收回儿童问卷4001份、父母问卷3878份、祖辈问卷2487份，按照编号配对还原为家庭样本，有效家庭样本为3601个，家庭有效样本率为92.9%，其中2419个样本包含有祖辈填写的祖辈问卷数据，祖辈数据配对比例为67.2%。

有效样本抽样情况见表1，从儿童抽样情况看，被访儿童的性别分布比例大致相当，男性儿童家庭的样本百分比为48.1%，女性儿童家庭的样本百分比为51.9%。被访儿童的年级分布情况：由于6城市中哈尔滨市的小学为五年制，哈尔滨只抽取了四、五年级样本，导致总样本中，六年级儿童家庭样本（25.5%）的比例略低于四年级（37.2%）和五年级（37.3%）。从父母问卷看，由父亲填写的家庭样本比例为31.7%，由母亲填写的家庭样本比例为68.3%，由母亲填写的比例为父亲填写比例的2.15倍。此外，从抽样区域看，6城市的样本分布大致相当。

---

① 岳坤，中国教育学会家庭教育专业委员会副秘书长。

表1 被访基本信息

	儿童性别		儿童年级			父母问卷填写		城市					
类别	男	女	四年级	五年级	六年级	父亲	母亲	北京	成都	广州	哈尔滨	苏州	郑州
人数	1671	1800	1339	1344	918	1141	2460	591	561	568	670	602	609

二、调查及分析工具

家庭问卷中父母问卷和祖辈问卷为自编问卷；儿童问卷包含自编问卷和邹泓等翻译修订的《青少年父母教养方式问卷》《儿童青少年问题行为问卷》《总体家庭功能量表》，以及郑日昌、张颖、刘视湘编制的《小学生心理健康量表》共四个量表（详情略）。为确保问卷信效度，问卷编制经历四个阶段：首先，广泛查阅与祖辈参与家庭教养相关的国内外文献，总结已有研究成果，初步编制自编部分的问卷条目并初步确定所需量表；其次，通过访谈方式，征求来自父母、祖辈意见，对问卷条目进行细化，结合量表形成问卷初稿；第三，召开专家论证会，根据专家意见修订问卷，形成第二稿；最后，在北京市随机抽取小学四年级一个班（38人），对整个班儿童的家庭进行问卷试测，再根据试测结果调整、定稿问卷。

对回收问卷的统计分析方面，应用SPSS22.0软件进行数据的统计和处理。本研究采用的统计方法主要有卡方检验、相关分析、方差分析、T检验、多元回归分析等。

三、中国城市家庭教养中的祖辈参与的基本情况

（一）近八成城市家庭中存在祖辈参与儿童家庭教养的现象。

根据被访儿童父母的报告，自被访儿童出生到小学阶段，近八成（79.7%）的家庭存在祖辈（包含祖父母和外祖父母）参与儿童家庭教养的现象。同时，祖辈参与教养呈现阶段化特点：将儿童成长阶段划分为幼儿园前、幼儿园和小学三个阶段，有超过七成的家庭，在幼儿园前（77.7%）和幼儿园期间（72.9%）这两个阶段，存在祖辈参与家庭教养的现象；到小学阶段，祖辈参与家庭教养比例虽然有明显下降，但仍是多数家庭的选择（60.1%）。

（二）在儿童不同成长阶段，城市家庭最常见的教养模式是父辈与祖辈联合教养模式，其次是单一的父辈教养模式。

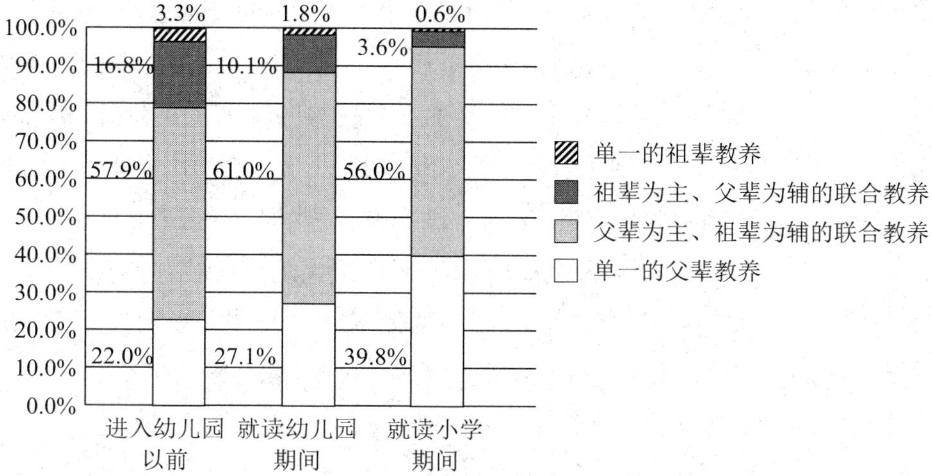

图1 儿童不同成长阶段城市家庭采取的家庭教养模式

如图1，根据被访儿童父母的报告，在儿童成长的不同阶段，近六成家庭采取了父辈和祖辈联合教养的模式对儿童实施家庭教养，而其中，父辈为主、祖辈为辅的联合教养形式成为过半家庭的选择。选择单一的父辈教养模式的家庭在城市总样本中所占的比例居第二位，并呈现阶段化特点：在儿童进入幼儿园前和幼儿园期间，选择单一父辈教养模式的家庭不超过总样本家庭的三成；而在小学阶段，选择单一父辈教养模式的家庭比例增加一成以上。选择单一的祖辈教养模式（或称隔代教养模式）的家庭在城市总样本中所占比例很小，在幼儿园前比例相对较高，为3.3%，而到小学阶段，这一比例下降到0.6%。

（三）城市家庭中，祖父母家庭与外祖父母家庭参与家庭教养的比例大致相当，最常见的参与方式是以一方祖辈家庭参与为主。

考察祖辈参与家庭教养的城市家庭样本，有祖父母（或其中一位）参与教养的家庭（49.5%）与有外祖父母（或其中一位）参与教养的家庭（50.5%）比例大致相当。

在祖辈参与过程中，以祖父母家庭或外祖父母家庭任意一方参与为主的情况最为常见，比例为67.7%。祖父母和外祖父母两个祖辈家庭都有成员参与教养的比例为22.9%，这其中，从参与时间是否重合来看，又分为两家同时参与和两家轮流参与两种不同情况。

（四）城市家庭中，是否有祖辈参与教养与儿童是否为独生子女、儿童父辈是否为独生子女均显著相关，与儿童的性别不具有显著相关关系。

运用卡方检验发现，城市家庭中，是否有祖辈参与教养与被访儿童是否为独生子女具有显著的相关关系（p=0.000）。其中，被试儿童为独生子女的家庭，祖辈参与教养比例为83%；而被试儿童不是独生子女的家庭，祖辈参与教养比例为74.2%。

运用卡方检验发现，城市家庭中，是否有祖辈参与教养与被访儿童性别不具有显著相关关系（p=0.615）。再分别考察祖父母家庭（p=0.134）与外祖父母家庭（p=0.678）是否参与家庭教养与儿童性别的关系，从统计学上看，相关关系同样不显著。

运用卡方检验发现，城市家庭中，是否有祖辈参与教养与被访儿童父辈是否是独生子女（包含父母双非／父亲单独／母亲单独／父母双独）的情况具有显著相关关系（p=0.000）。其中，父母双方仅母亲为独生女的单独家庭，祖辈参与被试儿童教养的比例最高（91.5%），而父母都不是独生子女的双非家庭，有祖辈参与被试儿童家庭教养的比例最低（75.7%）。

（五）城市家庭中，女性祖辈参与家庭教养的比例略高于男性祖辈。

考察祖辈参与家庭教养的城市家庭样本，家庭中有女性祖辈（奶奶或外婆）参与教养（53.8%）比例略高于有男性祖辈（爷爷或外公）参与教养（46.2%）的比例。

（六）部分城市中祖辈为参与对孙辈的家庭教养成为“老漂”。

“老漂”是指离开原居住地的老年流动人口。本研究发现，在36.5%的城市家庭中存在祖辈为教养孙辈而从原居住地流动到孙辈居住城市的情况。进一步分析发现，被访城市家庭中的“老漂”祖辈，有59.4%为祖辈夫妻共同流动，有40.6%为祖辈夫妻中一方流动，其中34.8%为祖辈夫妻中女性单独流动，5.8%为祖辈夫妻中男性单独流动，女性祖辈单独流动比例明显高于男性祖辈。

（七）部分城市儿童曾被送往异地祖辈家中接受祖辈教养。

有16%的被访儿童曾离开自己原来居住的城市，被送到祖辈居住的地区接受祖辈教养。在被送往外地祖辈家中接受教养的儿童当中，送往外祖父母家中教养的比例（56%）高于送往祖父母家中教养的比例（44%）。

（八）城市儿童不同成长阶段，家庭中同住人口结构呈现阶段性特点。

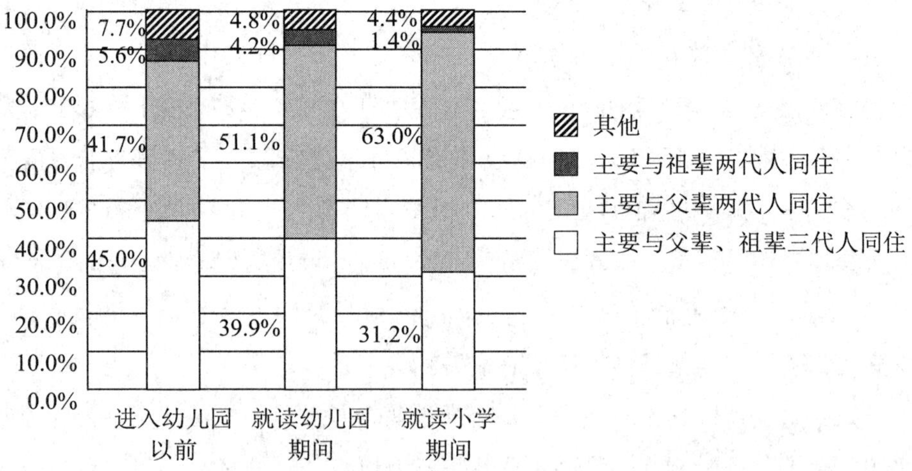

图2　城市儿童不同成长阶段家庭同住人口结构状况

如图2，调查发现，城市儿童不同成长阶段，家庭中同住人口的结构呈现出阶段性特点：在幼儿园前，“三代同堂”比例最高，为45.0%；幼儿园期间，儿童与父辈两代人同住比例超过三代同住家庭，达到51.1%；小学期间，儿童与父辈两代人同住比例进一步升高，达到63.0%。各成长阶段，儿童与祖辈两代人同住的比例均不高，且呈逐级递减趋势，到小学阶段，这一比例仅为1.4%。

（九）城市家庭中祖辈参与家庭教养的特点。

主要从祖辈参与的经济投入、时间投入以及教养活动三方面考察城市家庭中祖辈参与家庭教养的特点。

1. 祖辈参与的经济投入

（1）大多数城市家庭中的父辈认为能够独立承担儿童的日常生活学习开支，但仍有近四成祖辈给予固定的经济支持

对于被访儿童日常生活学习开支的来源，86.9%的父母选择由孩子父母完全承担，不需要祖辈给予经济支持。这表明，大多数城市家庭中的父辈认为自己具备独立承担孩子日常生活学习开支的能力。但同时，有38.6%的儿童父母也表示，祖辈偶尔或经常对被访儿童的日常生活学习开支给予固定支持。

（2）近半数的城市家庭中，祖辈在面临儿童有重大开支时提供经济支持

调查发现，当面临被访儿童有重大开支时，48.8%的城市家庭中，其祖辈偶尔或经常提供经济支持。

除此之外，在对被访儿童的大额经济投入上，45.9%的城市家庭中，其祖辈会偶尔或经常为儿童购买大件物品；而在小额经济投入上，83.4%的城市家庭中，其祖辈会偶尔或经常为儿童购买小东西或给零花钱。

2. 祖辈参与的时间投入

（1）一天当中，祖辈参与的教养活动主要发生在白天。如图3。

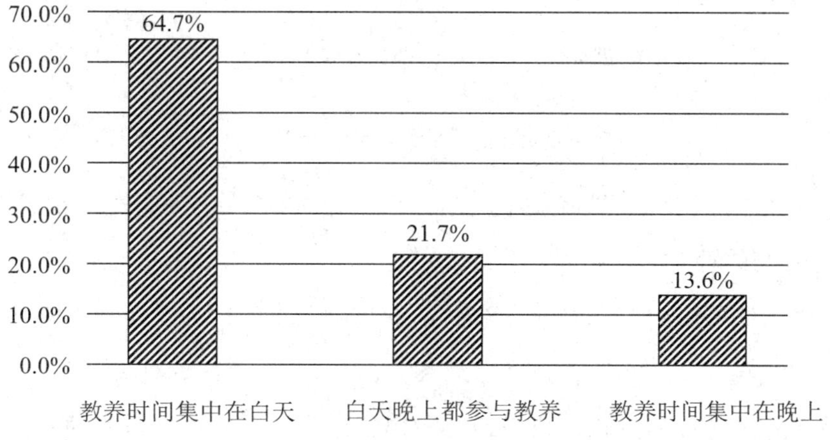

图3　祖辈参与家庭教养活动的时间分布图（一天当中）

（2）一周当中，祖辈参与的教养活动主要发生在工作日。如图4。

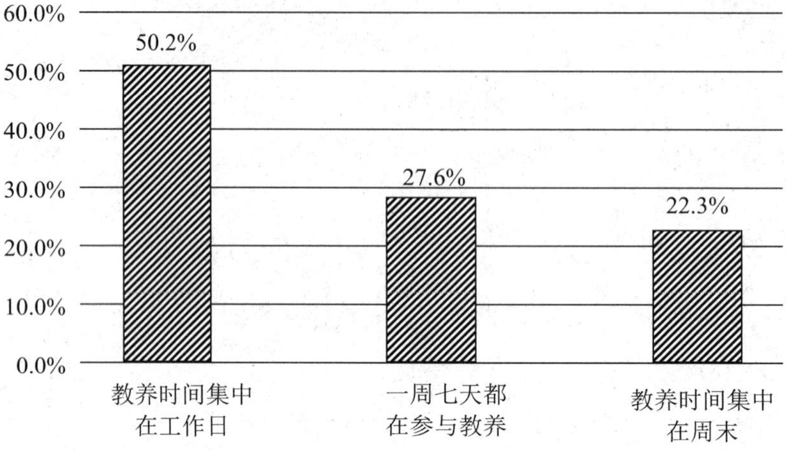

图4　祖辈参与家庭教养活动的时间分布图（一周当中）

（3）一年当中，祖辈参与家庭教养活动时间分布相对平均，儿童放假期间，祖辈参与比例略高于儿童在幼儿园或小学上学期间。如图5。

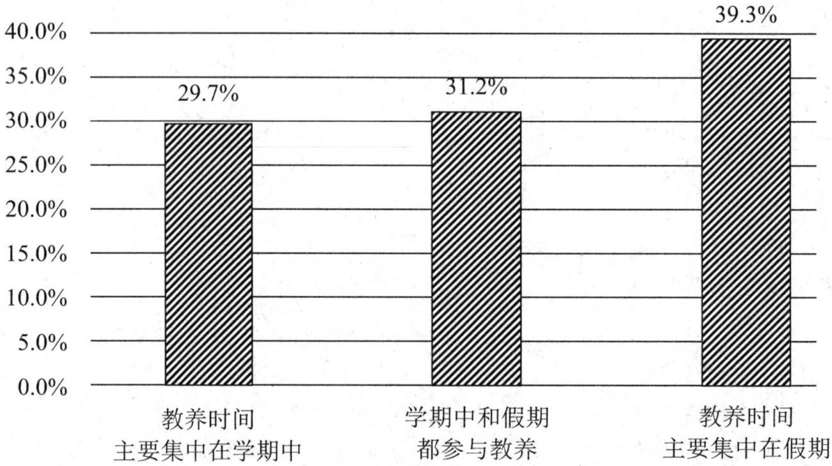

图5　祖辈参与家庭教养活动的时间分布图（一年当中）

（4）小学中高年级阶段，城市家庭中祖辈参与儿童教养每周投入时间的中位数为14小时。

3. 祖辈参与的教养活动

特点：以生活照料为主，四成左右祖辈参与对儿童的行为规范与习惯培养、心灵关怀、陪伴。

根据被访儿童父母的报告，自被访儿童出生以来，对于家庭教养涉及的不同类型活动，祖辈的参与程度呈现出较大的差异：84.3%的家庭中，祖辈参与了儿童的生活照料；

12%的家庭中，祖辈参与了学业管理；37.9%的家庭中，祖辈参与了行为规范和习惯培养活动；40%的家庭中，祖辈给予了被访儿童心灵关怀；39.9%的家庭中，祖辈参与了对被访儿童的陪伴。

四、中国城市家庭中参与儿童教养的祖辈画像

（一）年龄及健康状况。

分别对参与家庭教养的爷爷、奶奶、外公、外婆年龄进行考察，以被访儿童出生时的年龄为比较基准，爷爷年龄中位数最大，为58岁；外婆年龄中位数最小，为55岁；奶奶和外公的年龄中位数都是56岁。

根据被访儿童父母对儿童祖辈健康状况的评估，参与家庭教养的祖辈的身体健康平均得分达到“比较好”的水平。

（二）受教育程度。

分别考察参与家庭教养的男性祖辈与女性祖辈的受教育程度，发现参与教养的男性祖辈中，受教育程度为高中、中专、中技的人数最多（30.4%），其次是初中（30.2%）；参与教养的女性祖辈中，受教育程度为小学及以下的人数最多（33.3%），其次是初中（29.9%）。

运用卡方检验，发现祖辈受教育程度与是否参与家庭教养具有统计上的显著相关关系（p=0.000）。除硕士及以上学历组外，总体来看爷爷、奶奶、外公、外婆受教育程度越高，参与被访儿童家庭教养的比例越高。

（三）新的教养理念和知识的接受及育儿知识的获取。

过半（53.6%）被访儿童父母认为祖辈能够接受新的教养理念和知识。根据被访儿童父母的报告，祖辈获取育儿知识的渠道按照集中程度排序，排在前三位的依次是：祖辈个人经验（68.8%）、从上一辈传承（46.1%）和从广播电视、书报杂志中获取（35.7%），有28.2%的祖辈从儿童父母那里获取育儿知识，在祖辈学习渠道中排名第四，可见在家庭教育知识传递上，家庭中存在着父辈向祖辈反哺的现象。

（四）祖辈参与教养的方式。

本研究中，教养方式是指祖辈对孙辈（或父辈对子辈）进行抚养和教育时表现出的相对稳定的行为模式和行为倾向。研究分别从教养方式中“情感温暖”“行为指导”“责罚与控制”三个维度进行分析，运用配对样本相关性分析，发现同一家庭中，父辈教养方式与祖辈教养方式在各维度得分上均存在显著的相关关系（p=0.000），这说明同一家庭中，父辈和祖辈各维度得分具有趋势上的一致性。但运用配对样本T检验，发现在教养方式中“行为

指导”[平均差=-1.912，$t(3352)=-22.462$，$p=0.000$，Cohen's d=-0.409]和“责罚与控制”[平均差=-3.586，$t(3344)=-32.640$，$p=0.000$，Cohen's d=-0.629]两个维度上，同一家庭祖辈的得分均显著低于父辈得分；而祖辈与父辈在教养方式的“情感温暖”维度上得分则不存在显著差异（$p=0.687$）。这说明，在同一家庭中，祖辈与父辈在给予儿童“情感温暖”上较为一致，但与父辈相比，祖辈更少对儿童进行“行为指导”和“责罚与控制”。

（五）祖辈对参与儿童家庭教养的意愿。

根据被访儿童父母的报告，参与家庭教养的祖辈当中，绝大多数（93.8%）祖辈乐意参与（42.6%属于“非常乐意，主动积极要求参与”，51.2%属于“比较乐意”）；而参与教养的祖辈中“不太乐意”和“非常不乐意”的比例分别为5.7%和0.5%。

（六）祖辈对参与教养给自身带来影响的评价。

根据参与教养祖辈（N=2132）的自我报告，绝大多数祖辈（98.1%）认为参与教养对祖辈自身具有正面的影响，主要包括：“享受天伦之乐”“增进与子女的代际交流”“增强活力，有利健康”“打发空余时间”“未来更能得到子女的赡养”等；也有半数的祖辈（49.2%）认为参与教养对祖辈自身具有负面的影响，主要包括：“社交和娱乐受限”“增加心理负担”“增加与子女代际冲突”“不利身体健康”“增加经济压力”“不利于祖辈夫妻关系”等。权衡参与教养对自身的利与弊，52.1%的祖辈认为利大于弊，8%的祖辈认为弊大于利，39.9%的祖辈表示“说不清”。

五、城市家庭中祖辈参与教养对儿童心理健康和问题行为的影响

（一）在城市儿童成长的不同阶段，不同的家庭教养模式对于儿童心理健康和问题行为的影响。

在儿童成长的不同阶段，按照祖辈和父辈在教养过程中参与程度的不同，可以概括为四种不同的教养模式：“单一的父辈教养，祖辈基本不参与教养”“父母为主、祖辈为辅的联合教养”“祖辈为主、父母为辅的联合教养”“单一的祖辈教养，父母基本不参与教养”。儿童在幼儿园前、幼儿园以及小学三个阶段内，以上四种模式对于儿童当前（小学中高年级阶段）心理健康和问题行为的影响如下：

1. 对儿童心理健康的影响

考察被访儿童进入幼儿园前，四种不同家庭教养模式对于被访儿童当前心理健康的影响，运用单因素方差分析，结果显示幼儿园前，不同家庭教养模式的主效应显著[$F(3, 3084)=10.702$，$p=0.000$]。进一步事后检验，发现在幼儿园以前接受“单一的祖辈教养，父母基本不参与教养”的儿童与接受“单一的父辈教养，祖辈基本不参与教养”“父母为

主、祖辈为辅的联合教养”“祖辈为主、父母为辅的联合教养”的三组儿童在心理健康方面均存在显著差异［平均差=-7.529，Cohen's d=-0.392，p=0.000；平均差=-9.216，Cohen's d=-0.533，p=0.000；平均差=-6.720，Cohen's d=-0.374，p=0.001］。

考察被访儿童幼儿园期间，四种不同家庭教养模式对于被访儿童当前心理健康的影响，运用单因素方差分析，结果显示幼儿园期间，不同家庭教养模式的主效应显著［F（3，3086）=4.585，p=0.003］。进一步事后检验，发现幼儿园期间接受“单一的祖辈教养，父母基本不参与教养”的儿童与接受“单一的父辈教养，祖辈基本不参与教养”及“父母为主、祖辈为辅的联合教养”的儿童在心理健康方面存在显著差异［平均差=-5.878，Cohen's d=-0.312，p=0.019；平均差=-6.875，Cohen's d=-0.399，p=0.005］，与接受“祖辈为主、父母为辅的联合教养”的儿童在心理健康方面差异不显著（p=0.116）。

通过单因素方差分析发现，小学期间不同家庭教养模式对被访儿童当前心理健康主效应不显著（p=0.657）。

总体看来，在幼儿园前和幼儿园期间这两个阶段，接受“父母为主祖辈为辅的联合教养”的儿童当前心理健康状况最好；接受“单一的祖辈教养，父母基本不参与教养”的儿童当前心理健康状况最差。从统计上看，小学期间不同家庭教养模式对儿童当前的心理健康状况影响不显著。

2. 对于儿童问题行为的影响

考察被访儿童进入幼儿园前，不同家庭教养模式对于儿童当前问题行为的影响，运用单因素方差分析，结果显示幼儿园前，不同家庭教养模式的主效应显著［F（3，3408）=10.389，p=0.000］。进一步检验后发现，幼儿园前接受“单一的祖辈教养，父母基本不参与教养”的儿童与接受“单一的父辈教养，祖辈基本不参与教养”“父母为主、祖辈为辅的联合教养”“祖辈为主、父母为辅的联合教养”的三组儿童在问题行为方面均存在显著差异［平均差=6.044，Cohen's d=0.452，p=0.000；平均差=6.733，Cohen's d=0.525，p=0.000；平均差=5.516，Cohen's d=0.407，p=0.000］。

考察被访儿童幼儿园期间，不同家庭教养模式对于被访儿童当前问题行为的影响，运用单因素方差分析，结果显示幼儿园期间，不同家庭教养模式的主效应显著［F（3，3409）=5.91，p=0.001］。进一步事后检验，发现幼儿园期间接受“单一的祖辈教养，父母基本不参与教养”的儿童与接受“单一的父辈教养，祖辈基本不参与教养”“父母为主、祖辈为辅的联合教养”“祖辈为主、父母为辅的联合教养”的三组儿童在问题行为方面均存在显著差异［平均差=6.237，Cohen's d=0.483，p=0.000；平均差=6.421，Cohen's d=0.490，p=0.000；平均差=5.142，Cohen's d=0.387，p=0.003］。

通过单因素方差分析发现，小学期间不同家庭教养模式对被访儿童当前的问题行为主效应不显著（$p=0.657$）。

总体看来，在幼儿园前和幼儿园期间这两个阶段，接受“父母为主祖辈为辅的联合教养”的儿童当前问题行为最少；接受“单一的祖辈教养，父母基本不参与教养”的儿童当前问题行为最多。而从统计上看，小学期间不同家庭教养模式对儿童当前的问题行为影响不显著。

（二）城市家庭中，祖辈教养方式对于儿童心理健康和问题行为的影响。

需要说明，尽管本研究重点研究的是祖辈教养方式对儿童的影响，但研究中也发现，父辈教养方式对儿童心理健康、问题行为具有比祖辈教养方式更强的预测作用。并且，前文分析已经指出，同一家庭中父辈和祖辈在教养方式各维度的得分都具有显著相关性（$p=0.000$）。因此，在分析祖辈教养方式对儿童心理健康和问题行为影响时，为排除父辈教养方式影响的干扰，本研究运用分层回归，将父辈教养方式一并纳入回归方程当中，而结果只重点呈现祖辈教养方式的影响。

1. 城市家庭中，祖辈教养方式对于儿童心理健康的影响

将祖辈教养方式中“情感温暖”“行为指导”“责罚与控制”三维度和被访儿童心理健康进行皮尔森相关分析，发现祖辈教养方式三维度和被访儿童心理健康在统计上存在显著的相关关系（$p<0.01$）。其中，祖辈教养方式中的“情感温暖”和“行为指导”两个维度与被访儿童心理健康之间呈显著正相关，祖辈教养方式中的“责罚与控制”与被访儿童心理健康之间呈显著负相关。

进一步运用分层回归，分析祖辈教养方式中“情感温暖”“行为指导”“责罚与控制”三维度对于被访儿童心理健康的影响，首先将被访儿童性别和被访儿童祖辈与父辈对待儿童的方式是否一致作为控制变量，同时纳入回归方程的第一层，将父辈教养方式中“情感温暖”“行为指导”“责罚与控制”三维度纳入回归方程的第二层，将祖辈教养方式中“情感温暖”“行为指导”“责罚与控制”三维度纳入回归方程的第三层。分层次分析发现，祖辈教养方式中的“情感温暖”（$\beta=0.163$，$p=0.000$）和“行为指导”（$\beta=0.078$，$p=0.005$）对被访儿童的心理健康具有显著的正向预测作用；祖辈教养方式中的“责罚与控制”对被访儿童的心理健康预测作用不显著（$p=0.557$）。

表2　祖辈教养方式三维度对儿童心理健康的影响

结果变量	预测变量	B	$S.E.$	β	t	p	ΔR^2	F
心理健康	祖辈情感温暖	4.511	0.784	0.163	5.752***	0.000	0.04	197.922***
	祖辈行为指导	2.012	0.724	0.078	2.779**	0.005		
	祖辈责罚与控制	−0.344	0.584	−0.011	−0.588	0.557		

注：本表仅呈现第三层模型的变量。

说明祖辈教养方式中“情感温暖”和“行为指导”得分越高，预测被访儿童心理健康状况越好；而祖辈教养方式中的“责罚与控制”得分情况，不能预测被访儿童的心理健康状况。

2. 城市家庭中，祖辈教养方式对于儿童问题行为的影响

将祖辈教养方式中“情感温暖”“行为指导”“责罚与控制”三维度和被访儿童问题行为进行皮尔森相关分析，发现祖辈教养方式三维度和被访儿童问题行为在统计上存在显著的相关关系（$p<0.01$）。其中，祖辈教养方式中的“情感温暖”和“行为指导”两个维度与被访儿童问题行为之间呈显著负相关，祖辈教养方式中的“责罚与控制”与被访儿童问题行为之间呈显著正相关。

进一步采用分层回归分析祖辈教养方式中“情感温暖”“行为指导”“责罚与控制”三维度对于被访儿童问题行为的影响，首先将被访儿童性别和被访儿童祖辈与父辈对待儿童的方式是否一致作为控制变量，同时纳入回归方程的第一层，将父辈教养方式三维度纳入回归方程的第二层，将祖辈教养方式中“情感温暖”“行为指导”“责罚与控制”三维度纳入回归方程的第三层。分层次分析发现，祖辈教养方式中的“情感温暖”对被访儿童的问题行为（β=−0.068，p=0.023），具有显著的负向预测作用；祖辈教养方式中的“行为指导”对被访儿童的问题行为预测作用不显著（p=0.211）；祖辈教养方式中的“责罚与控制”对被访儿童的问题行为（β=0.056，p=0.004），具有显著的正向预测作用。

表3　祖辈教养方式三维度对儿童问题行为的影响

结果变量	预测变量	B	$S.E.$	β	t	p	ΔR^2	F
问题行为	祖辈情感温暖	−1.389	0.611	−0.068	−2.275*	0.023	0.012	117.546***
	祖辈行为指导	−0.700	0.560	−0.037	−1.251	0.211		
	祖辈责罚与控制	1.267	0.439	0.056	2.887**	0.004		

注：本表仅呈现第三层模型的变量。

说明，祖辈教养方式中“情感温暖”得分越高，预测被访儿童的问题行为越少；祖辈教养方式中的“行为指导”得分情况，不能预测被访儿童的问题行为状况；而祖辈教养方式中的“责罚与控制”得分越高，预测被访儿童的问题行为越多。

上海家长教育期望、家庭教育支出及“择校”行为最新报告（2017）

上海社会科学院社会学研究所课题组

百年大计，教育为本。教育一直以来都是人们关注的社会热点之一，同时也是全面深化改革的民生重要领域。近年来，上海的义务教育长期持续推进优质均衡发展，公众对教育质量的评价也一直较高。但同时，仍然存在着幼升小、小升初竞争愈演愈烈，学生课外补习成风，不合格的培训机构大谋其利等现象，既影响了正常的教育秩序，也造成了一些消极的社会后果。正是在这一背景下，上海出台了针对性的社会政策予以应对，如规范社会培训机构、重启晚托班等，那么要考察当前教育改革与政策执行的效果，就必须从更加综合的视角来予以审视，近三年来，我们持续追踪了上海市民在教育预期、教育方式以及途径等方面的状况，并由此展现上海教育发展的社会现实及其效应。

一、研究背景、样本及调查对象情况

1. 研究背景

2017年年初，上海市委书记韩正在市人代会上提出要为学生减负，整顿净化教育培训市场，激起了社会各界的广泛热议。从实践来看，上海义务教育阶段学生竞相参加课外补习等行为，导致学生的学业竞争从校内扩展到校外，从学校教育延伸到影子教育。这既反映了当下教育体制中存在的问题，同时也与家庭的高期望、高要求以及对孩子成长的过分焦虑有关。在更深层次上，还反映了教育社会再生产功能的表现形式发生了重要转变，义务教育社会再生产功能逐渐由学校教育转向影子教育，影子教育的社会再生产功能日益凸显。

就上海的义务教育现状而言，已经走过了“一般均衡”阶段，正在探索回归教育本源的内涵式发展新路，朝着实现“高位均衡”的目标迈进。无论是学校建设、学校配置、信息化建设、教师配置与收入还是生均经费，远远超过其他很多省份。但是家长对优质教育资源的追求依然呈现白热化状态。事实上，家长所追求的，不仅仅是教育质量和教育效率本身，更是通过教育实现代际地位传递以及向上层社会流动的社会功用。从文化传统看，我国传统儒家文化中一直存在着重视子女教育的家庭观念，中国的父母极为重视子女教育的成功，并把这种成功作为整个家庭乃至家族的荣耀。同时，教育也一直是个人和家庭实现向上层社会流动的主要途径。正是在这一较高的教育期望的推动下，才使得正常义务教育之外的课外补习日趋频繁。那么在这个过程中，上海市民在教育期望、"择校"行为以及课外补习等方面具有哪些方面的特征，或者这三个要素间具有哪些内在机制，正是本研究所力图揭示的。

2. 抽样设计

本研究结合科学性与实际可行性考虑，将调查样本量设定为2000份。抽样方案采用的是PPS抽样法（概率比例规模抽样法），其优点是使用辅助信息，减少抽样误差，提高样本代表性。

（1）确定抽样单位。根据上海市民政局2012年统计数据，共有居委会3850个。按照1%的比例抽取居委会，则确定抽样单位为40个[①]。平均每一个抽样单位里抽取50个被调查者，样本总量则为2000（40×50）。

（2）计算抽样间距。根据统计数据计算，抽样间距为96（=3850/40）。

（3）抽取初级抽样单位。由上所述，问卷调查设置的起始抽取号为96，所抽取的初级抽样单位依次为96、192、288……，共抽取40个初级抽样单位（居委会）。

（4）对初级抽样单位进行初次修正。由于第一次抽取的初级抽样单位（居委会）比较分散，从调查可行考虑，在不完全违背科学性原则的前提下，对第一次抽取的初级抽样单位（居委会）进行修正，修正原则是根据地理位置属性对区县进行适当归类合并，在保证居委会的前提下，缩小调查区县数量。抽取的区县及居委会数量见表1。

表1 修正初级抽样单位后的区县和居委会分布情况

抽取区县	实际居委会数	抽取居委会数	样本数	样本占比
徐汇区	304	5	250	12.5%
长宁区	179	5	250	12.5%
杨浦区	307	8	400	20.0%
闵行区	379	8	400	20.0%
浦东新区	782	10	500	25.0%
松江区	161	4	200	10.0%

① 注：实际应为38个，但为了计算方便，取整数40。

（5）对初级抽样单位的二次修正。由于按照上述方法抽取的居委会仍比较分散，故进一步对抽样单位进行修正，修正原则是根据居委会规模大小进行替代，在保证居委会数量的前提下，缩小调查街道数量。

（6）抽取次级抽样单位。次级抽样单位即对家庭的抽样，调查员在各居委会按照等距抽样原则抽取被调查家庭，按照门牌号抽取被调查家庭。

3. 实际样本描述

本研究的调查时间为2017年3—4月，具体委托专业调查公司实施调查。考虑到样本缺失问题，实际调查过程略增调查样本，故实际回收的有效样本为2079份。表2为调查对象的基本信息。

表2　调查对象的基本信息

变量	类型	百分比（%）	变量	类型	百分比（%）
性别	男	45.0	政治面貌	中共党员	11.2
	女	55.0		共青团员	4.0
年龄	30岁及以下	25.8		民主党派	0.5
	31—40岁	34.7		群众	83.9
	41—50岁	22.6	出生地	上海	79.1
	51—60岁	11.6		国内其他省市	20.8
	60岁以上	5.2		境外	0.1
婚姻状况	未婚	19.2	户籍	上海本地户口	81.5
	已婚，无子女	5.9		外地，有居住证	15.9
	已婚，有子女	74.3		外地，无居住证	2.6
文化程度	初中及以下	3.0	在沪居住时间	1年及以下	0.2
	高中或中专、职校与技校	30.1		2—3年	1.8
	大专	33.1		4—5年	5.9
	本科	31.3		6—7年	5.7
	研究生及以上	2.5		8年及以上	86.4

二、家长对孩子教育期望持续提高

教育期望是家长对子女未来教育程度、学业成就的一种理想的愿望和期盼。在社会学研究中，通常以家长期望孩子获得的最高教育程度为衡量标准。从对孩子的教育期望来看，2017年市民的选择集中在大学本科（58.0%）、研究生（26.3%）、博士（5.7%）、大专（2.7%），另有“无所谓”（6.7%）。相较于2016年的数据，对孩子的教育期望在大学本科、研究生层次分别提升了6.2%、3.0%，而本科以下的各层次均呈现明显下降，反映出市民对孩子的教育期望层次在提升。

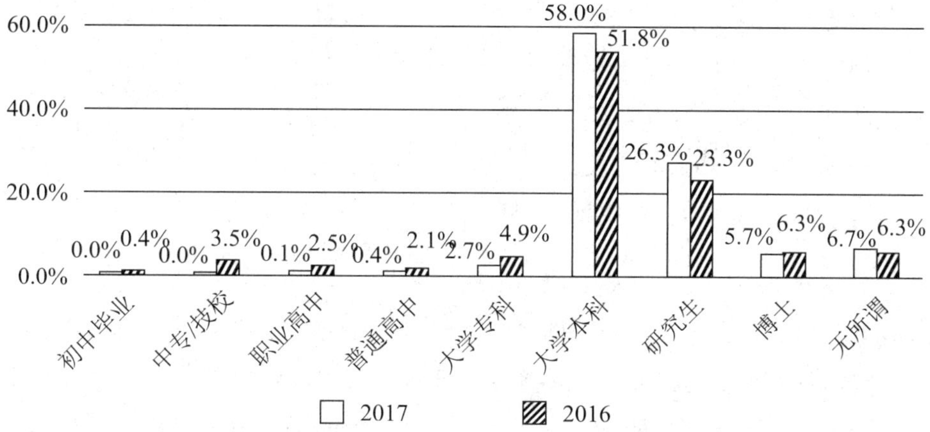

图1　上海家长对孩子的教育期望比较（2016—2017）

1. 从孩子的教育阶段来看，相较于小学生、初中生家长（分别为31.4%和4.7%，28.7%和7.6%），高中生家长期待孩子获得硕士和博士学位的比例明显增加，其比例分别为34.6%和13.8%。

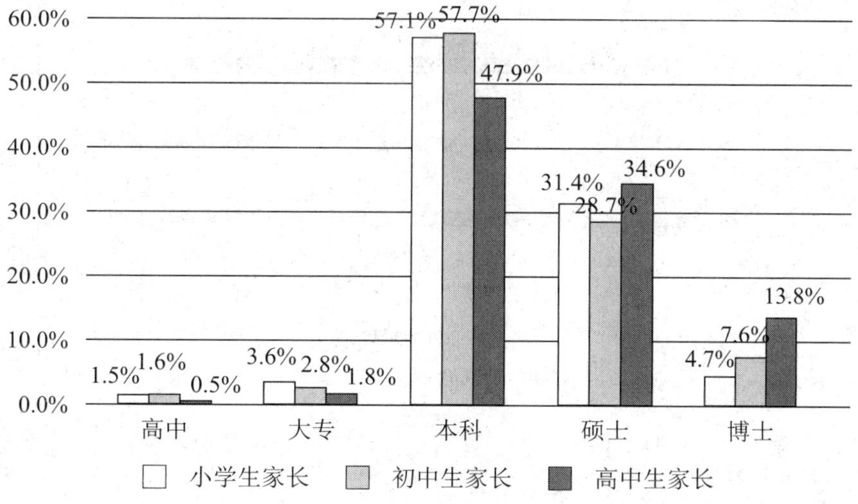

图2　不同教育阶段孩子家长的教育期望

2. 从家庭收入来看，月收入在6000元以上的家长，对孩子获得硕士学位的期望比月收入4001—6000元的家长分别高出23和34个百分点，对孩子获得博士学位的期望比月收入4001—6000元的家长分别高出6.6和10.7个百分点。

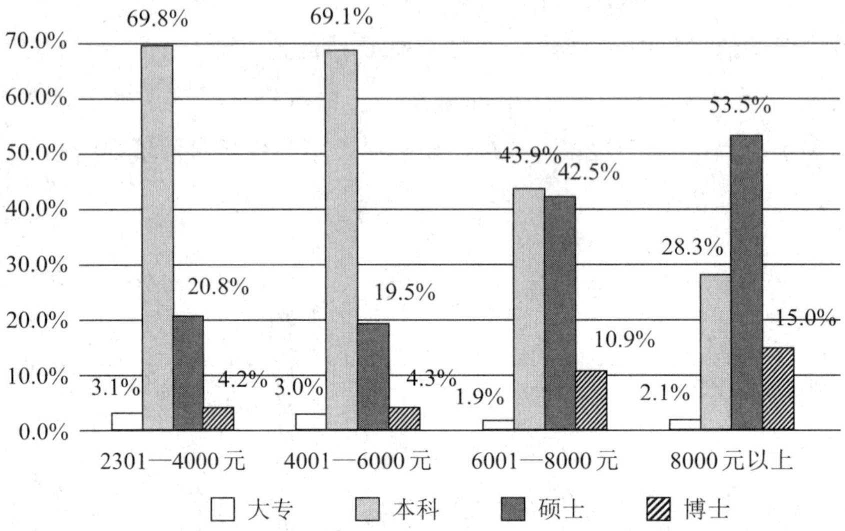

图3 不同月收入家长的教育期望

3. 从学历来看，家长的教育程度越高，对孩子的学历期望越高，并且绝大多数家长对孩子的教育期望都高于自己的学历。除了高中学历家长外，其他学历家长都不期望自己孩子只获得高中学历。研究生学历家长，对孩子的教育期望均在本科及以上。

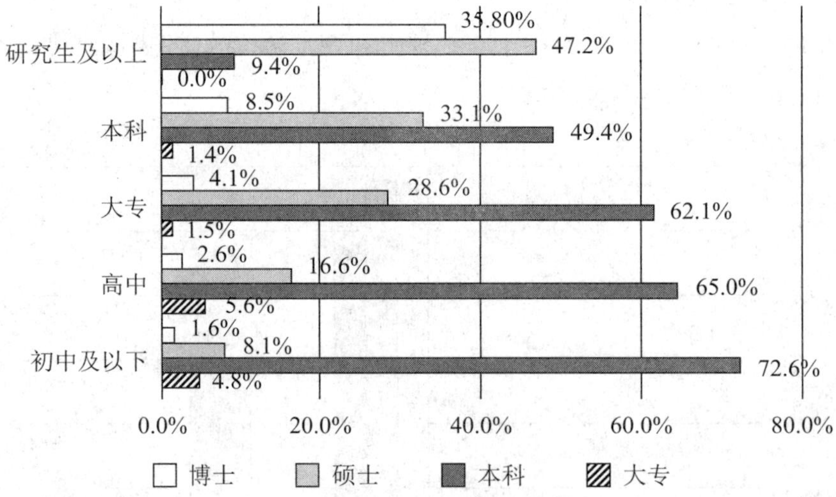

图4 不同学历家长的教育期望

4. 职业上层和中上层的家长，期待孩子获得硕士和博士学位的比例远远高于其他职业阶层的家长，分别为48.6%和18.3%、37.6%和14.2%。

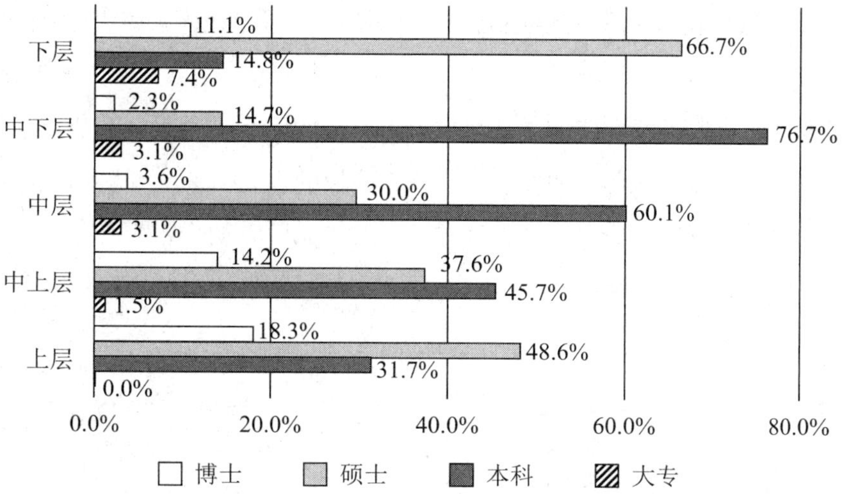

图5 不同职业层次家长的教育期望

5. 从户籍来看，上海户籍的家长，期待孩子读到硕士、博士的比例均高于非上海户籍家长，分别为33.3%、8.6%，而非上海户籍家长，对本科和大专学历的期望高于上海户籍，对研究生学历的期望远低于上海户籍。

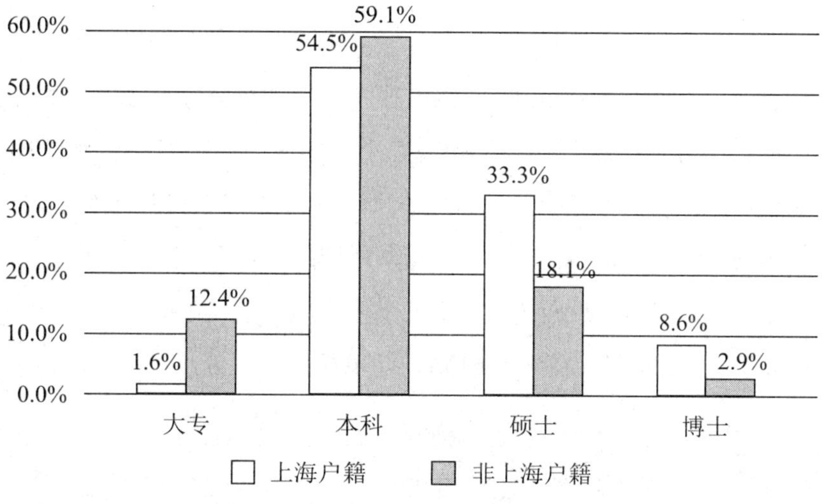

图6 不同户籍家长的教育期望

由此可见，教育阶段较高、家庭收入较高以及教育程度较高、上海户籍的家长，对于孩子的教育期望也更高。

三、家长心态：就近入学“重距离”、公办择校“重特色”、民办学校“重升学”

近年来的中小学教育，学校选择是其中极为关键的因素，也是社会热点问题。研究发现，小学生中，公办就近入学的占64.8%，公办择校的占29.3%，民办小学的占5.9%。初中生中，公办就近入学占55.8%，公办择校占35.3%，民办初中占8.8%。相对于小学生，初中生的公办就近入学比例相对下降，而公办择校与民办学校的选择比例则有明显上升。

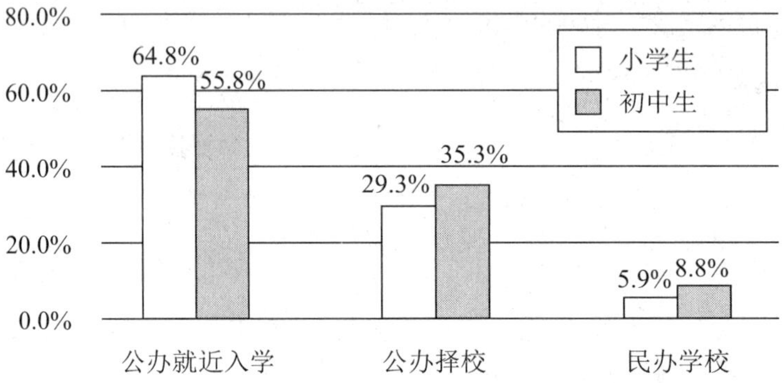

图7 上海小学、初中就学情况

从家庭背景来看，小学、初中就学情况受到家庭年收入、家长学历等因素影响。

1. 从家庭年收入来看，随着年收入的提升，小学选择公办择校和民办小学的比例更高，如年收入低于10万的家庭公办择校和民办小学的比例分别为8.0%和4.0%，而年收入大于30万的家庭中，公办择校和民办小学比例则分别为75.0%和12.5%。在初中层面，年收入低于10万家庭的孩子初中就近入学和公办择校的比例分别为71.3%和4.8%，而年收入在25.1万—30万的家庭孩子就近入学和公办择校的比例分别为9.7%和71.0%，就近入学比例相差61.6个百分点，而公办择校比例则相差了66.2个百分点。

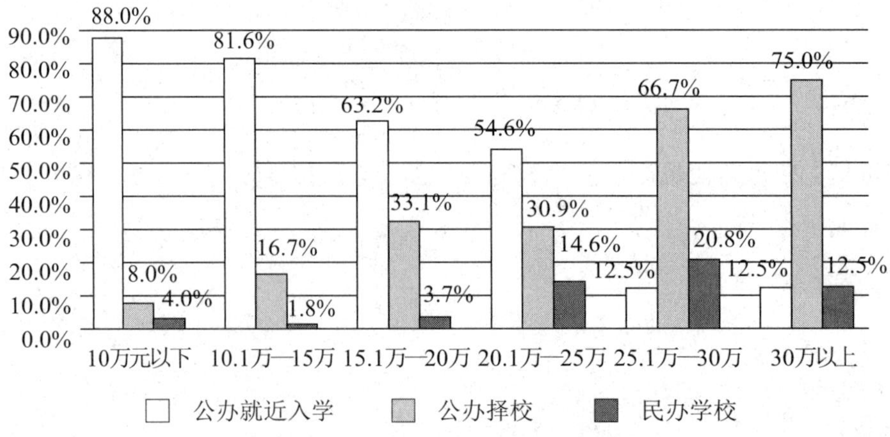

图8 小学阶段不同收入家长的择校行为

2. 随着家长学历的提升，其子女小学或初中的就近入学的比例降低，而择校的比例在提升，如高中及以下学历的家长，小学阶段就近入学、公办择校和民办的比例分别为73.1%、22.2%和4.3%，而研究生学历家长的孩子中，就近入学比例仅为5.6%，公办择校和民办的比例分别为72.2%、22.2%。由此可见，年收入越高以及学历越高的家长，其经济资源相对较为充分，使得其学校选择范围的自由度也较大。

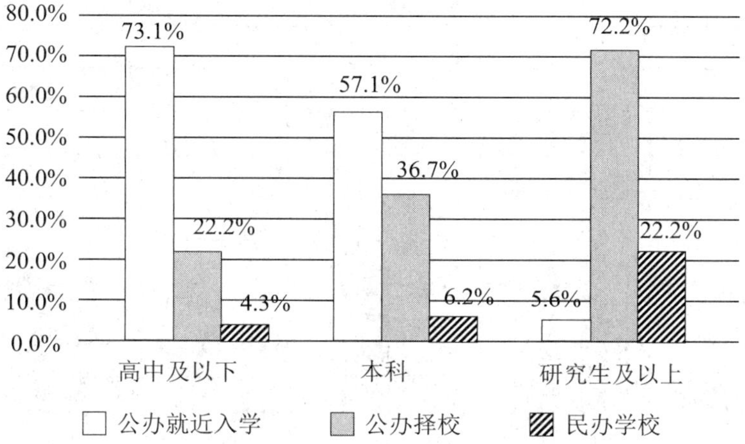

图9 小学阶段不同学历家长择校行为

同时，在影响市民为孩子择校的因素方面，相较于2016年，2017年调查结果显示，家长对于教育质量的要求有所下降（下降了13个百分点），而对于学校特色（提升了6.9个百分点）、升学率（提升4.1个百分点）以及学校名气（提升2个百分点）的重视程度有所提升，这反映出家长在择校时，在强调教育质量的前提下，所考虑的因素更趋向多元化。

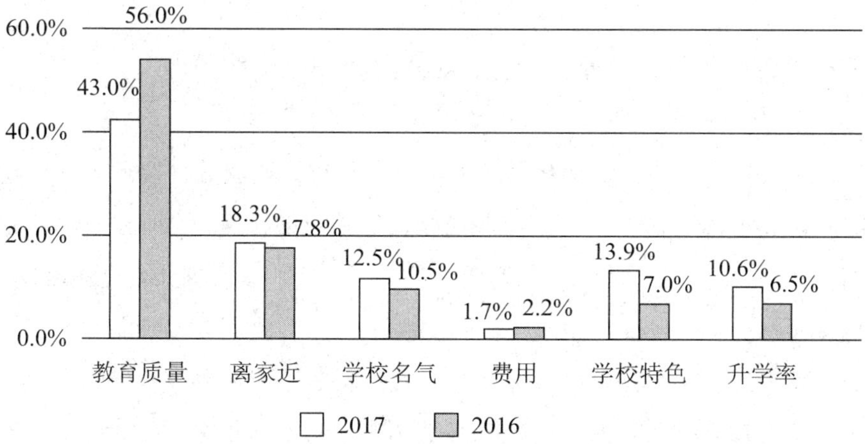

图10 影响上海家长择校的因素（2016—2017）

具体从不同就学阶段来看，无论选择什么样的入学方式，教育质量都是家长非常看重的因素。但是，相对于就近入学的家长，公办择校和选择民办的家长更加看重升学率，如小学阶段择校和选择民办的家长的相关比例分别为11.4%和21.7%，尤其是民办初中的家长，对升学率的看重超过了教育质量，其比例达到了46.4%，择校家长的比例也达到25.8%，体现出非常强烈的功利性。

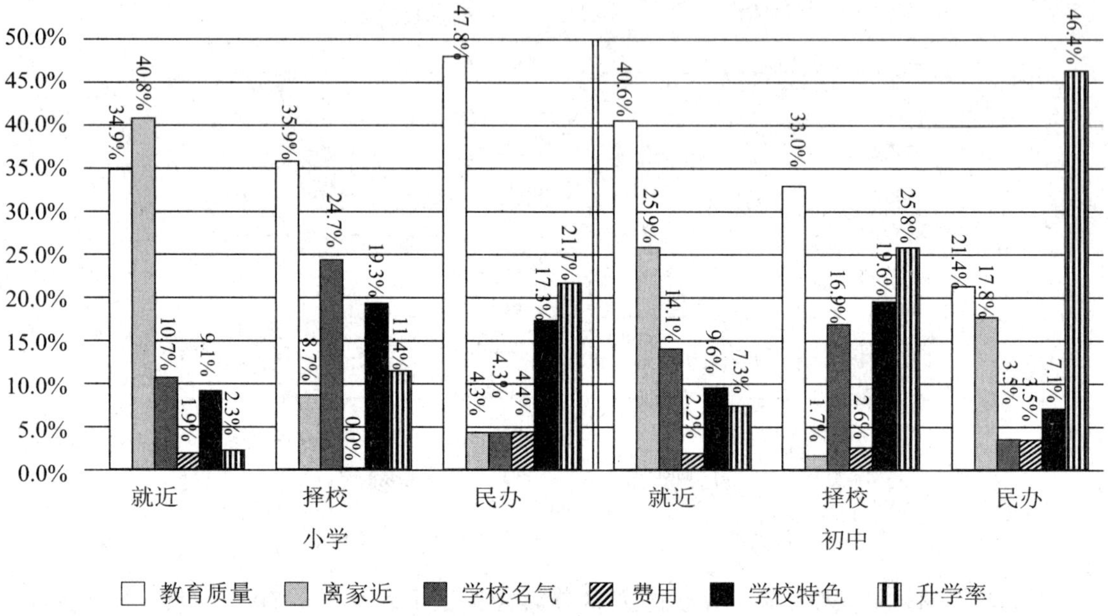

图11 不同就学阶段不同入学方式家长对择校的认识

同时，公办择校家长中，学校特色也是选择的重要因素。学费是所有家长都最不看重的因素。各种入学方式的特点可以归纳为：就近入学“离家近”、公办择校“重特色”，民办学校“看升学”。

四、家长教育期望与孩子补习状况、时间与费用高度相关

在正常的学校学习之外，课后补习成为一种时下较为普遍的社会现象，给学生增加了学习负担。调查显示，过去一年中，曾参加过校外补习的比例占到了总体的33.9%，反映出补习现象仍然较为常见。同时，从补习的时间来看，基本上处于每周4—5.9小时(39.8%)。

就小学阶段而言，家长教育期望为高中、大专、本科、硕士、博士的，孩子补习的比例分别为16.7%、18.8%、54.2%、67.5%和79.0%。初中阶段孩子，家长教育期望为大专、本科、硕士、博士的，孩子补习的比例分别为20.0%、44.4%、81.4%、92.3%。高中阶段，家长教育期望为大专、本科、硕士、博士的，孩子补习的比例分别为25.0%、

81.7%、96.0%、96.7%。

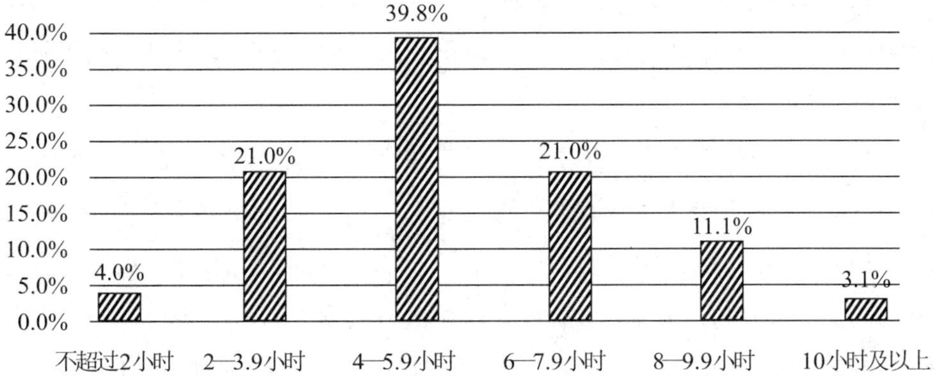

图12 上海学生每周补习时间

1. 从补习时间看，总体上，教育期望为大专的，课外补习时间每周在4—5.9小时的占83.3%，6—7.9小时占16.7%。教育期望为本科的，课外补习时间每周小于2小时的占5.2%，2—3.9小时占22.1%，4—5.9小时占40.2%，6—7.9小时占16.7%，8—9.9小时占12.6%，超过10小时占3.2%。教育期望为硕士的，课外补习时间小于2小时的占3.4%，2—3.9小时占21.3%，4—5.9小时占36.8%，6—7.9小时占28.9%，8—9.9小时占6.3%，超过10小时占3.4%。

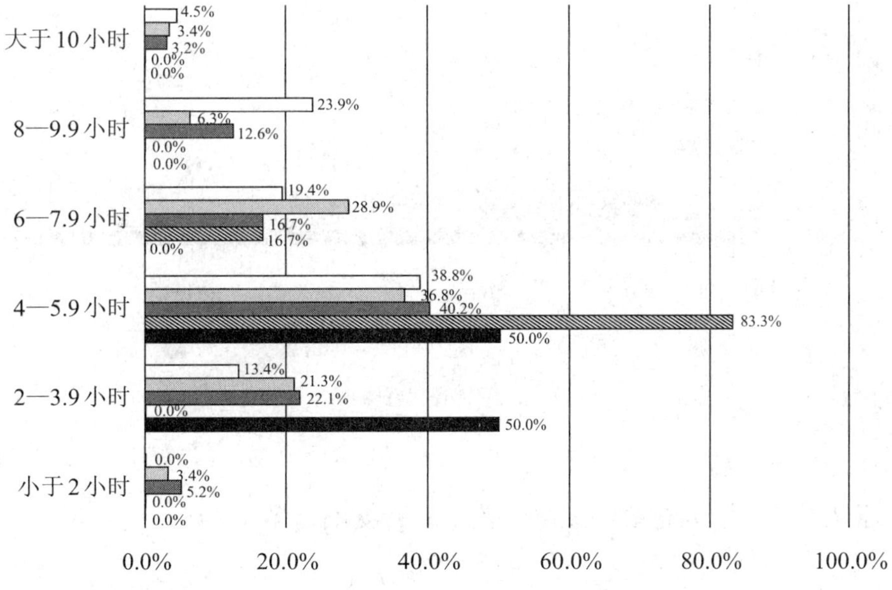

图13 不同教育期望与补习时间

可见，在家长教育期望为本科及以下的孩子中，补习时长4—5.9小时的比例最高。家长教育期望为硕士的孩子，补习时长为6—7.9小时的比例为28.9%。家长教育期望为博士的孩子，补习时长超过8小时的比例为28.4%，远远超过其他家长。由此看出，家长对孩子的教育期望与孩子补课时间长短之间呈现正相关，即家长期望越高，孩子补课时间就越长。

2. 从补习费用看，在过去一年中，孩子花在校外补习上的费用的均值为16459.98元，中位数为10000元。在花费上，教育期望为大专的，补习费在1万以下、1.1万—2万的分别占83.3%和16.7%。本科的，补习费在1万以下、1.1万—2万、2.1万—3万、3.1万—4万、4.1万—5万、大于5万的，分别占57.8%、19.8%、13.2%、4.3%、2.9%、2.0%。教育期望为硕士的，补习费在1万以下、1.1万—2万、2.1万—3万、3.1万—4万、4.1万—5万、大于5万的，分别占45.6%、30.1%、14.6%、5.9%、2.5%、1.3%。教育期望为博士的，补习费在1万以下、1.1万—2万、2.1万—3万、3.1万—4万、大于5万的，分别占22.4%、34.3%、16.4%、17.9%、9.0%。教育期望为硕士和博士的，补习费用高于3万的比例更高。

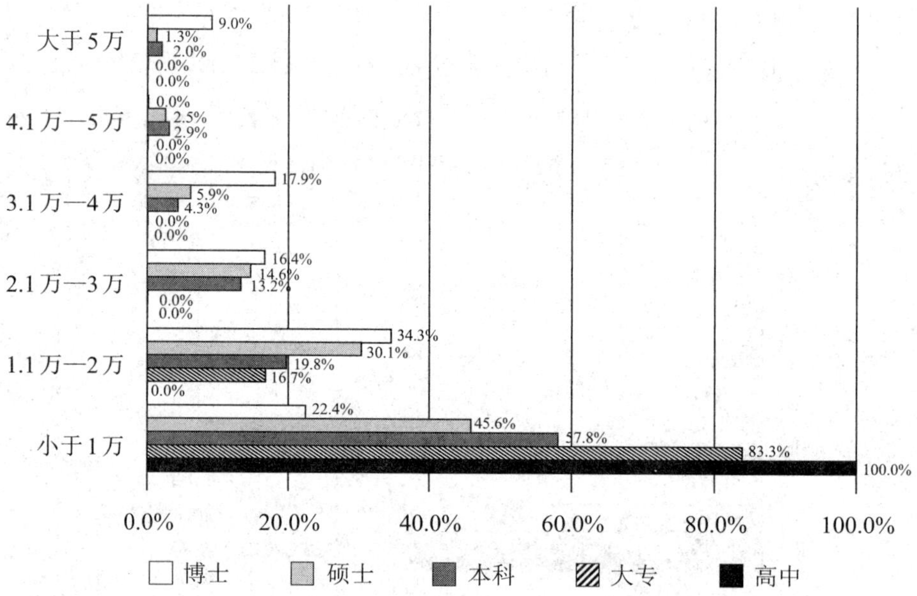

图14 不同教育期望与补习费用

五、学历越高、收入越高的家庭，孩子教育支出越多

调查显示，在市民的教育支出中，近三年来基本上处于家庭收入的16%—30%，2015—2017年的比例分别为52.4%、56.8%和58.5%，显示出教育支出在家庭收入中的比例有所上升。

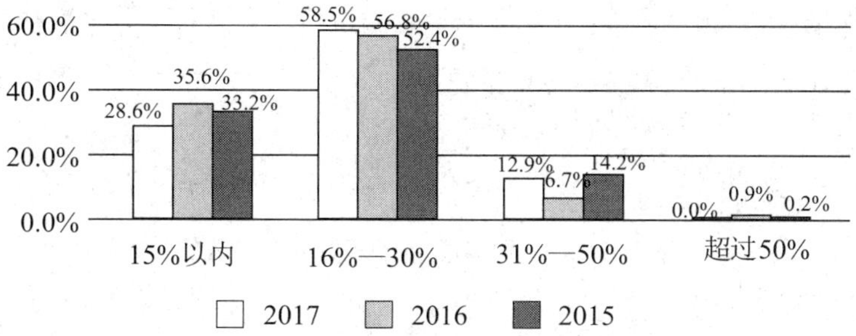

图15　教育支出占上海家庭收入的比例（2015—2017）

不同教育程度的家长的教育投入也有所不同，学历越高的家长，在教育支出方面的比例也就越高，尤其以本科、研究生及以上学历，教育支出占家庭收入16%—30%的比例分别为32.8%和34.0%；研究生及以上学历家长，教育支出占家庭收入31%—50%的比例为15.1%。月收入越高者，在教育支出方面的占比也较高，尤其以月收入8000元以上者在16%—30%的比例为36.7%、31%—50%的比例为12.0%。从职业身份来看，具有较高职业地位的家长，在教育支出方面，占收入10%—30%的比例均在35.0%左右，而较低职业地位的家长，其教育支出占收入10%—30%的比例均在20%以下。

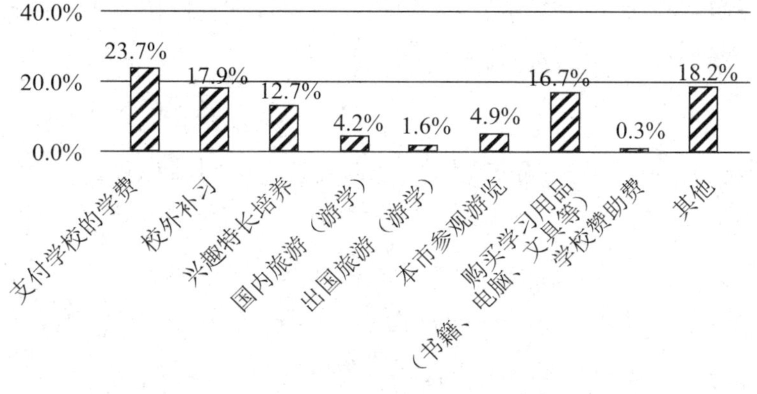

图16　上海家庭的教育支出类型

从教育支出的类型来看，主要集中于学校学费（23.7%）、校外补习（17.9%）和购买学习用品（16.7%），以及兴趣特长培养（12.7%）。可见，除了学费以外，在补习、兴趣培养方面的支出已经成为支出的主要类型。

六、对学校教育质量的评价，与家长的学历、收入直接相关

学校的教育质量一直是教育领域的焦点所在。数据显示，近三年来，2016年较2015年的教育质量评价有了较大的提升，但在2017年则出现了明显的回落。总体上，2017年

的教育质量评价要低于2016年的相关数据。由此可见，市民对于学校教育的要求正在不断提升，而教育领域的改革也需要持续推进。

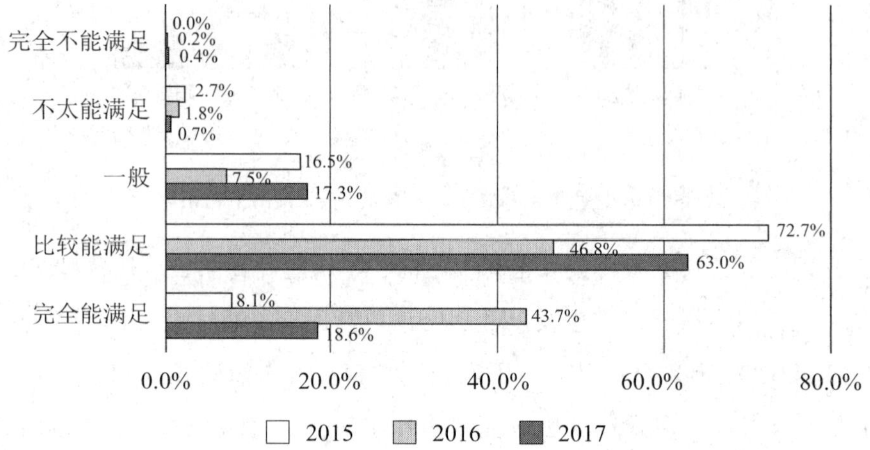

图17 家长对学校的教育质量评价（2015—2017）

对于学校教育质量的评价，学历越高的家长，其评价也较高，如本科学历的家长认为学校教育能够满足需要的比例为42.5%，研究生及以上学历的相关比例为49.1%。同时，这种对教育质量的评价，也受到收入的影响，收入越高的家长对于学校教育质量的评价也就越高，这与前文这些家长择校或选择民办学校等自主行为有关。

七、学历、收入、职位高的家长，对高考改革认同度也越高

近年来，我国在教育领域内的改革不断推进，上海市民对此所产生的效果也有较为清晰的认识。针对新的高考政策对升学的影响，认为"利大于弊"的比例为27.0%，"利弊各半"的为44.0%，"弊大于利"的为4.4%，"不清楚"的比例为24.6%。相较于2016年，认为"利大于弊"的比例降低了6.3个百分点，而"利弊各半"的比例则提升了10.6%。

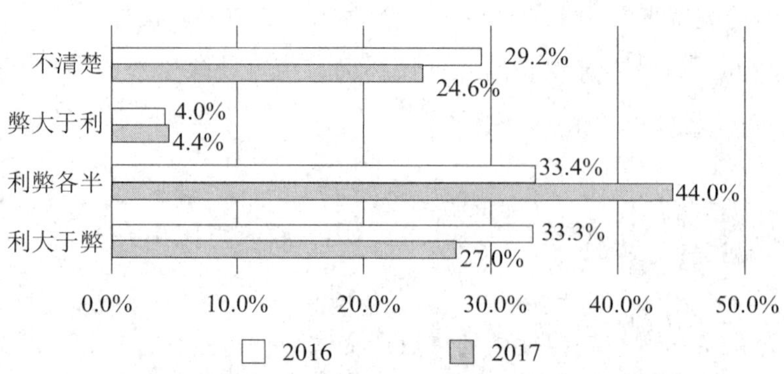

图18 上海家长对高考教育改革的评价（2016—2017）

1. 从不同学历的家长来看，学历越高的家长，对于高考改革的认同度也越高，如研究生及以上认为“利大于弊”的比例为37.7%，初中及以下的比例为27.4%。

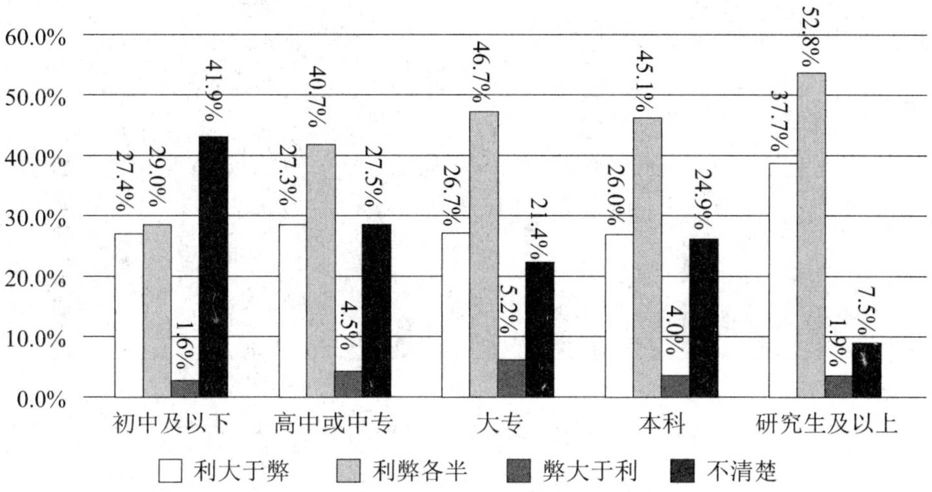

图19　不同学历家长对高考改革的评价

2. 不同月收入的家长则对此意见有分歧，月收入较低和较高的家长倾向于认为“利大于弊”，月收入在4000元以下和8000元以上者的认同比例分别为30.6%、32.4%，而介于中间收入的家长的认同比例在25.0%左右。

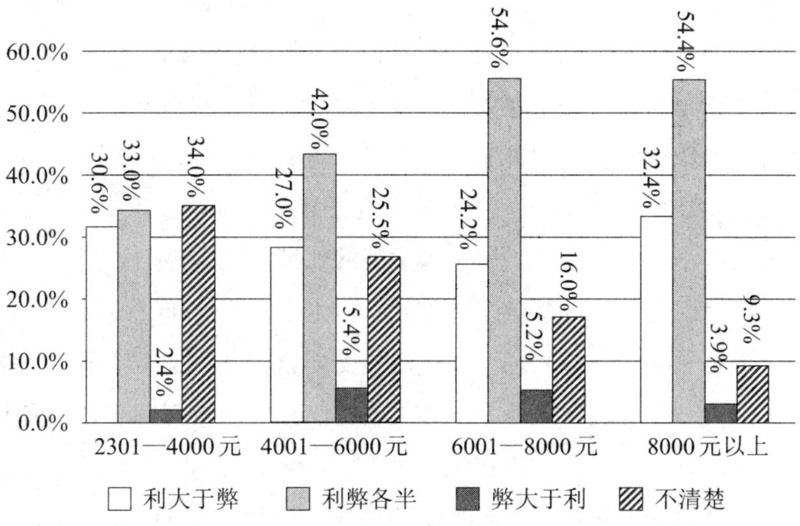

图20　不同月收入家长对高考改革的评价

3. 从职业身份来看，较高职业身份的家长倾向于认同，如国家机关、事业单位负责人，其认同比例达到了48.6%，中高级专业技术人员的认同度也达到了37.0%，而较低职业地位的家长的认同度则较低，如技术工人的认同度为24.7%。可见，学历越高、收入越高以及职业地位越高的家长，对于高考改革的认同度也较高。

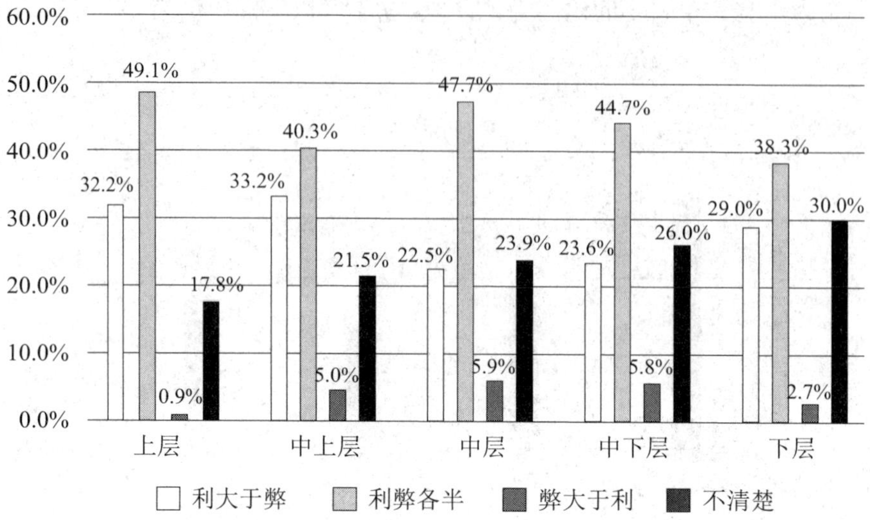

图21　不同职业层次家长对高考改革的评价

八、若干政策建议

从上文的分析可以看出，过高的教育期望导致了家长的择校行为与补习行为，而不同家庭的收入、家长教育程度以及职业层次等因素也直接影响着家长的教育期望、择校行为和补习行为。需要指出的是，在当下的背景下，这种教育行为既有理性的一面，同时也有非理性的一面，既加重了孩子的学业负担，也使得教育资源的不平等程度进一步加深。基于此，本文认为进一步推动上海教育公平的发展，政策层面上应当从以下几方面入手。

1. 推进教育领域的供给侧改革，提供多样化的优质教育。

在上海这样持续推进义务教育优质均衡发展的地区，公众经历了从“有学上”到“在家门口有学上”到“家门口有好学校上”之后，产生了对更优质、更具特色、更多元化教育资源的向往，逐渐从对“就近入学”的被动接受到教育资源的主动选择，体现出对更高层次教育公平的追求。因此教育服务上，必须要关注公众对教育的心态和需求。从目前解决的办法和思路看，在供给上做大蛋糕、做出不同口味的蛋糕已有共识。通过优质学校建分校、集团化办学等模式，使得优质教育资源得到了扩大，部分缓解了社会对优质教育资源的需求紧张。但整体来看，社会资本参与度仍然不足，老百姓可主动选择的余地还不多。因此，对于提供多样化优质教育的方法和路径的选择，仍有进一步探索的空间。

2. 进一步规范课外补习市场，引导家长教育行为理性化。

如前文所述，教育期望过高导致了家长和孩子在课外补习中投入更多的时间和金钱，而鱼龙混杂的培训市场也导致课外补习日渐脱离其应有的功能定位。在今后，要进一步完善教育培训市场法律法规，加强教育培训机构准入、审批和监管，制订培训机构从业人员资质标准，对开办条件、师资、场地、教材以及广告宣传等作出规定，将教育培训执法纳入各区市场监管体系，加强事中事后监管，引导教育培训市场规范有序、健康良性发展。同时，也应当加强对校外补习教育的研究，积极引导对课外补习的理性认识及其行为，推进对课外补习投入与效益的分析，以引导家长理性对待课外补习，从根本上杜绝过度补习的现象和行为。

3. 遵循教育规律，推动学校教育提质减负。

减负是近年教育改革领域的热谈。但在现实中，部分家长支持减负的同时，许多家长想尽办法将孩子送进负担更重的民办学校，必须为孩子安排沉重的课外补习方能心安。这一现象不仅体现了家长的矛盾和焦虑，也为学校教育的改革提出了更高的要求——减负必须提质。减负是要减轻学生过重的课业负担，并非完全消除学业负担，应当减的是重复性的低效率学习负担。让学习的内容更有意义和价值，使得学生在学习中不再感到无聊、枯燥、无意义，才能真正达到减负提质的目的。在学校管理层面，应遵循教育规律，持之以恒地开展工作，才能取得减负提质的实效。同时，要进一步加强家校沟通，让家长深入了解学校教育质量的真实状况，感受学校为提升教育质量、满足学生需求所做的努力。

4. 进一步加强家庭教育，引导家长树立理性的教育期望。

学生过重的学业负担，也来自家长在强烈的望子“成龙成凤”思想驱使下，脱离了孩子的教育实际，造成了孩子过重的学业负担。因此，要大力推进家庭教育，引导父母理性对待教育期望，有效参与孩子的教育过程，合理制订孩子的发展规划。同时，家长应当和孩子一起，根据教育期望做好规划和安排，将宏大的教育期望分解成一个个小的教育目标，有的放矢、不断推进，有利于最终期望的实现。更为关键的是，要采取多元化的手段将教育期望落在实处，尤其是家长对孩子的鼓励、亲子交流、学习参与、家校合作等都有助于教育期望的实现。在这一过程中，物质、文化、时间、精力都是可以发挥效应的资源。

第三篇　分论坛报告

践行《弟子规》　传承好家风

高树佳[1]

《弟子规》是先民留给我们的宝贵遗产，今天我们也有责任和义务将其精华的部分继承和发扬下去。其蕴含的智慧是无穷的，适合每一个人学习、力行，教导人们尽守本分、克己守礼、约束邪念、保持诚实，是养成良好生活习惯并传承忠厚家风最实用的教材。虽然《弟子规》是教育子女的，但基于教学相长原则，如果父母不能带头做到，任何教育都将苍白无力。

一、教养孩子，少些说教

《弟子规》中教导我们：话说多，不如少。惟其是，勿佞巧。而现实中的家庭教育问题是，在平时教养孩子的过程中，父母的说教过多。

说教是很多父母常用的一种教育方式，而父母会给这种说教找个冠冕堂皇的理由，那就是出于对孩子的负责任和善意的提醒。殊不知在大多情况下，父母这种表达关心和爱的方式，往往会让孩子感到厌烦和不屑一顾，有的时候还可能会产生更严重的问题，直接影响亲子关系。

“把心思用在学习上，家里的事你不用管那么多，一心想着学习就好了；多跟成绩比你好的同学玩，少跟那些成绩不如你的孩子玩；跟学习无关的活动少去参加；别人为什么做得到，你为什么做不到；多去学学别人是怎么做的；不许说谎；爸爸妈妈这样都是为你好；爸爸妈妈这么辛苦，从小到大不知道为你操了多少心，你怎么就不知道回报呢?”家长如果经常把诸如此类的话挂在嘴边，就不要怪孩子逆反，不听话了，想让孩子优秀更是难上加难。

学习了《弟子规》，父母需要践行的是，家长在教养孩子时，要尽量少一些说教和唠

①高树佳，北京市大兴区教师进修学校教师。

叨，要谨言。因为您说的一句话可能会成就一个孩子，也可能会毁掉一个孩子，要尽量对孩子有客观的评价。

二、对待说谎，真诚相待

《弟子规》中教导我们：见未真，勿轻言。知未的，勿轻传。事非宜，勿轻诺。苟轻诺，进退错。而现实中的家庭教育问题就是，孩子容易说谎。

对于孩子说谎的问题，究其原因：一是避责；二是轻诺。父母需要反思自己存在哪些问题。孩子之所以轻诺，一方面来自父母，轻易答应孩子的事结果没做到；另一方面，有的父母对孩子提出要求，孩子答应了父母，但最后孩子做不到，父母也没有责罚。这两种轻诺之错都在父母，都容易造成孩子说谎的问题。

学习了《弟子规》，父母需要践行的是，当孩子有意无意说谎后，应先弄清事情的真相，在对事情了解清楚明白前，不要轻易发表意见，不要轻易下结论，以免对孩子造成不良的后果。对孩子不轻易提出不合理的要求，以免使孩子养成轻诺的不良习惯。家长要真诚地对待孩子，孩子说谎的习惯才会慢慢得以纠正。

三、教导孩子，调好情绪

《弟子规》中教导我们：父母教，须敬听。父母责，须顺承。而现实中的家庭教育问题就是，当孩子不接受家长的教导时，家长往往会情绪激动、暴躁，甚至有更为简单粗暴的举动。

我们大部分家长通常会理解为自己说的话孩子就必须要听。我们需要反思，为什么在教导孩子的时候，孩子会“不敬听”“不顺承”？往往家长是犯了不分场合、不讲技巧、急于与孩子理论的错误。急躁是家庭教育的第一杀手。

那么我们家长如何“责”孩子才“顺承”呢？“责”孩子时要看情绪，讲技巧，分场合。《弟子规》中教导我们：人不闲，勿事搅。人不安，勿话扰。当孩子在情绪激动的时候，父母说什么话都不太起作用，反而会引起孩子的极度反感。所以，家长要智慧地把问题先放一放，等自己和孩子都调整好情绪后，再好好沟通。

学习了《弟子规》，父母需要践行的是，在教导孩子时，如果孩子不能“敬听”和“顺承”，需要家长首先反思自己的问题。当孩子情绪激动时，家长需要把事情冷一冷、放一放，等孩子和自己的情绪都稳定下来再沟通。

四、眼光放远，姿态放低

《弟子规》中教导我们：势服人，心不然。理服人，方无言。而现实中的家庭教育问题是，在家长对其子女进行说服教育时，会经常以“家长权威”自居，对孩子不够平等。

做父母的要有智慧，把眼光放远一些，姿态放低一些。孩子不接受家长的劝诫，我们应反思自己是不是固执己见？家长可以对孩子恶语相向，而孩子反驳父母就成了大逆不道？家长用所谓的“权威”压服孩子，孩子即便口服心也不服，更有甚者，心口都不服。家长如果在平时对孩子的教育中，习惯用这种方法，那么就容易造成亲子间沟通不畅，孩子不对父母说心里话，或是当着家长面一套背着家长面又一套，造成亲子关系不融洽或紧张的情况。所以，家长要学着将自己的姿态放低一些，能够蹲下来较为平等地倾听孩子内心真实的声音。长此以往，孩子对您的教导才会慢慢口服心也服。

学习了《弟子规》，父母需要践行的是，尽可能地不要用权威来压服孩子，姿态要尽量放低些，才能够倾听到孩子内心真实的声音。

五、学会接纳，学会赞美

《弟子规》中教导我们：人有短，切莫揭。人有私，切莫说。道人善，即是善。人知之，愈思勉。扬人恶，即是恶。疾之甚，祸且作。善相劝，德皆建。过不规，道两亏。而现实中的家庭教育问题是，大部分家长都有一双挑剔、发现问题的眼睛，多看到的是孩子的问题和不足，缺少对孩子无条件地接纳，太过吝啬对孩子的鼓励和赞美。

大部分家长专注于发现孩子身上的缺点，而忽视了孩子身上的优点。你说孩子笨，孩子也不会因此而变得聪明，长期强化这种意识，孩子就会认为自己是笨孩子。因而失去信心和勇气，产生消极沮丧的心理，给孩子的身心带来巨大的伤害。很多时候，家长都会过多地关注孩子身上的缺点：调皮、胆小、自卑、表达力弱、贪玩、眼高手低、任性、虚荣、拖沓……而让我们把这些缺点换个角度看：运动能力强、谨慎、谦虚、思多少语、懂得享受、充满幻想、坚持、荣誉感强、稳重……是不是很神奇呢？学会欣赏和赞美，我们就会发现，孩子身上原本的缺点都变成优点了。

作为家长，我们需要时时刻刻发现孩子的优点。每个杰出孩子的周围都有一个鼓励和赞美的世界。很多人见了这情形，都会有个误解，觉得一个孩子是因为聪明，所以值得赞美，其实情形往往相反，孩子是因为得到赞美才聪明起来的。时刻在一种积极愉快的氛围中成长，有利于孩子健康成长，更有利于营造和谐的家庭氛围。

如果家长盯住孩子的缺点和不良习惯不放，即典型的“扬人恶，即是恶”，孩子就永远改不了他们的缺点，相反我们要以接纳孩子缺点的态度，去关注和赞美孩子的优点，“道人善，即是善”，只有帮助孩子找回自信，孩子才能逐步减少和改正身上的缺点和不良习惯。

接纳和赞美并不排斥批评，上面也提到“过不规，道两亏”，该指正的问题要及时指正，该批评的地方也决不能迁就。但我们在批评时，一定要讲究艺术，要让我们的批评有点“甜味”，切忌不可伤到孩子的自尊心，要让孩子以感激的心态接受这剂苦口的良药。

学习了《弟子规》，父母需要践行的是，“人无完人”，对孩子要学会无条件地接纳，包括孩子的缺点。家长们不要再吝啬自己对孩子的表扬、鼓励、赞美和赏识，要让接纳孩子和赞美孩子成为我们的一个好习惯。

六、面对过失，平和心态

《弟子规》中教导我们：亲爱我，孝何难？亲憎我，孝方贤。亲有过，谏使更。怡吾色，柔吾声。而现实中的家庭教育问题是，当孩子听话懂事时，家长很容易喜爱孩子，但当孩子犯错后，对孩子不再是好言好语，态度也不平和了。

对于孩子所犯的错误和出现的问题，很多家长束手无策。我想，如果我们以一种平和的心态，把孩子和家长的角色对调，然后再读“亲爱我，孝何难？亲憎我，孝方贤。亲有过，谏使更。怡吾色，柔吾声”，会有很多启示。

当孩子有了过失后，家长可以心里想：孩子的成长过程中犯错是难免的，是很正常的事，而且也恰好是教育孩子的好机会。此时，家长应保持冷静，既不要简单粗暴地训斥，也不要毫不在意，而应和孩子一起找到弥补过失的方法，让孩子吃一堑长一智，从过失中学到有价值的东西。《弟子规》中有教导说：“过能改，归于无。”犯了错误如果能够改正错误，就相当于没有做过错事一样。善待孩子的过失，其实也就是对孩子进行正确引导，使其避免再犯同类的过失或错误。作为父母，无论孩子所犯的过失是大是小，都应该努力以心平气和的态度来对待；以暴怒的态度对待孩子，不但于事无补，伤害了孩子，还会掩盖过失的本质，可能会让孩子一错再错。

学习了《弟子规》，父母需要践行的是，给孩子指出过错时需要家长注意自己的态度是否温和，说话是否轻柔。以平和的心态正确对待孩子的过失，才是最好的教育方法。

论伯恩斯坦的精致语言编码与家庭教育

黄汉军[①]

巴兹尔·伯恩斯坦是英国伦敦大学教育社会学教授，是全世界杰出的社会学家之一，著名的教育思想家。他有关语言、交际代码和学校教育的研究影响了整整一代社会教育学家。他在过去50年的开创性工作中，使我们认识到家庭交际语言在儿童成长中的重要作用。

一、伯恩斯坦关于家庭教育的语言编码论述

语言编码理论是伯恩斯坦教育理论的重要组成部分。该理论研究成果表明不同家庭教育背景的儿童的语言形式，充分体现了他们的早期家庭生活的语言编码，主要表现在儿童语言的系统性、逻辑性、文学性和文化的修养性上。根据上述表现形式，伯恩斯坦把语言分为精致语言和局限性语言两种。持有精致语言的儿童大多是接受过良好家庭教育的孩子，他们在幼儿时期接受父母构建的家庭文化熏陶，在语言方面有比较规范和系统的训练。而家庭教育粗糙的孩子操持的大多是局限性语言，局限性语言的特点是语句简短，不具有逻辑性，对语言的理解要依赖情境，具有特殊性。因为家庭是儿童语言最初发展的地方，家庭教育中语言交流的形式势必会影响儿童的个性化语言，同时也会影响儿童的语气、行为与神态。

二、家庭教育中语言编码的影响力

优良的家庭教育体现在与孩子的沟通中，家长多用精致的语言编码，其特征是语句多，语句词汇量大，多使用从句，家庭成员间更民主、和谐。而粗糙的家庭教育体现在与孩子沟通时，多使用粗糙的语言编码，其特征是语句少而短，简单，没有协商，多命令

---

①黄汉军，湖南省长沙市南雅中学教师。

式，家庭成员的不同身份界限分明，伯恩斯坦把这类家庭称为专制型家庭，这是与民主型家庭相对应的。

在处理孩子间矛盾时，下面这段谈话场景会出现在民主型家庭中：

A家长：“孩子，不管发生什么事情，你今天骂小朋友的态度是不对的！我不知道发生了什么，你可能有委屈的地方，但我想应该有更好的解决问题的方法，你说对吗?”“他虽然打了你，我想他一定很后悔，他妈妈也批评了他，我们不生气了，原谅他，好吗?”孩子没有回答，但沉默了，他知道了刚才的做法不对。“与小朋友发生激烈的争吵或扭打既无法有效地解决问题，又会使自己不冷静，某种程度上也会伤害与小朋友之间的感情，你也会失去朋友的，你认同吗?”孩子点了点头，他意识到了事情的发展确实有些糟糕。“以后呀，在和小朋友的交往中，你可能会遇到各种小矛盾，甚至会受到一些委屈，你要学会自己处理。如果自己处理不好，你也可以和妈妈一起商量，不管怎样，有理也不在‘声’高，也不在打‘赢’。我想这也许是对你处理问题能力的一种考验，你能通过这一考验吗?”孩子坚定地回答：“妈妈，我能！”孩子高高兴兴地又玩去了。

显然A家长使用了精致语言，与孩子交流达300字左右，这位家长富有逻辑的话语使说服显得合情合理，实现了她的意图，交流后孩子的状态也是接受的、积极的、愉快的。

而下面这段谈话可能发生在一个专制型家庭里：

B家长：“你就是不听话，我讲了不要你过去，你偏要去，活该！下次再不听话，你甭想出来玩了！走！跟我回去！真扫兴！”声音很大，语句简单，孩子嘟着嘴，一步一回头地离开了。

显然B家长更多地使用局限性语言，与孩子交流字数不到50字，语句简短。为了使这种要求显得合情合理，她依仗了母亲这一身份所具有的权威。

两段对话，体现出家庭教育对孩子的不同影响。A家长的交流表示为精致的语言编码，语言有系统性、逻辑性、文学性、文化的修养性。而B家长的交流表示为粗糙的语言编码，语言缺乏系统性、逻辑性、文学性和文化的修养性。学校使用的是精致的语言编码，所以A家长的孩子与学校教育容易接轨，学业成就更高。我们清楚一个不容否认的事实：国家对于人的培养目的，是通过教育使他们具有高尚的素养，具有健康的体魄，具有扎实的文化基础，具有终身学习的能力，具有健康的兴趣爱好，具有对自己、对他人、对社会、对国家的责任感。因此，我们现行使用的国家课程、地方课程、校本课程都是精致的语言编码。每一门课程都具有系统性、逻辑性、文学性和文化的修养性。儿童在早期家庭教育中接受的语言编码不同，将会导致家庭教育良好的孩子在学校教育中容易获得成功，而家庭教育粗糙的孩子却很难获得成功，因为家庭教育的粗制编码不能与学校课程中的精致编码沟通。这两段对话同时也告诉我们一个事实，家庭使用的语言编码影响着孩子与人的沟通方式，沟通方式又决定着他的语言与行为，由此影响孩子在学校中与师生的沟通能力，进而对学习成绩产生影响。

三、家庭教育要注重培育孩子的精致语言

伯恩斯坦的语言编码理论清楚地告诉我们，家庭教育中为孩子传递精致语言编码，培养孩子的精致编码能力是何等重要。这也就给我们每位为人父母者提出了一个重要的任务：在孩子成长过程中，我们要给他们提供精致语言编码，让孩子在潜移默化的优良的家教环境中和谐健康地成长。我们要让他们感觉到对人类美好品行的锻造、对知识的渴求、对个性的张扬，以我之善行导其行，以我之真诚导其诚，不断地营造良好的家庭氛围，让孩子在儒雅高洁的环境中和谐成长，让孩子在民主平等的氛围中幸福生活！

如果儿童在幼儿时期听到的大多数语言都有这种言语方式的差别，那么我们就能预料到，他们在五六岁入学时，精致语言家庭的孩子能理解并产生较多不同的语言信息和“精制的语言代码”，而局限性语言家庭的孩子可能同样聪明，但是他仅能掌握“有限的语言代码”，尽管这种代码作为一种表达工具也许已具备足够的复杂性和完善程度，但是这种语言多半不属于精致编码的教师或学校的语言，或者说，不是能在教育系统内取得成功的语言。

那么，父母与孩子之间如何才能更多地使用精致语言沟通？如何不让孩子的家庭教育留下遗憾？我想大致可以从以下几方面努力：

1. 加强自身学习，适当阅读教育学、心理学书籍，拓展自己的知识面，使自己拥有更多的精致语言。

2. 挖掘孩子兴趣与爱好的潜力，创造和孩子交流的一切机会。比如和孩子一起晨跑、打球，在运动中交流健康与规则；一起参加班级、学校、社区的公益活动，在活动中体验与人交往的真、善、美；一起看电影、看书、看报，感悟其中的人和事；一起去野外考察，亲近大自然，学会观察。交流中多使用长语句，多用连接词。

3. 多一些漫谈。经常陪孩子散散步，和孩子不控制内容的交谈，对发生在身边的事情交流个人的想法。父母不要以过来人自居，要容得了孩子的不同意见。降低身段跟孩子交流，用平静和令人信服的语气，并适时把正确的价值观和人生观渗透进来，而不是简单地说教。

4. 倾听是对孩子最好的尊重。每一次倾听要有仪式感，父母要放下手中的事，认真倾听，孩子也会感觉到父母的重视。虽然孩子诉说的事可能很小，大人觉得不值得一提，也请耐心去倾听。特别是当孩子向父母述说他们的忧虑、担心和恐惧时，父母不能快速下

结论。孩子有时不需要听父母的说教和建议，他们只希望向父母发泄一下自己的感受。其实在现实生活中，有时孩子渴望在痛苦的时候，能靠在自己信赖的亲人的肩膀上痛哭一场；也有的时候，孩子只想听到父母理解他们的感受，给予无声的同情。

5. 交流中多用敬语。学会用敬语是一种文明表现，是一种内在的精神修养。学会用敬语能体现出一个人的文化素养以及尊重他人的个人素质。家长与孩子要在人际交往中多用敬语，习惯说“您好”“请”“谢谢”“对不起”“再见”等文明礼貌用语，并从内心去尊敬对方。

6. 让孩子有用完整语句或语段表述的机会。精致语言表现在交流时语言有系统性、逻辑性、文学性、文化的修养性，因此父母在和孩子交流时，要经常鼓励孩子，用完整语句表述一件事或介绍一种情况。同时家长也要做表率，多用精致语句。

伯恩斯坦的语言编码理论表明，语言形式的不同是影响家庭教育过程的一个微观因素，可是这个细小的因素往往会被人们所忽略。所以，家长和学校都要重视起来，促进孩子语言形式的转变，使他们在学习和生活中都能使用精致语言。在家庭里，我们要给孩子贵族式教育。美国著名教育家罗恩·克拉克的“55条班规”中第14条也要求学生“以完整的句子回答所有的问题”，我想这应该和精致语言编码是同一个意思。如果家长能够细致入微地对孩子进行教育，那么我们的孩子也会慢慢地形成精致语言编码。

家长参与对儿童乐器学习影响的研究

——基于扎根理论路径的质性分析

刘　畅[1]

一、问题的提出

2015年，国务院办公厅发布了《关于全面加强和改进学校美育工作的意见》，文件指出“到2020年，初步形成大中小幼美育相互衔接、课堂教学和课外活动相互结合、普及教育与专业教育相互促进、学校美育和社会家庭美育相互联系的具有中国特色的现代化美育体系”。因此，在关于加强和改进学校美育工作的同时，社会家庭美育同样值得关注。那么，学校美育和社会家庭美育如何有机地联系，相互促进，更好地起到美育育人的功能，并促进学生成长和美育发展将成为关键问题。

我国社会音乐教育普及的重要组成部分是乐器教学，在乐器学习的过程中，家长的参与态度与方式直接关系着儿童乐器学习的效果。因此，本文研究目的以家长参与儿童乐器学习为切入点，通过对6名小提琴教师，8名家长进行深入访谈，通过扎根理论的研究路径及编码范式对访谈资料进行分析，解决以下问题：家长参与在儿童乐器学习中的积极经验与消极经验分别有哪些？家长—儿童的互动策略是如何影响家长参与儿童学习乐器的？

二、理论框架

家长参与类型：被定义为家长在有限范围内为孩子提供资源。格罗尔尼克（Grolnick）将家长参与分为三类：行为参与、认知参与、情感参与。

（一）家长参与音乐学习的相关研究

国内关于家长参与音乐学习的研究相当匮乏，查阅国外文献发现，在学生音乐发展的过程中家长的参与并不罕见。近年来国外更多的研究证明，学生的音乐发展与其家长的音

---

①刘畅，东北师范大学音乐学院音乐教育论专业博士研究生。

乐背景、社会经济背景、与家长课上的支持及课下的帮助练习有关，与家长的目标、期望和价值观及家长的自我效能有关。这些发展中的研究发现表明，家长对学生坚持不懈地学习乐器和音乐专长起到了至关重要的作用。

（二）人际关系理论模型

学习环境中的人际关系互动起到了关键作用，人们能够在互动中相互帮助，相互支持，并且更好地发展自我。研究者将人际关系理论运用到教师—学生之间互动关系的探讨与解释中来。先前的研究发现，人际关系在学生学习中起到了至关重要的作用，并且在这些研究中指出了教师—学生关系的类型与教师指导策略密切相关。一个好的人际关系是教师指导策略的先决条件，直接影响学生的有效学习。瓦布勒（Wubbels）在教师—学生的人际关系模型中对教师的行为进行了解释与分类，从两个维度即影响维度（统治—服从和接近维度从合作）—反对，将教师行为分为八类（模型），DC=提供领导，CD=友好互助，CS=理解尊重，SC=放任自由，SO=缺乏目标，OS=缺乏认可，OD=训斥告诫，DO=严厉控制，并对各个类型进行了操作化的定义，通过定量的方式探究教师在教师—学生关系中的具体行为。

综上所述，乐器学习中的家长参与是以一种互动方式展开的，家长—儿童之间人际互动关系直接影响儿童乐器学习积极经验的获得。先前的研究并没有从互动的视角分析家长—儿童之间的互动关系，家长—儿童人际互动视角的分析是本研究的创新之处。

三、研究方法及过程

扎根理论（Grounded　Theory）是由芝加哥大学的格拉泽（Glaser）和哥伦比亚大学的施特劳斯（Strauss）两位学者共同发展出来的一种社会科学研究方法，是质性研究的一种方法，经常被用于解决社会学领域中的诸多微观问题，是建构理论的一种科学方法。

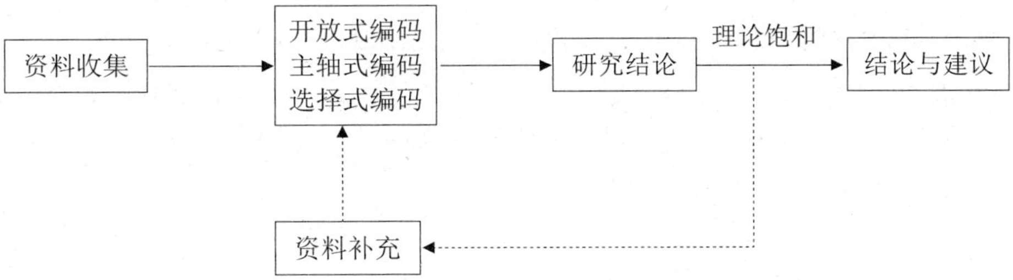

（一）研究设计

本文基于扎根理论的研究路径，首先对访谈记录进行一级编码，对家长参与儿童乐器学习中的现象提取本土概念并发展类属，提炼乐器学习中的积极经验与消极经验，然后以家长—儿童为主轴，以因果条件（A）→现象（B）→情境条件（C）→干预条件（E）→行动/互动策略（D）→结果（F）的扎根理论范式进行编码，分析类属之间的关系。最终通过选择性编码对核心概念的提取，挖掘出在对儿童乐器学习中与学生的有效互动策略。

（二）研究对象

在对象的选取上应该关注研究对象的异质性，强调了解不同人对同一事情的不同态度，个案虽然没有代表性，但却有典型性。本研究选择了6位小提琴教师，他们在教学教龄上的差异：有10年以下的青年教师，10—20年的有经验教师，以及20年教龄以上的资深教师。并且在教学环境上也各不相同，有在家进行教学的家庭教师、在艺校进行教学的社会教师，还有管理艺校并进行教学的管理教师。在教学形式上的差异：只进行1对1教学的教师，不仅有1对1教学，还有小组课教学的教师。教师异质性的选择是为了了解不同层面的不同家长的参与态度与行为，有助于更全面把握家长参与儿童乐器学习的经历和作用。

通过选取被访谈教师中两位教师的学生家长，这些家长的教师强调家长参与的重要性，并对家长的参与行为有一定的指导。8位家长的社会背景以及音乐背景具有同质性，但教育期望、参与态度与行为各不相同。8个琴童中有3个男孩，5个女孩。最小的为4岁半，最大的为8岁，学琴时间从4个月到4年不等。

（三）资料收集

教师访谈以面对面的半结构式访谈展开，家长访谈以焦点小组访谈的方式展开。访谈的主要维度包括：对待家长参与儿童乐器学习的态度，家长在儿童乐器学习中的参与行为，家长参与儿童乐器学习的效果。通过对访谈录音的转录形成文本资料。

四、研究结果及分析

（一）一级编码结果及分析

对资料进行分解、测验、比较、概念化与类属化的过程。分三个步骤：第一步是对相似的现象给予同样的名字即贴标签；第二步是围绕统一现象将感念集群类属化，提出一个更为抽象的概念，即发现类属；第三步是通过属性与维度发展类属，寻找类属的属性与维度。

一级类属	二级类属	积极经验		消极经验	
		家长行为经验	儿童行为经验	家长行为经验	儿童行为经验
教育期望	技术等级	遵循孩子认知发展的技术要求	顺其自然达成 激励水平进步	功利性目的 机械练习	外部动机 机械练习
	爱好发展	尊重孩子意愿	主动练琴 认真练琴 经常练琴	服从孩子意愿	不练琴 不用心练琴 很少练琴
情感支持	满足需要	满足儿童需要	满足自我需要	满足教学需要 满足家长需要	满足他人需要
	激励支持	鼓励 支持	得到鼓励 得到支持 适当自由	批评	批评
认知结果	品质保障	聆听、表现 （音乐情感） 训练（技术性）	兴趣 聆听与表现	训练（技术性）	训练（技术性）
	丰富活动	音乐素养获得 音乐认同	音乐素养获得 音乐认同	音乐礼节缺失	音乐礼节缺失
家长参与	课堂参与	认真听课 认真学习	认真听课 共同学习	上课接送 参课不听课	注意力不集中
	练习参与	督促 辅导 共同学习	接纳意见 讨论问题 共同练习	不监督 控制不好情绪 斗争	不认真 抵触 反对

一级编码的结果是，经过对访谈资料中家长、学生的行为现象进行抽象归纳，将相同类别的概念进行分类，最终根据经验属性的积极和消极维度，以及行为对象属性的家长和学生维度进行类属的分类与发展，最终得出以上结论。通过一级编码结果可以发现，家长参与儿童乐器学习主要呈现出三种参与形式，即情感参与、行为参与和认知参与，其中教育期望也是家长参与的重要因素之一。

通过比较积极经验和消极经验能够发现，期望、情感、行为和认知类属间存在内在联系，并且家长和儿童的积极经验与消极经验中也存在着异同。基于这样的关系和异同，对资料进行主轴编码，探究类属间的关系。

（二）主轴编码结果及分析

主轴编码是通过建立类属之间的关系，以一种新方式将资料放回一起的一套程序。

编码范式：

（A）因果条件（前提）：情感支持

→（B）现象：家长—学生互动的积极与消极经验

→（C）情境条件：音乐特性

→（E）干预条件：教育期望

→（D）行动/互动策略：行为参与/家长—学生互动类型

→（F）结果：乐器学习结果

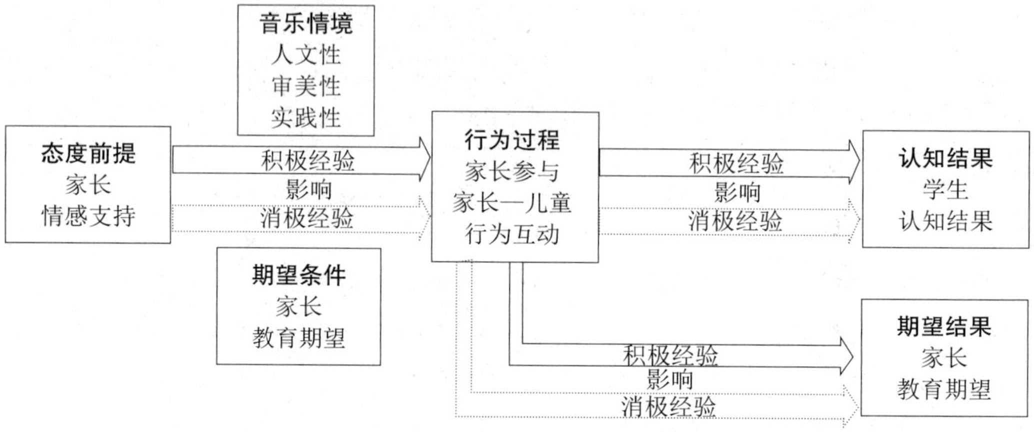

经过以家长—学生共同经验为主轴构建类属间关系发现，情感支持和教育期望是家长—儿童互动的前提，情感参与和教育期望影响家长的参与，并决定家长—儿童的互动策略。不同的行为参与也将直接影响着学生的学习结果深度和家长教育期望的达成。由此可见，家长参与即家长—儿童的行为互动是核心概念，关键是家长如何实施有效的互动策略来达到儿童乐器深入学习的目的。

（三）选择性编码结果及分析

根据主轴编码得出家长—儿童互动类型是家长参与儿童乐器学习的重要影响因素，因此，提取核心类属——家长—儿童互动类型，依据瓦布勒（Wubbels）的人际关系理论模型，可以构建四种家长参与儿童乐器学习的模式。

模式一：互助关系模式——古典音乐的和谐乐章

家长—儿童互动类型：合作、互相帮助、友好。

家长—儿童互动特征：共同学习，共同进步，相互促进，平等交流。

条件：

1. 家长教育期望：是以儿童全面发展为出发点，遵循儿童的认知发展规律。

2. 家长情感支持：是满足儿童的心理需要，给予鼓励与支持。

3. 音乐学习特质：关注音乐的人文性（音乐素养的提高）、审美性（音乐美的体验与表达）和实践性（技术水平的实践）。

结果：

1. 浅层学习：高效获得音乐知能。

2. 中层学习：稳步提高音乐素养。

3. 深层学习：最终达到音乐认同。

综上所述，家长参与儿童乐器学习中家长—儿童互动在呈现共同学习、共同进步、相互促进、平等交流的特征时，家长对儿童的主要期望是以儿童全面发展为出发点，遵循儿童的认知发展规律，满足儿童的心理需要，在乐器学习方面关注音乐素养的提高，注重音乐美的体验和表达，强调表演等实践。在互助关系模式下儿童乐器学习结果是学生能够高效获得音乐知能，稳步提高音乐素养，最终达到音乐认同。

模式二：理解关系模式——即兴音乐的自由漫步

家长—儿童互动类型：理解尊重。

家长—儿童互动特征：提倡自主，尊重儿童的选择。

条件：

1. 家长教育期望：尊重儿童的意愿。

2. 家长情感支持：不鼓励、不批评。

3. 音乐学习特质：以音乐美育、德育、智育为出发点，让儿童自由学习。

结果：

1. 浅层学习：稳步获得音乐知能。

2. 中层学习：探索了解音乐素养。

3. 深层学习：最终达到音乐认同。

综上所述，家长参与儿童乐器学习中家长—儿童互动在提倡自主、尊重孩子选择的特征时，家长对儿童的主要期望是尊重儿童的主观意愿，在乐器学习方面以音乐学习的美育、德育、智育为出发点，让孩子自主学习。在理解关系模式下儿童乐器学习结果是学生能够稳步获得音乐知能，探索了解音乐素养，最终达到音乐认同。

模式三：专制关系模式——摇滚音乐的激昂对抗

家长—儿童互动类型：统治、训斥。

家长—儿童互动特征：家长独断，儿童不满；家长统治，儿童抵抗。

条件：

1. 家长教育期望：以家长主观意愿为出发点，以功利性为目的的教育期望。

2. 家长情感支持：满足功利性的需求，满足家长的需要，给予高高在上的专制，批评为主。

3. 音乐学习特质：仅以音乐技能的训练为终极目标，忽视音乐德育、美育功能。

结果：

1. 浅层学习：高效获得音乐知能。

2. 中层学习：过程忽视音乐素养。

3. 深层学习：渐渐远离音乐认同。

综上所述，家长参与儿童乐器学习中家长—儿童互动在呈现家长独断、儿童不满，家长统治、儿童抵抗的特征时，家长对儿童的主要期望是以家长主观意愿为出发点，以功利性为目的的教育期望。家长在情感上主要满足功利性的需求，满足家长的需要，给予高高在上的专制，批评为主。在乐器学习方面仅以音乐技能的训练为终极目标，忽视音乐德育、美育功能。在专制关系模式下儿童乐器学习结果是学生能够高效获得音乐知能，过程忽视音乐素养，渐渐远离音乐认同。

模型四：缺失关系模式——离调音乐的随波逐流

家长—儿童互动类型：不满足、不确定。

家长—儿童互动特征：不参与、不监督。

条件：

1. 家长教育期望：缺少稳定的教育期望。

2. 家长情感支持：忽视对儿童的情感支持。

3. 音乐学习特质：对音乐学习特质认定的模糊。

结果：

1. 浅层学习：很难获得音乐知能。

2. 中层学习：缺乏基本音乐素养。

3. 深层学习：无法达到音乐认同。

综上所述，家长参与儿童乐器学习中家长—儿童互动在呈现不参与、不监督的特征时，家长对儿童缺少稳定的教育期望，忽视对儿童的情感支持。在乐器学习方面家长对音乐学习的特质认定模糊。在缺失关系模式下儿童乐器学习结果是学生很难获得音乐知能，缺乏基本音乐素养，无法达到音乐认同。

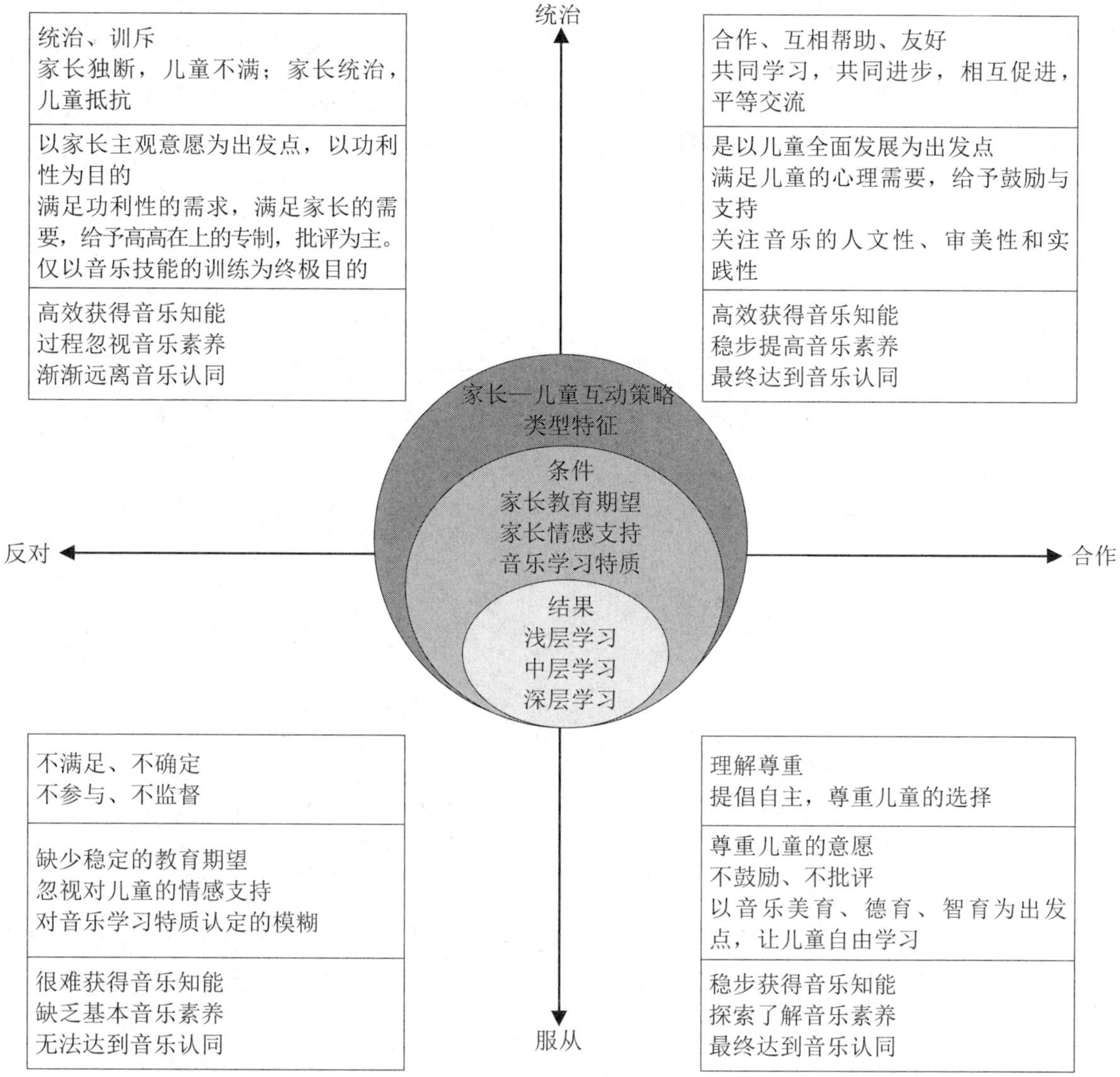

由图中可以清晰发现，家长—儿童互动策略的差异受家长教育期望和情感支持以及音乐学习特质三个条件因素影响，而家长—儿童互动策略则直接影响儿童乐器学习的层次及水平。四个模型分别反映了四类乐器学习中家长参与的特征，关注家长—儿童互动策略差异的同时更应从家长教育期望和情感支持上以儿童发展为核心，重视音乐本体机器功能，让音乐学习更好地为个人成长服务，为生活服务。

五、结语

作为社会音乐教育的一部分，乐器学习主要是以提高儿童音乐素养为目的的教学。家长应摆正心态，放远眼光，立足于儿童的全面发展，以互助式、合作式互动策略参与到儿童的乐器学习中，进而能够帮助儿童高效地获得音乐智能、稳步提高音乐素养，最终达到音乐认同。音乐教育的意义是终身的教育，让音乐的幸福种子播种在每个儿童的心中，待它慢慢发芽，将影响孩子们的终身。

论促进我国家庭教育能力提升的立法规范

姜国平[①]

家庭教育、学校教育与社会教育构成了人们成长发展的教育体系，而家庭教育是学校教育与社会教育的基础，它影响学校教育的起点与水平，也决定着社会教育的整体发展状况。习近平总书记在2015年中共中央、国务院举行的春节团拜会上的发言中提出了要加强家庭建设。家庭教育能力建设是家庭建设的重要内容，它是家庭在促进子女发展个体潜能和健康发展的能力。我国家庭教育发展中存在着家庭教育政府主管机构不明确、家庭教育投入不足、家庭教育人员专业性不足、家庭教育服务市场较为混乱等问题，阻碍了家庭教育的科学化、规范化发展。因此需要国家为家庭教育立法，构建家庭教育法律体系，推进家庭教育法治建设，促进政府对家庭教育管理的规范化，提升家庭教育能力。

一、家庭教育公共性：促进家庭教育能力提升立法规范的逻辑起点

在西方传统中，家庭通常被定位为一个私人领域。政府只有在包括家庭在内的其他途径都失效的情况下，才可以介入家庭领域。儿童被认为是父母的私人产品，父母对儿童的家庭教育，自然也排斥政府的干涉。随着社会的发展，父母的权利也经历了一个历史演变的过程，其由家长本位逐渐转向儿童本位。西方民主思想的发展，特别是《儿童权利公约》的颁布实施，使儿童观发生了根本性的变化，挑战了传统上对国家和家庭关系的认识。社会越来越认同儿童的社会身份，认为儿童是社会公民。儿童也不再被视为家庭的内部产品，而越来越被当作具有公共性质的准公共产品。安德鲁·切尔林借用经济学外部性和公共物品概念，对家庭生产有价值的公共物品——儿童进行了分析，认为家庭具有公共性的特点，因此良好的家庭怎样有效地照顾儿童对于社会具有重要意义，法律允许对家庭进行规制，尽管美国对介入家庭事务具有强烈的敏感性。家庭超出了原先“私”的边界，

---

①姜国平，浙江师范大学科学研究院副研究员，北京师范大学教育学部博士研究生。

因而家庭教育也不再是原先所认为的“私事”，而是关系到社会与国家发展的“公事”，是具有重要公共利益的社会事务。家庭教育具有公共性，因此其需要国家的支持、指导与服务。政府应该为家庭教育儿童、促进儿童健康成长提供全面的指导服务。

二、我国家庭教育能力不足：促进家庭教育能力提升立法规范的现实要求

我国家庭结构与家庭教育外部环境的变化对家庭教育能力建设提出了新的要求。当前家庭模式由单一化到多样化，联合家庭趋向减少，而核心家庭越来越多，家庭结构也由复杂走向简单，使家庭教育变得个性化、多样化、复杂化。城市流动造成留守儿童与随迁儿童人数增加，隔代教育也随之大量出现。不同的家庭结构中，家庭教育面临的问题有很大的不同，父母的教育方式也有很大的差异。处于新家庭结构的儿童面临严峻的学校教育挑战，也面临家庭教育问题。除了家庭本身的特征之外，家庭教育也面临外部环境的巨大挑战。信息社会，特别是网络的出现，消解了学校的“围墙”。家庭的封闭状态被逐渐打破，家庭与社会的联系愈来愈密切。个别家庭的力量可能不足以抗衡目前社会上的某些恶劣影响。家庭结构与家庭外部环境的影响导致我国家庭教育能力存在欠缺，家庭教育的缺位、错位、不到位现象较为普遍。由于家庭教育资源缺乏，家长对子女缺乏了解，家长缺乏亲职训练，教育子女的方法落后。大部分家长重智轻德，造成家庭教育失当，严重影响青少年儿童的健康成长。部分家长片面地认为孩子的教育只是学校的事情，把学校教育当作教育的唯一标准和模板，弃守家庭教育的独特属性和作用，造成学校教育负担及责任加重和家庭教育缺失。部分父母出于经济与生计的考虑，对子女的教育关注较少，尤其是部分农村父母对留守子女教育缺失，没有尽到父母应尽的教育责任。

三、促进家庭教育能力提升：家庭教育立法规范的目的

家庭教育立法应该围绕促进家庭教育能力提升进行，其最终目的还是为了促进儿童的健康成长，实现儿童发展权利。

（一）家庭教育立法规范在于促进家庭教育能力建设

父母教育权是基于血缘关系而享有的具有自然性质的权利，是一种私权。国家介入父母权利过深就会侵犯到个人的隐私权，因此家庭教育立法要对政府权力介入家庭的限度作出规范。政府并不是代替父母教育儿童，而是通过支持家庭，提供条件和帮助来保障父母能够更好地行使家庭教育权利，提升其教育能力，最终促进家庭教育发展，维护儿童的最大利益。通过立法对家庭教育予以规范，主要是促进与规范政府介入家庭教育的职责及行

为，为家庭教育提供支持和服务，规范和约束父母的家庭教育行为，提升家庭教育能力，促进家庭能力建设。

（二）家庭教育立法的最终目标是实现儿童发展权利

家庭教育立法的逻辑出发点和归宿是实现儿童权利，促进儿童发展。儿童权利的实现需要家庭、学校、社会和政府的保护。在家庭领域中，儿童权利涉及儿童自治、父母权利与政府权力之间的关系。而且儿童又分为不同的群体，针对留守儿童、流动儿童、残疾儿童的家庭教育，立法需要对不同主体、不同类型儿童的权利义务作出规范，促进儿童权利的实现。

四、促进家庭教育能力提升立法规范的重点法律关系

家庭教育立法应当重点调节家庭教育管理、家庭教育实施与家庭教育服务三大法律关系。

（一）家庭教育管理法律关系

政府是家庭服务的提供主体，目前我国的家庭教育服务提供存在着严重的不足。从政府投入来说，尽管大部分省（自治区、直辖市）有纳入地方财政预算的家庭教育工作经费，但预算总额不多。而且从总体上看，家庭教育经费中用于提倡工作经费的支出较多。在组织机构上，政府的相关机构职责不明晰。不少地方就家庭教育由谁牵头负责、由谁主抓等问题一直争论不休。职责的不明确，使家庭教育工作的开展出现阶段性、临时性情况，没有连续性与全面性保障。即使在个别地方有较好的家庭教育实践经验，也无法有效推广。在家庭教育工作人员方面，一般由其他工作人员兼职，专职人员极少。兼职家庭教育的工作人员由于身兼多项任务，无法有效专业地管理指导家庭教育工作。所以家庭教育立法应该明确政府责任主体及主管机构，确定家庭教育的主管机构、指导机构、帮扶机构、监督机构等；在政府责任的层级上，应该明确中央与地方、地方各级政府家庭教育的主管机构。通过立法确立各自的职责范围，并在物质、资金、人员等方面给予保障。

（二）家庭教育实施法律关系

通过家庭教育立法，明确家庭教育的内容，即养、护、育。养是保证青少年得到抚养，确保身体健康成长；护是切实承担起对青少年的保护作用，防止青少年受到侵害和腐蚀；育包括对青少年身心、伦理、道德、行为习惯的规范和教育。通过立法明确监护人在家庭教育中的责任和义务，促进父母依法行使家庭教育权。由于受孩子是父母私有财产等观念的影响，有部分家长对子女采取暴力的方式进行管教，超出了教育的目的，法律应该对这类行为进行规范。为家庭教育惩戒权的程度设定必要的范围，可采用列举的办法列

出。父母惩戒的方法也应在必要范围内，如逾越必要范围，要承担相应民事、刑事责任。此外，法律还需明确在什么情形下监护人必须接受强制学习以及学习后的考核标准，要求监护人主动学习掌握家庭教育的相关知识和方法、规律，不断提升家庭教育能力。

（三）家庭教育服务法律关系

家庭教育的需求催生了家庭教育培训市场，但由于市场发育不完全，并且缺乏有效的规范与监管，我国家庭教育市场还较为混乱，市场缺乏准入机制。现有家庭教育机构定位不清，家庭教育服务人员素质良莠不齐，家庭教育内容缺乏专业性、针对性、实效性。总之，家庭教育市场存在概念炒作、缺乏规范等众多问题，家庭教育服务整体水平不高，导致家长无所适从，从而使家庭教育陷入误区。因此应该通过立法，对家庭教育服务市场作出规范。

五、促进家庭教育能力提升的立法规范建构

促进家庭教育能力提升的立法规范，应该从家庭教育发展中的主要矛盾和关键问题入手，创新家庭教育发展的体制机制，完善家庭教育公共服务体系，确保公民享有家庭教育公共服务的权利，切实增加家庭教育能力。

（一）明确家庭教育的公共服务性质，保障公民享有家庭教育公共服务的权利。家庭教育的性质决定了家庭教育事业发展的方针与方向，决定家庭教育中的政府责任以及政府与社会、市场在家庭教育发展中的关系。家庭教育立法要明确家庭教育在教育体系中的基础地位，强调家庭教育的公益性，将家庭教育的指导服务纳入我国基本公共服务体系。

（二）明确规定我国家庭教育事业发展的方针与机制。政府是家庭教育服务的提供主体，但是这并不意味着由政府直接提供家庭教育服务。我国家庭教育服务的提供要坚持以政府为主导，明确并强化政府发展家庭教育事业、提供家庭教育公共服务的主导责任，同时政府广泛引导社会各方面力量共同参与提供家庭教育服务。政府要充分发挥引导和激励作用，充分发挥社会力量发展家庭教育服务，并以购买等方式增强家庭教育服务的提供能力。

（三）建立健全家庭教育管理体制与机构。明确在各级政府设立家庭教育的专门管理机构，规定管理机构的职责，并配备专职家庭教育管理干部。同时家庭教育会涉及发展改革、财政、建设、人事、编制、劳动保障、卫生、民政和公安等相关部门的职责，家庭教育立法应细化各相关部门的职责，以建立健全既分工负责又协同合作的增强家庭教育管理的机制。

（四）确立家庭教育发展的投入体制和保障机制。政府要加大财政投入，并将家庭教

育经费列入各级政府的财政预算中，在各级财政性教育预算中应单项列支家庭教育投入。同时设立家庭教育专项经费，开展专项家庭教育活动。同时，要积极研究相应的税收减免以及奖补政策，激励社会资本参与到提供家庭教育公共服务中去。

（五）加强家庭教育师资队伍建设。引导高校适应社会对家庭教育公共服务的需求，科学设置家庭教育专业，开设家庭教育专业课程，培养家庭教育专业人才。并在高校开设家庭教育通识类课程，增强学生家庭教育的素养。建立健全家庭教育指导师的入职标准与考核、职务晋升、待遇制度，提高家庭教育指导师业务素质，规范家庭教育指导师队伍。

（六）完善家庭教育指导服务实施体系。家长学校是我国当前开展家庭教育指导服务的主要机构，要利用中小学校、幼儿园和社区开设家长学校，发挥家长学校的家庭教育指导功能。同时政府应该积极利用广播电视、网络、图书馆、少儿中心等渠道和手段，加强对家长家庭教育观念和知识的指导与普及，提高家长的家庭教育水平。

（七）建立家庭教育的考核评估与问责制度。建立较为完善的家庭教育发展考核评价制度，将各级政府规划落实发展家庭教育的实施情况纳入各级政府、家庭教育行政主管部门及其领导的考核当中去。建立家庭教育的问责制度，对于各级政府违反法定职责，未有效落实发展家庭教育责任的，追究当地政府与具体领导人的责任。

（八）建立弱势群体家庭教育的扶助制度。政府应该设立专门的家庭教育经费，对经济较为落后地区、少数民族等欠发达地区的家庭提供专门的家庭教育指导与帮助。家庭教育立法要针对重大违纪违规少年儿童、留守儿童、犯罪家庭儿童、流浪儿童、辍学和经常逃学儿童、身体残障和心理问题儿童、经济贫困家庭儿童等所在家庭制定更加具有针对性的措施，帮助这些家庭提高针对特殊群体儿童的教育能力，增强家庭教育效果。

谈谈家庭教育中的“智慧的爱”

刘宏森[①]

爱孩子是动物普遍具有的天性，能够以“智慧的爱”爱孩子，却是人的特性。什么叫作“智慧的爱”？在我看来，“智慧的爱”不是天赋的本能，而是人类千百年探索实践的产物，“智慧的爱”没有标准答案。前人养育、教育孩子的实践告诉我们，鞭打快牛可以是“智慧的爱”；因势利导可以是“智慧的爱”；关键时候对孩子进行四两拨千斤的点拨可以是“智慧的爱”；“放鸭子”可以是“智慧的爱”；目不转睛，始终关注孩子成长的每一步也可以是“智慧的爱”……从根本上说，对孩子的爱算不算“智慧的爱”，要看这些方式是否适合孩子的特点，能否取得比较好的教育培养效果。只要对孩子的爱能够取得很好的效果，能够促进孩子健康成长，都是“智慧的爱”。

一、“智慧的爱”来自于了解孩子

每一个孩子都是独一无二的。每一种“智慧的爱”首先取决于父母对孩子的长处和短处、思想和感情、理想和困惑等了解的广度和深度。

1. 了解孩子成长的小群体环境

父母生养了孩子，并不意味着必然了解孩子。先天条件不同，成长环境不同，每一个孩子都必然有着自己与众不同的特点和个性。孩子是成长中的生命，时刻处在一个动态变化过程之中，一天天长大，越来越成为一个相对独立的个体，形成了自己的一个小宇宙、小世界。

值得特别注意的是，到了一定年龄以后，孩子在父母身边生活的时间会越来越少，而在同学、朋友等群体中活动的时间则越来越长。他们接受着父母长辈对他们的影响，但不可忽视的是，同学、朋友等群体对他们的影响，以及整个社会文化对他们的影响越来越

---

①刘宏森，上海《青年学报》主编。

大。孩子们通过相互交流、启发、碰撞、融合而形成的种种思想、情感、理念、价值，来自每一个孩子，却又被别的孩子们普遍认同、奉行。在种种思想、情感、理念、价值基础上形成的青少年文化，对孩子们常常有着远远超过家庭文化和学校文化的影响力。每一个孩子都必然会生长在一定的社会文化氛围中，经受着相应社会文化氛围的熏陶和感染，一定会在其言行中体现出不同于父母长辈的特点和个性。这就是人们所说的文化特征。每一代孩子都会具有其所处代际文化的特征。那么，孩子所处的伙伴群体的基本状况如何？有什么样的特点？这种群体赋予孩子怎样的文化特征？对这些问题，许多父母长辈其实知之甚少。

必要的娱乐和社交是孩子成长、完成社会化的必要过程，也是赋予孩子许多为父母长辈不了解、不理解的特性极其重要的途径。不让孩子娱乐和社交，必然影响孩子的社会化进程；不去深入了解孩子娱乐和社交的小群体环境，父母长辈必然难以理解孩子何以会越来越难管。不了解孩子，不理解孩子，何以探索形成适合孩子的“智慧的爱”？

2. 了解孩子的“世代”文化特征

青少年常常被称为“××后”。此种叫法不时受到质疑，但在社会生活中已经具有了某种约定俗成的意味。因为，随着科技的进步、经济社会的发展，社会文化风尚的转换日益加速。在不同时期出生的青少年的言行中往往体现出个性鲜明的文化特征，这些文化特征与父母所处的“世代”之间有着很大的差异。

在当今物质日渐丰富的中国社会中，当下的青少年，特别是所谓“90后”“95后”“00后”青少年，他们中的不少人生活条件十分优越。相对于前辈，他们生存的资源非常富足，生存的压力很小。同时，他们生长于电脑技术和互联网技术大发展的年代，习惯于坐在空调房间，动动手指，敲敲键盘，借助各种信息化手段，在互联网上搜寻各种信息和资源。他们必然会体现出不同于甚至迥异于父母长辈的群体认知、情感、理念和价值。现如今的很多青少年往往对“崇高”“理想”“英雄”等敬而远之，不再追求宏大的人生意义，而追求一种被称为“小而美”的社会交往、生活方式和人生价值。他们往往崇尚我“可以不成功，但绝对不能失败”。如果不了解这样的群体文化特征，不明白当下青少年群体文化代际差异越来越细碎、转化速度越来越快的现实，父母就难以真正了解自己的孩子。

3. 要补了解孩子的课

父母需要补课，增进对孩子心理、生理、文化特点的了解。然而，在现实生活中，不注重研究自己的孩子，不关注孩子所处同伴群体的文化现象和文化特征，则是很多父母的通病、一种普遍存在的现象。很少有家庭去订阅青少年研究的报刊，很少有人去倾听和研究青少年研究专家的见解与建议，很少有教师研究学生及其小群体的文化特征。青少年研究往往是很少一部分人局限在一个很小的圈子里面研究。大多数教师，特别是中小学教师和高校的辅导员，虽然直接和学生打交道，却很少有人亲身参与相关的研究。有多少教师和辅导员不是因为考核和晋升才参与青少年课题研究、撰写青少年研究的论文呢？

从研究角度讲，很多青少年研究的成果对青少年的现状和问题往往浮光掠影、盲人摸象，很不接地气。不接地气是指种种“研究”随心所欲选题、“数据当家”调研、自说自话对策，而对青少年群体中面临着的现实问题、现实状况缺少敏锐的发现和准确的把握。研究报告、研究文章连篇累牍，却难以真正把握青少年当中实际存在的具体问题，更难以把握问题背后的症结和深层次原因，最终难以向家长和教师提供可操作的行之有效的对策和建议。

二、“智慧的爱”意味着尊重孩子

尊重是一个含义非常丰富的概念。首先，尊重意味着重视别人、重视身外的人和事；其次，尊重意味着平等，不以自己的意见来取代别人的意见，不以自己的优势压制别人；其三，站在他人的角度，推己及人，维护别人的权利和自由。

1. 理论与实践的脱节

很多父母说，尊重孩子就是要用心倾听孩子的需求，以“同理心”对待孩子；孩子想做一些出格的事情的时候，不要急着阻止；孩子不情愿的时候不要强求，要想一想他为什么不愿意；让孩子自己挑选；不要用成人的标准去判断孩子的言行，给孩子的言行打上种种先入为主的标签……有些父母是这样说的，也是这样做的。这些说法就是其实践的总结。然而，不可否认的是，在很多情况下，不少父母长辈虽然理论上有认识，实践上却常常难以落实，知行不能统一。在现实生活中，不少父母长辈对孩子或者宠溺无度，爱得无以复加，孩子要什么给什么；或者越俎代庖，总以爱孩子、为孩子的名义，为孩子做主，包办一切，强求孩子做这样做那样，却很少给孩子自己选择和决定的权利。

很显然，这些问题背后的症结在于不少父母长辈对孩子的认识上存在着误区。要真正尊重孩子，作为父母长辈必须准确界定孩子：孩子虽然是父母生育的，却不是任由父母揉捏的面团，不是传宗接代的工具，而是具有特殊质素的独立个体和未来社会的成员。尊重孩子事实上具有法理意义。

只有这样认识和理解孩子，父母才能把孩子视为有自己的个性、好恶、价值标准、独立人生的人；才能以平等的态度对待孩子；才能清醒地看到，对于孩子，尤其是还很弱小、对很多事情还无能为力的孩子，父母长辈只是一个帮扶者、一个有限的辅助者，只是在养育和教育孩子的过程当中，父母长辈与孩子之间才有了有限的交集。

2. 鼓励孩子大胆尝试

在当今资讯前所未有地丰富和迅捷传播的时代，孩子们在家庭和学校以外，特别是通过伙伴群体所掌握的新信息，接触到的新事物，远远超过在家庭和学校所学到的。在此基础上，他们必然形成对世界和人生的很多新看法。很多看法往往超出父母长辈的知识、经验范围，使父母长辈常常产生接受上的困难，甚至障碍。

面对这样的现实，父母长辈应该逐步地放手。让孩子按照自己的特点、心愿去生长发育，去尝试探索，必要时给予支持、鼓励和帮助。这是当今父母长辈尊重孩子的重要表现，也是一种明智之举。

三、"智慧的爱"需要探索创新

"智慧的爱"还需要一代代父母长辈不断在探索中走出创新之路。

1. 以孩子喜闻乐见的方式激励孩子

笔者的女儿在小学阶段，写作文一直比较困难。直到初中，她的作文字数也很少有超过500字的，且内容空洞。我分析了她的情况，知道症结在于她的思维材料不丰富。因此，要帮助女儿提高作文水平，必须从丰富她的思维材料入手。

某年暑假，全家商议去西安旅游。我灵机一动：出游不正是接触新事物的大好机会吗？一圈兜下来，看到听到许许多多，女儿还愁没有内容写吗？我对女儿说：这次回来，爸爸编电视片的时候，要加上解说，你写解说词、配音吧。她面露难色：解说词怎么写啊？我告诉她，就是写一篇记叙文，比老师平时让你们写的记叙文长一点，可以按照行程，分出若干小节，每一个小节加上标题就可以了。旅游回来后，某一天，她写了近4小时，写好了《游中国著名古城——西安》。一统计字数：哇！3500字。她兴奋得大叫起来。我读了几遍，发现文章写得很顺畅，更可喜的是其中不乏精彩之处。比如，在黄河边玩水，她写成"我摸了黄河"，这种感受表达既生动又细腻；再比如把西安的肉夹馍比喻成中国的汉堡，等等，都包含着不少非常新鲜的气息。写到黄帝陵时，她还查阅了有关黄帝的资料，使文章显得更加厚重了。写作带动她了解西安，了解历史。后来，她还为片子配了音。我花了几个小时，剪辑好一部由女儿解说的电视片。这部片子名为《八百里秦川任驰骋》。女儿的解说在亲朋好友中引起了很大的反响，这给了她极大的鼓励。此后，她注意观察、积累、练习，写作水平提高很快。到高中阶段，她两次参加全国中学生作文比赛，皆取得了上海赛区"一等奖"的佳绩。

教育孩子的方法多种多样，但要注意尽可能采取孩子喜闻乐见的方法和形式。给电视片写解说词、配音都是孩子陌生，但非常想尝试的事情。为了写好解说词，孩子一定会更加积极地观察世界，积累素材，用心构思，炼词造句。采用孩子喜闻乐见的形式和方法，不仅会调动孩子学习的积极性，而且使孩子在发挥自己的长处的过程中增强了自信心。当然，这就需要父母师长不仅要准确把握孩子的长处和短处，而且要尽可能熟悉种种新事物。

2. 鼓励孩子在参与中经受锻炼，感受成功

前述让女儿撰写解说词、配音，只是鼓励孩子参与的一个实例。此外，笔者家庭几年前和朋友家庭一起举办“亲子颂诗会”，也是我们共同探索“智慧的爱”的一次尝试。我们家有女儿1名，朋友家有2子1女，加起来有4个孩子。经协商，我专门做了方案，确定4个孩子每人朗诵1首古典诗歌、1首现代诗歌，以及自己创作的1首诗歌。每首诗歌均须配上孩子自选的音乐。4位家长友情参与主要分为两个环节：先由每对夫妻共同朗诵1首古典诗歌，再由4位家长共同朗诵1首原创诗歌。每首诗歌同样要配上音乐。评委则由家长和孩子分别组成。家长和孩子各组成1个评审团，互评朗诵表现和效果。在双方孩子和父母的共同努力下，“亲子颂诗会”搞得非常成功。事实证明，这样的活动给了孩子们参与的机会和舞台。在这个舞台上，孩子们不仅学会了做事，展示了自己的才艺，也感受到了父母“智慧的爱”。

智能用术，慧能悟道

——做青羊智慧家长，筑孩子幸福人生

刘立频[①]

每日求知为智，心灵丰满为慧。为人父母者，从事着天底下最伟大最持久的育人事业，需与时俱进、更新知识、提升能力，更需积极乐观、精神丰富、灵魂充盈。

家庭是社会的基本细胞，父母是孩子的镜子，孩子是父母的影子。做智慧家长，智教慧养，才能成就孩子幸福的人生。成都市青羊区在全域统筹开展家庭教育工作的顶层设计上，把培养“智慧家长”作为工作的核心目标，旨在通过标准制定、课程建设、课堂培训、评价推动、全域推进等方式让青羊的自然家长成长为合格家长、优秀家长，最后成为智慧家长，实现“父母成长，孩子成才，家庭幸福，社会和谐”的美好愿景。

一、从模糊经验到明晰标准：率先提炼青羊智慧家长核心素养

当前，我们的教育经常会遭遇“5+2=0”的难题：学校5天加上2天的周末时间，导致教育效果清零。原因在于很多家长不科学的家庭教育理念和不智慧的家庭教育方法，这些都严重地影响着孩子的成长。

（一）家长缺乏教育智慧的表现

2016年3月，我们在全区近3万名家长中进行了《家庭教育中家长行为表现》问卷调查（调查结果见表1），抽取其中10道题作为样本进行分析（分析结果见表2），探究家长在家庭教育中不智慧的表现。

①刘立频，时任成都市青羊区家庭教育协调领导小组副组长、办公室主任，青羊区教育局党组成员、机关党委书记。

表1 各中小学、幼儿园样本量及抽样分布表

学段	学校总数	调查对象	样本总人数
幼儿园	14	中班、大班学生家长	2523
小学	31	四、五年级学生家长	13395
单列初中	9	初一和初二年级学生家长	7820
单列高中	1	高一和高二年级学生家长	707
完全中学	3	初二和高二年级学生家长	1616
职业中学	1	高一和高二年级学生家长	769
合 计	59		26830

表2 样本题目选择情况统计

题目	选择情况
孩子生活起居的主要照顾者	父母(34%) 外公外婆或爷爷奶奶(57%) 其他(9%)
您每天陪伴孩子的时间	3小时及以上(16%) 1小时到3小时(58%) 1小时以下(26%)
您陪伴孩子时主要做什么	看书或和孩子沟通交流(18%) 玩手机(60%) 监督孩子学习(22%)
您和孩子沟通时的主要内容	品德教育(47%) 学习成绩(38%) 其他(15%)
您对孩子在学校的情况是否了解	非常了解(48%) 一般(44%) 不了解(8%)
您是否能及时观察孩子情绪变化	能(44%) 一般(43%) 不能(13%)
您是否注重培养孩子的劳动意识、责任精神	非常注重(21%) 比较注重(53%) 不注重(26%)
您怎样安排孩子的零花钱	定量给予并注重培养理财意识和节约习惯(37%) 孩子让给多少就多少(34%) 其他(29%)
每学期您与学校、老师沟通的次数	3次及以上(31%) 1~2次(57%) 没有沟通(12%)
在教育孩子方面，您最大的烦恼是	没有科学的方法(57%) 没有时间(24%) 其他(19%)

当前不智慧家长表现可以归纳为以下三点：

一是责任缺位。一些家长既不懂得家庭对孩子进行道德人格教育、兴趣能力培养、行为习惯养成等方面的定基作用，也不理解家庭教育对于学校教育有了解、支持、配合的责任。在孩子的教育问题上，他们忘记了率先示范的责任与付出，不懂得家校沟通形成教育的合力，导致教育过程中事倍功半或事与愿违。还有一部分家长认为自己的责任就是赚钱养家，把孩子交给他们父母或者保姆，和孩子的沟通缺失，亲子关系紧张。

二是认识不足。在当前的家庭教育中，部分家长存在严重的急功近利倾向和短视行为，他们把孩子的考试成绩和学业排名作为关注的焦点，忽视孩子健全人格的培养和潜力的积累。结果导致孩子缺乏对生活的体验，四体不勤、五谷不分，生活自理能力、抗挫折能力和社会责任感严重缺失，成为家庭教育的一大败笔。

三是方法不当。当前社会，对孩子成长完全不管、放任自流的家长不多，但是一部分家长对孩子过度关心、过度照顾，无原则迁就，导致不少孩子任性自私、缺乏规则意识。还有一部分家长不懂得家庭教育的知识和方法，完全凭感觉和经验教育孩子，情绪焦虑烦躁，方法简单粗暴，没有形成和谐平等的家庭氛围，没有养成陪伴孩子共同成长的意识，这样的家庭教育，无疑也是不可取的。

家庭教育中存在的这些问题引起了青羊区委、区政府的高度重视。从2016年开始，青羊区委、区政府就把家庭教育这一事关老百姓核心利益和切身利益的工作作为民生项目强力推进。

（二）提炼青羊智慧家长的核心素养

2016年11月，全国妇联联合九部委发布了《关于指导推进家庭教育的五年规划（2016—2020年）》（以下简称《规划》）。《规划》要求，要“帮助家长全面学习家庭教育知识，系统掌握家庭教育科学理念和方法，时时处处用正确行动、正确思想、正确方法教育引导孩子”。

然而，什么是正确行动、正确思想、正确方法？青羊区实施家庭教育的核心是让家长成长为智慧家长，智慧家长的标准是什么？带着这些问题，青羊区各级在反复思考后，提炼出家长“三元核心素养”，包括三个层面内容，每个层面4个关键词。分别为：方法层面（有原则、会宽容、懂激励、能放手）、行为层面（敢担当、讲文明、行民主、严律己）、爱好层面（会学习、乐创新、喜阅读、爱运动）。“三元核心素养”明确了家长在这三个层面应达到的具体要求。

“三元核心素养”的提出为青羊智慧家长的成长制定了标准，提供了依据，指明了方向。

二、从育子之术到修身之道：定制青羊智慧家长修炼课程

“问渠哪得清如许，为有源头活水来。”在核心素养标准的引领下，青羊区构建起“七段三块”家庭教育特色课程体系，形成覆盖准父母段、早教段、学前段、小学段、初中段、高中段和职高段共7个学段的课程链，以及修身齐家、育子树人、家校（园）共育3个篇章的课程模块，构建起科学化、序列化、模块化的家庭教育课程体系。现已推出125个家庭教育主题的521个课程菜单供学校和家长选用。

（一）智慧家长修炼第一级：掌握方法，巧计育子

“妈妈，假如从二楼跳下去，会是什么结果？”一年前，赖妈妈年仅8岁的儿子对她说的这句话，让她不寒而栗、寝食难安。“真是孩子出了问题吗？能不能从家长身上找原因？”在老师的提醒下，赖妈妈和丈夫每周定期到青羊区家庭教育基地免费学习系统的家庭教育知识。这对夫妇渐渐地意识到，由于他们不懂得和孩子平等沟通的方法，一味替孩子做主，让孩子变成了“空心孩子”：不愿意和他们交心，乖巧变成了敷衍，敷衍变成了抵触，抵触变成了行为“对抗”。“通过科学的学习，我们找到了与孩子沟通和交流的方法，那就是大人要蹲下来，尊重孩子，平等对待孩子，多听孩子说，多让孩子做。”赖妈妈说，“现在，我们和孩子的交流顺畅了，亲子关系也越来越融洽了，孩子的成绩也得到大幅度的提升”。

青羊家庭教育课程体系主菜单中关于家庭教育方法的主题共36个，包含“沟通的技巧”“亲子活动的艺术”“正面管教的方式”“做一个能听会说的家长”“6A家庭教育模式”“抗挫折教育助力孩子成长”“如何陪伴孩子顺利度过青春期”等。通过这些课程，引领家长树立正确的育子理念，不断提升自己的育子水平，更好地陪伴孩子成长。

（二）智慧家长修炼第二级：家校（园）携手，合力育子

早在20世纪中叶，苏联教育家苏霍姆林斯基就提出了一个著名的观点：“最完备的教育就是学校—家庭教育。”他认为：“儿童只有在这样的条件下才能实现和谐的全面发展，就是两个教育者，即学校和家庭，不仅要有一致行动，向儿童提出同样的要求，而且要志同道合，抱着一致的信念。”家庭教育是学校教育和社会教育的基础，学校教育是家庭教育的助推器，家庭与学校“合伙”办教育，形成一股强大的教育力量，才能切实为青少年成长发展奠定坚实基础，从根本上解决“5+2=0”的教育诟病和难题。

青羊家庭教育课程体系主菜单关于家校（园）合作的主题共25个，包括“家园携手　童年留书香”“家校（园）沟通的方法和技巧”“家校沟通不让教育留遗憾”“家校融合实现小初完美衔接”“学校家委会的地位与作用”等，教会家长如何积极主动与学校、教师取得联系，紧密配合学校、教师工作，共同做好孩子成长路上的领路人。

（三）智慧家长修炼第三级：提升素养，示范育子

教育家陶行知曾经说过："我希望我的儿子做一个什么样的儿子，我自己得先做成那样一个儿子。"家长作为孩子的第一任老师，要为子师表。有人说，父母的素质——知识、学问、品德、修养、才能，就像火山底下的岩浆，积累得越厚实、越丰满，孩子成才的爆发力就越强烈。

因此，在青羊家庭教育课程体系中，家长的修身齐家篇主题最多、内容最丰富，包含了64个主题，涵盖了家长思想道德品质、文化知识水平、艺术修养等各个方面的内容。我们认为，育子树人的技巧、家校（园）合作的方法对家长来说都是"术"的层面，是可以学而用之，但真正的智慧家长是能悟"道"——家长能不断提高自身的修养，立德、博识、广才、雅趣，才能真正对孩子起到润物无声的模范榜样作用，真正实现家庭教育"不教而教"的目标。

在家长素养修炼课程中，各校（园）也根据学校家长的情况，开设了具有本校特色的课程体系。比如实验小学实行"双生报到"课程，孩子一入学，家长也一并进入家长学校；毗邻诗圣故居的草堂小学以"诗意教育"为办学方向，开展"追寻家风，重塑家训"的智慧家长成长课程；实验小学西区针对学校家长水平参差不齐的特点，开设家长入学课程，把家长课堂延伸到社区五六岁孩子的家庭，让家长和孩子一起做好入学准备；毗邻西南财大的光华小学开发了培养父母财经素养课程；地处三环边的文翁实验中学开发了"家长成长五个一工程"等。目前，全区52所中小学、幼儿园已形成"一校一品，一校一景"的家长修炼特色课程体系。

（四）智慧父母修炼最高级：积极心理，泽润育子

拥有积极心理的人，才乐于学习方法、善于提升修养。因而，智慧父母修炼的最高级就是为人父母者必须拥有积极的心理状态，对孩子及周围的人、事、物保持积极态度、积极应对和积极改变，从而对孩子产生言传身教、潜移默化的积极影响，全方位提升孩子的心理能力，充分挖掘孩子身上的优势和美德，成就孩子的幸福人生。

依托清华大学的积极心理学项目，青羊区作为西南地区第一个"吃螃蟹"的先行者，将积极教育的福流全面引入教育的清流，整体提升学生、教师和家长的幸福感。目前，青羊区已形成具有青羊特色的"ABC"积极教育新模式，A是"All"——全面推进，B是"Basic"——基础支撑，C是"Creative"——创新提质。全面推进，体现在三全：全域统筹、全员覆盖、全程融入，让积极教育统一全局，惠及人人，精准供给。基础支撑指构建了"123"积极教育人才工程，即"一中心两试点三队伍"：依托青羊区心理健康教育中心，设立中学和小学两所积极教育试点校，聚力构建积极教育三大团队，包括积极教育专业人才团队、积极教育研发指导团队、积极教育引领团队，人才工程的实施为积极教育提

供了强有力的专业支撑。创新提质指的是创新学科渗透，使积极教育融入学科教学的每一个环节；创新德育浸润，在丰富多样的德育活动中浸润积极教育；创新融合发展，构建“学校、家庭、社会”积极教育协作体。尤其值得一提的是，青羊区针对区域内部分家长教育意识和教育责任缺失、家庭教育心态和状态消极的现象，将积极教育深度融通家庭教育，研发了家长积极教育课程（见表3），取得了显著的成效，青羊家长正以积极的自我心态润泽孩子的成长。

表3　家长积极教育课程纲要

主要内容	主题	活动目标
积极自我	什么是自我	1.了解自我的定义和分类 2.了解自我的作用
	自我认识	1.学会多角度认识自我
	发现能力优势	1.了解多元智能 2.发挥自己和孩子的优势能力
	发现品格优势	1.了解24种品格优势 2.发现自己和孩子身上的品格优势
	发挥优势	1.学习发挥自己和孩子的优势 2.将自己和孩子的优势运用到实际生活中
	管理弱点	1.学习发挥孩子优势方法——欣赏式探寻4D法
积极情绪	情绪播报站	1.了解不同情绪 2.能及时觉察自己和孩子的情绪
	情绪ABC	1.了解合理情绪理论 2.在生活中能运用ABC理论调整自己和孩子的消极情绪
积极投入	福流探索之旅	1.了解福流产生的脑机制 2.了解福流产生的条件 3.指导孩子体验生活的福流状态并能自我创造相关体验
	对孩子进行考前心理辅导	1.体验幸福冥想——帮助孩子释放考前压力 2.帮助孩子积极迎接挑战

通过对课程系统的学习，家长们不断改变自己的心态，也在潜移默化中改变着孩子的状态。“我以前总觉得孩子一无是处，学习成绩不理想，学习习惯差，还不听我们的话。所以我们父子俩见面说不了三句话就会吵起来。我对他极度失望，有时真的想放弃不管算了。”来自树德实验中学的王爸爸深有感触地说，“自从系统学习了积极心理学知识后，我调整了自己的心态，学会多角度去观察孩子，比如我发现孩子虽然学习成绩不理想，但篮

球打得很好；不怎么听我们的话，但是对班级事情很关心，和同学相处得很好；学习习惯不太好，但自理能力比较强。而且，我发现儿子很善良、有正义感，上星期还在班级及时制止了两个同学的冲突，被老师表扬了呢。我有时很疑惑，为什么以前就没发现他有这些优点呢？”王爸爸的话道出了青羊区很多学习过积极心理学后不断改变的家长的心声，从对孩子单一的学习要求到对孩子优势智能的培养，从对孩子苛刻挑剔的眼光到宽容理解的心态，从对孩子消极的惩罚批评手段到积极的鼓励赞赏方式，青羊家长在积极心理学的引导下，营造积极和谐的家庭氛围，科学地帮助孩子扬长补短，促进孩子差异化、个性化发展。

四级修炼方式“肩并肩”，和学校精准供给“手牵手”，极大地提升了青羊家长核心素养，使青羊的家长既能掌握育子方法之术，更能悟出修身示范之道，在润物无声中成为孩子成长的楷模。

三、从三级课堂到多维评价：为青羊智慧家长提供落地的服务

为确保智慧课程的落地，青羊区加强对家长培训的规范和引导，以“三级课堂”培训提升体系为载体，为家长提供了方便、灵活、丰富的学习路径，让优质教育资源广泛共享，不断提升家长的教育水平。

（一）打造固定、流动和指尖相结合的“三级课堂”

青羊区在区级层面设立固定课堂，每周六、周日为全区家长免费提供专题讲座；学校层面设立流动课堂，家庭教育中心送课到校，由学校安排为家长提供专题讲座；家长层面开发指尖课堂，打造专业家庭教育应用程序网络平台，满足家长多元化、个性化的需求。

（二）将家庭教育工作纳入学校绩效考核评估体系

为了鼓励学校在家庭教育工作中出新招、创亮点，为家长提供精准、有效的服务，青羊区将家庭教育工作纳入学校绩效考核评估体系。

评估体系分为两个方面，一是审视学校教育中家庭教育工作的开展情况。考核指标分为两种，基础指标占60%，包含培训次数、培训人数和课程开发等指标；特色指标占40%，鼓励学校因地制宜开发自身特色项目。二是透过家庭教育审视学校教育的质量情况。以问卷测评的形式，通过家长的眼睛去观察孩子在家庭生活、社会生活中的行为习惯、学习能力、合作意识等核心素养的表现、变化，对学校进行客观地评估，以评估结果考量学校的办学质量，以家庭教育评价撬动学校教育质量提升，改变以学业质量高低作为评价学校优劣的唯一途径。两种评价方式相辅相成、融会贯通，共同助力智慧家长课程的贯彻实施。

四、从各自为政走向整合推动：全域推进奠基青羊智慧家长终身制

以《教育部关于加强家庭教育工作的指导意见》为纲领，区委、区政府把家庭教育纳入社会公共服务体系。作为民生重点工程，分管领导亲自担任青羊区家庭教育协调领导小组组长，成员由文明办、妇联、教育局、民政局、卫计局、团区委、关工委等区级七大部门组成。以区委、区政府名义出台《成都市青羊区关于加强家庭教育工作的实施方案》，投入固定资产近亿元，打造了4800平方米的青羊区家庭教育基地，成立家庭教育指导中心，配备6名专职工作人员，落实人均每年10元的社区教育经费保障，促进家庭教育工作从各自为政走向整合推动，奠基青羊智慧家长发展终身制。

在政府统筹下，成都市青羊区组建了家庭教育专家团队、家庭教育讲师团、家庭教育志愿者、家庭教育科研团队四支队伍。现已有家庭教育讲师50余人、家庭教育志愿者近400人，形成了52个家庭教育研发指导团队，每个学校至少拥有2名家庭教育专业指导师。

走进成都市青羊区家庭教育基地，五层楼的十几个教室构成了孵化空间、互动空间、成长空间、学习空间、亲子实践空间等各具特色的五大空间及青羊图书馆家庭教育分馆。每个周末基地都会组织家长和孩子参加亲子采摘活动、亲子茶艺活动、亲子烘焙活动，在丰富的活动中学习知识，增进了解，沟通情感。

成都市青羊区全域统筹推进家庭教育，愿景是创设全员、全面、全程育人的良好环境，目标是让家长成为“智能用术、慧能悟道”的青羊智慧家长，让教育改善家庭，让家庭助力教育，共同构筑“家—校—社”三位一体的有温度的教育共生体，为孩子的幸福成长奠定坚实的基础。如今，“做青羊智慧父母，筑孩子幸福人生”的青羊家庭教育民生工程，正在青羊这片教育沃土上生根发芽、开花结果。

“80后”父母的智慧爱

束　屹[①]

父母的爱是教育中不可或缺的养分，也是北京明远教育书院实验小学关爱教育办学理念下“爱”的拼图之一。顾明远先生“没有爱就没有教育”的观点置于其四句经典教育格言之首，足以见得，“爱”是一切教育行为的基础。然而，意欲培养健康、灵动，具有关爱品质和发展素养的时代精彩少年，就要让学生在感受爱中懂得爱、学会爱。拥有完整的爱的体验，不应仅仅来自于师爱，还应来自于家庭之爱、社会之爱、自我之爱等多方面产生的化学反应中。而父母之爱就是其中的催化剂。

在我小学的经历中所依稀感受到的关爱，现在看来其实是碎片式的。师爱与家爱并无关联，各自为爱。那时，经常听到的一句话便是有些父母对老师说“您随便管，不听话您可以随便打”。而反过来便是老师的口头禅“把你爸叫来，你要再如何就在家待着，别来了”之类的话。那种爱是推卸式的，也是将孩子的成长寄托出去的不负责；那种爱，看似严厉，其实是不讲道理的，是功利的，是有些专制且不易被理解和感受的爱；那种爱更是将学生这一教育主体孤立起来，将其置于局外的所谓的爱，它缺乏智慧和人文价值。同时，爱的理念、方式，乃至效果也都恰似那个时代的社会气息，简单、直白、青涩。

时光流转，随着“80后”独生子女由当初被普遍诟病的一批孩子逐渐成为当前小学家长群体的主力军，随着“90后”一代逐渐由当初被视为比“80后”还要不堪的一批孩子逐渐成为小学教师群体的新生力量，作为校长，我曾经面对过一位“90后”教师在面对一点点困难时，其父母、祖辈一同到学校试图与我交谈，而我告诉他们，这个老师已经是一名成年人了，我只面对她；我也曾面对过因为晚间住校过于孤单，想念父母而半途而废的年轻教师；我甚至接触过用开水浇花的老师。然而，随着“80后”“90后”这些“孩子”们的孩子已然成为小学生时，我们不禁要问，“80后”的家长会爱吗？“90后”的教师会爱吗？“00后”的孩子们会爱吗？此时此刻，我是“80后”，既是一位父亲又是一所小学

---

①束屹，北京明远教育书院实验小学教师。

的管理者。对我来说，每天面对着成百上千与我年龄相仿的父母时，已经深刻地感受到与以往传统教育观念、规律、意识、行为、方法等诸多差异和变化。时代的更迭也催促着“爱”的转念。我深刻地意识到，“80后”的父母要将爱以智慧为伴侣，才可沏成一杯温暖的爱的奶茶，才能与学校之师爱搭配成为孩子们成长的营养早餐。而明远实验的关爱教育品牌之核心也在于此。

一、智慧之爱的前提是留有空间、留有边界的家校合作

（一）智慧地爱孩子是一项专业

我所在的学校是北京明远教育书院实验小学，其办学理念核心价值观为“明德新民，至善致远”，践行名誉校长顾明远先生“以人为本，以爱为根，以发展为目标”的教育理念。主张以爱养爱，以爱唤爱，以爱育人；主张善待他人，善待万物。学校不仅主张和教育广大教师领悟师爱的真谛，同时力求指导和帮助他们身后的家长学会智慧地爱。正如苏联著名教育家克鲁普斯卡娅所说的“对双亲来说，家庭教育首先是自我教育”。智慧地去爱也是自我教育的一门专业课。这一点，家长是需要学习的。所以，我们通过培训、论坛、沙龙、共育体验和走进家庭等智慧之爱的课程，将方法送进学生背后的每一对父母心中。

（二）智慧的爱让聚力不再成为双边负担，让家校成为理念统一的共同体

手表定律描述了如下现象：一名游客穿越森林，把手表落在岩石上，被猴王捡到了。后来，猴王又拥有了一块手表，却也带来了麻烦：两块表的时间不一样，猴群的作息时间也因此变得混乱。最终，猴子们造反，把猴王推下了宝座。有一只手表可以知道准确的时间，更多的手表却让人失去判断力。战国时期思想家韩非子说过：“夫妻持政，子无适从。”家校教育若意见不统一，心智尚不成熟的孩子就不知所措，无所适从，身心都陷于矛盾纠结中。一面是感恩教育中对于尊重老师的片段，另一面又窥听到家长对老师的质疑，到底该听谁、爱谁？孩子将十分矛盾。所以，智慧的爱是家校育人共同体理念统一的产物。

（三）智慧的爱是有安全距离的有限介入

在西方，关于家校合作的说法比较常见，比如“家长参与”“家长参与决策”“教育介入”等，其中“家长参与学校教育”最为常见。然而在我国，家长参与学校教育的程度和层次（监督者、支持者、决策者），家庭教育与学校教育的兼容度，学校教育的开放、边界等问题都值得深思。在我国，家校合作模式繁多，然而真正可以产生累加效果的并不多见。家长的合作有的变成过度介入、自恃专业，有的变成指手画脚、方法绑架，有时反而

对教育产生负面效果。很多家长认为，家校的桥梁是给了自己更近距离、全天候爱孩子的机会，这种爱令人窒息。所以，智慧的爱的前提是有安全距离的，礼貌的，不带有侵略性的。智慧的爱建立在家校互信，互不干扰，留有空间的基础上。随着学校教师队伍的年轻化，大量“80后”甚至“90后”教师开始从事教师职业，而家长传统观念里追逐老教师的意识依然牢固，“90后”教师面对挑剔的“80后”家长，有时显得信心不足，而家长也经常会见人下菜，对年轻老师以显微镜式的观察，甚至孩子的一举一动的偏差都会质疑老师的经验问题。为此，学校特意建立了青年班主任与青年家长的“青年家校互动联盟”，加速相互了解，加速教育理解，将对教师学历、专业、能力、经验的质疑化解于初始阶段。同时，开启青年家长论坛，让家长明白，自己的朋友圈、心灵鸡汤、人云亦云的教育其实并非专业，使其相信学校，相信教师，相信专业的人做的专业的事。目前，当学校的课堂开放，社团开放，甚至是足球队训练、比赛开放时，当我们的老师、教练合理地指导学生时，都可以看到受邀家长安静地守望老师和孩子们互动的和谐场面。同时，学校定期宣传智慧家长的微信交流记录，与孩子对话成长的记录以及智慧故事。学校为彩虹桥家长委员会制订了详尽的章程，附之具体化的贴士，如当着孩子的面十点问题不议论，又如参与学校发展委员会的家长代表的议事范围等。唯有如此，才能让家长的爱成为美丽的湖泊，生长于青山之间，而不是洪水泥石流般的泛滥，将爱演变成敌意，淹没一切。也唯有如此，才能给家长的爱也赋予智慧的颜色。

二、智慧的爱是三角形结构的，而不是两条平行线

（一）智慧的爱不是孩子无法承受之重

从教15年的经历以及作为父亲9年的经历使我深刻地意识到爱应该是三边的，是所有图形中结构最为稳定的三角形。以往我们总习惯于将爱的主导权一分为二，呈天平模式。也就是在天平的两端，一边是老师的爱，一边是父母的爱，究竟哪种爱更重？当寻找不到一个平衡点时，双方便不断加码，不但永远难寻平衡，还压得孩子喘不过气。有这样一个事例：一个五年级的孩子忘带作业了，老师通过方法让孩子明白了做事应当严谨的道理之后，便原谅了孩子。然而，同一时刻在学校的大门外，“80后”的爸爸焦急地送来了作业，生怕孩子挨批评，与严格执行门卫制度的保安发生了语言冲突，最终进入学校后，因保安延误其进校气急败坏地对主任及老师出言不逊。当孩子来到教导处门前，看到自己的爸爸无理取闹的时候，泪水夺眶而出，感到毫无颜面。我深深地记得这个孩子说：“爸，这是学校，您别闹了！”我想，这样的爱是孩子最不愿意看到的，也是会在其内心刻下阴影的“伪”爱，这种爱是自私的。为避免这类事件发生，学校为广大家长设计了孩子们喜

欢的家长形象名片，让孩子们画一画自己的父母，同时为家长设计了家长行为礼仪形象标准。把家长作为学校教师中的一员，规范言行，倡导理念，指出方法，让家长的爱不再是低端的、暴躁的。

（二）智慧的爱的最高境界是让孩子学会爱，而非学会挑剔和憎恨

爱不是为了让一个人变得满眼不公，也不是为了让一个人总是抱怨。“关爱、发展、让生命精彩”作为明远实验的校训，时刻鼓舞着我们将智慧的爱的理念传递下去。“明德”的根本是让孩子具有关爱品质，因为关爱是一切德行的总领、核心，像对待自己一样对待周围的一切，包括自然、他人、社会。这是内心道德良知和道德智慧充分发展的形态。在明远实验管理过程中，三角形的爱的结构从不曾缺少一边。在核心素养广为流传的今天，我们更看重孩子们价值观的树立和人格的塑造。当我们看到很多家长回到家中，当着孩子的面批评老师的时候，并且养成孩子回家打老师“小报告”的毛病时；当我们看到一些孩子也变得自私、冷漠、跋扈、无礼时；当我们意识到新一代橡皮人、冷血人、鲁迅先生《记念刘和珍君》文中那些麻木的人有再次出现的危机时；当我们发现如今有的学生不懂感恩，突破底线，公然无视师道尊严时；当我们看到因为对运动会奖品价值的不屑而将奖品退回给老师时；当我们看到一些学生因为自己的班长职位被轮换，回家大哭大闹，最终家长前往学校指责老师时，我们的耳边仿佛又聆听到了顾老先生对于培养怎样的人，和对于寻找教育的情感源泉的呼吁。我们需要呼唤智慧的爱，智慧的爱才能让孩子学会爱而不只是学会索取爱，父母要告诉孩子什么是质疑精神，什么是尊重；还要告诉孩子什么是个性，什么是礼貌；学校更要告诉家长，家庭教育首先应告诉孩子感恩、合作、奉献、尊重、理解，而不是一味帮助孩子寻找借口，一味护犊，一味溺爱。那天，当我看到明远足球队的孩子们在训练后向教练鞠躬并一一和观训家长击掌的时候，心中尤为欢喜，情感与情商之于一个人的价值远远大于技术。

众所周知，“80后”的父母出生于改革开放之后，沐浴教育改革初期的春风。从小便生长在蜜罐之中，对待下一代更是呵护有加，但是历练意识不足。智慧的爱应让孩子学会适当面对挫折，面对委屈。为此，明远实验联手家长，成立了学生意志磨炼共同体，回归教育理性，传承传统教育的精髓部分，努力打开家长爱的格局和胸怀，让玻璃心、橡皮人、小祖宗、公主病变成敢爱敢恨、有血有肉、有丰富情感的精彩生命。三角形的爱的结构，最不能缺失学生本身爱的造血功能。

（三）智慧的爱，有时是一种退出，一种放手

黎巴嫩诗人纪伯伦说：“母爱是一场伟大的退出。”现在的孩子其实并不缺少爱，而是缺少智慧的爱。现在的家庭之爱甜得过分，甜得夸张，甜得腻人。自立、自主、选择、担当在如今的学生身上退化。我初步统计了一下，三年级还不会系鞋带的孩子居然占到六

成，到了四年级还和父母一起睡的占到三成，家长代写作业、喂饭的还大有人在。这都是乱爱的苦果，这样的乱爱是糊涂的爱。如今，这一代小学生看似有开阔的眼界，多渠道的信息获得却未换来真正的核心素养，不懂道理的孩子越来越多。父母、隔辈人过分裹挟的爱，培养了一批又一批高知低能儿。有人说中国马上要进入老龄化的同时，还要进入巨婴时代。这类人上通天文、下知地理，然而却有可能不分左右、不辨是非。有一次，当我问到一个四年级的孩子“你周末最想做什么”，得到的回答是“我想试着自己洗一次澡”，这样的回答让我心头一颤。家长们以爱之名，压抑的是孩子冲破暖箱的渴望。我们的学校再一次召开家长会的时候，主张为不必要的爱做减法，鼓励家长利用周末，让自己的孩子在安全的前提下，做一次从未单独做过的事，然后以微故事的形式发送给学校。我们收集到的故事五花八门。作为父亲的我也同样做了尝试，那一次，我带女儿去朝阳公园，让她第一次自己玩了过山车这个项目。法国教育家卢梭说：“你知道运用什么方法，一定可以使你的孩子成为不幸的人吗？这个方法就是对他百依百顺。”我深知，就像我们投掷标枪一样，逆风反而比顺风投掷得更远，智慧地放手，也许将孩子暂时置于逆风之列，但考虑到未来的路终归不会一帆风顺，不会永远陪伴在侧，适当放手才是恰到好处的爱。

爱在细节是北京明远教育书院实验小学的校风，关注细节的爱不泛泛，不矫情，不糊涂。近年来，因工作之便，我收集了许多来自于普通家庭的教育故事，也收集了不少教师与家长对话的片段，每一个故事背后，都可以看出家长们的变化和成长，这成长也是因爱而生的。其中有一句话让我颇为感慨，那就是“每天早晨，把孩子送到学校，我可以踏踏实实地开始一天的工作”。踏实地工作，很简单的要求，很单纯的信任，很普通的幸福。踏实地去工作，是一份责任，一种放手，一个期待。家长和教师非夫妻，非亲故，却要如一家人一样共同去爱着一个孩子，这样的天然组合是教育本身赋予的，也是天下最无私和美好的事情。我在拜读顾明远先生的著作《中国的教育路在何方》时，被老先生对于中国教育当今所面临的发展机遇的判断和对中国教育曾经错失的发展机会的扼腕所感动。我想，中国的未来在于教育，在于如今与我们朝夕相处的这些“00后”们。中国的教育就是我们每个人的教育行为的自修和自省的结果。如果说教育的本质在于关爱的话，那么智慧地去爱每一个孩子必将是当下和未来这些年轻的教师、年轻的家长们的必修课程。

量子力学的哲学观对家庭教育工作的启发

王占郡[①]

一、总述

新时代，父母需要更广阔的视野。

哲学是研究基本和普遍问题的思维工具。父母升级和更新哲学观，对于解决家庭教育问题，将起到拨云见雾的作用。

从20世纪初开始，随着物理学的进一步发展，科学家们发现了传统物质实在论和牛顿经典力学与物质世界，尤其是微观世界物理现象的矛盾。人们逐渐开始怀疑经典理论，并通过逐步探索建立了一套颠覆了原有理论观点的新的物理学体系——量子力学，而量子力学的理论同时也推动了人类哲学理论的升级换代。但是100年后的今天，人们对于量子力学及其带来的新的哲学观的认识非常有限，而这大大制约了我们对世界的认识，也包括父母对家庭教育工作的认识。通过研究和在家庭教育工作中应用量子哲学观，我们更新了我们看待问题的底层思维架构，从而使得我们能够站在更高更广的视野上来看待问题，我们发现很多以前困惑的问题很快得以解决，很多冲突的现象轻易得以调和。量子哲学观的普及将大大推动中国的家庭教育事业。

二、量子力学的原理

（一）波粒二象性：既黑又白

在20世纪早期，以牛顿经典力学为主的经典物理学认为，物质的形态要么是粒子，要么是波。粒子被认为是空间中的物质的点，而波被认为是分布在空间中的能量。粒子不

①王占郡，硕士，家庭教育工作者。

可能是一种波，而波也不可能是一个粒子。1924年，法国德布罗意提出一切微观粒子同时也是波。波尔波恩等科学家后来指出，电子既是粒子又是波，具有粒子和波的两种属性，而究竟呈现哪一种属性取决于人们的观察和测量。当人们把电子看作是粒子的时候，其波动的属性就消失了；当人们把电子看作是波的时候，其粒子的属性就消失了。当人们不观察不测量的时候，电子在自由的状态下呈现为波和粒子的叠加状态，而此时电子的位置是随机的不能确定的。事物并非是“非黑即白”，而是“既黑又白”。这就是“波粒二象性”。

（二）薛定谔的猫：没有观察者，只有参与者

百度百科中对“薛定谔的猫”介绍如下：“薛定谔的猫”是由奥地利物理学家薛定谔于1935年提出的有关猫生死叠加的著名思想实验。当盒子处于关闭状态，整个系统则一直保持不确定性的波态，即猫生死叠加。猫到底是死是活必须在盒子打开后，外部观测者观测时，物质以粒子形式表现后才能确定。这项实验旨在论证量子力学对微观粒子世界超乎常理的认识和理解。

图1　薛定谔的猫（生死同态）

图1中薛定谔的猫同时处在死了和没有死之间的状态，它处在死了和活着的叠加状态，直到有人去观察之前并不存在这只猫死了还是没有死这样的事实。而打开箱子看猫一眼会决定其生死——好奇害死猫。量子力学告诉我们：除非进行观测，否则一切都不是确定的，从而进一步说明“没有观察者，只有参与者”，完全独立客观的世界不存在。

（三）量子纠缠：从物质实在论到关系实在论

量子纠缠描述了两个粒子即使相距遥远，二者的状态也会同时联动，联动的反应速度不受光速的限制。比如相距1万光年的两个星球上分别有一个人，其中一个左转，另一个立刻右转，并不需要等1万光年才会有反应。

这个理论说明，世界万物不是孤立的，而是关联的，世界上不存在任何独立存在的事

物。这推动了哲学观从物质实在论到关系实在论的演变。

牛顿认为世界是物质的、独立的。量子理论认为世界是关系的、系统的。事物只有在相互依存当中派生出自己的存在和性质。物质不是客观实在的，关系是客观实在的。于是，我们的哲学视角从“个体”演化为“关系”，从“局部”演化为“系统”。

（四）不确定性原理：一方面越确定，另一方面越不确定

德国物理学家海森堡1927年提出了测不准原理：粒子的位置和速度不可能同时准确获得。你对粒子的位置测量得越准确，对速度的测量就越不准确。测量某东西的行为将会不可避免地打扰那个事物，从而改变它的状态；其次，因为量子世界不是具体的，但基于概率，精确确定一个粒子状态存在更深刻更根本的限制。

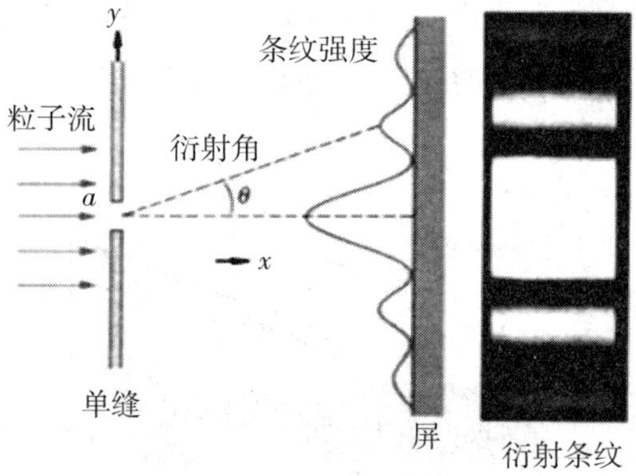

图2　不确定性典型试验：单缝衍射

图2的单缝衍射实验就是不确定性原理的一个典型的体现。图中可见，从左向右x方向运动的粒子，如果没有单缝挡板，将会均匀地打到屏上。可是，由于遇到了一个宽度为a的狭缝，限制和确定了粒子在垂直方向y上的位置，于是通过单缝后的粒子群在向右侧运动时，根据一定的函数概率发生了y方向的偏离，并最终在屏上形成了和条纹强度曲线相近的明暗条纹。衍射角θ的大小与单缝的宽度成反比，就是a越小θ越大，a越大θ越小。缝隙a越小，粒子的位置坐标y就越确定，则粒子后来在屏上位置就越不确定，θ角越大预示着粒子在屏上的分布区域越广。

粒子（即波）在自由状态下前进方向非常确定，而一旦被限制就会产生不确定的偏离（虽然并非100%都偏离），也就是事物的所有状态不可能同时被掌握，这就是“测不准原理”。

三、量子哲学观对家庭教育工作的启发

（一）罗森塔尔效应：评价者对被评价对象的影响

美国心理学家罗森塔尔等人于1968年做过一个著名实验。他们到一所小学，在一至六年级各选三个班的儿童进行煞有介事的“预测未来发展的测验”，然后将认为有“优异发展可能”的学生名单通知教师。其实，这个名单并不是根据测验结果确定的，而是随机抽取的。8个月后，名单上的学生的学习成绩普遍提高。

一般来说，每一个孩子都有其外在表现和内在潜力两个方面，内外又都有优劣善恶等多种对立的因素，而这些因素共存于同一个孩子身上是不可分割的。上面案例中罗森塔尔选中的几个孩子，也许外在表现很一般，但是罗森塔尔相信这些孩子必定存在内在的潜力，这就是量子力学“波粒二象性”彰显的“既黑又白”的哲学观。

罗森塔尔相信，一个孩子的成长绝对不是孤立的事件，而是孩子和其教师、伙伴等环境互动的结果。罗森塔尔以“权威性的谎言”暗示教师，扰动了教师对其选出来的孩子的看法，并进而影响小伙伴们与被选对象的关系，从而改变了被选孩子的成长状态。“薛定谔的猫”告诉我们没有观察者，只有参与者，这里罗森塔尔、教师都不知不觉地成了参与者。另外，“量子纠缠”揭示的关系实在论、系统观，也体现在这个案例之中，关系和系统的视角比孤立个体的视角更加容易看清很多教育问题。

（二）萨提亚心理疗法：家庭系统治疗优于个体治疗

根据家庭治疗大师萨提亚的理论，一个人和他的家庭甚至原生家庭有着千丝万缕的联系，这种联系有可能影响他的一生。萨提亚还发现，个案咨询中很多难以解决的心理问题，一旦邀请其家人参与，进行家庭治疗，则问题更容易解决。

德国后现代心理学大师海灵格发现在家庭系统里，有一些隐藏、不能被意识察觉的动力操控着成员之间的关系，他称之为“爱的序位”。如果我们忽略了它，家人会受困扰，这些困扰就是“牵连”。

这些理论和经验都和“量子纠缠”带来的关系实在论相符合。谁都不会孤立地存在着。心理治疗的视角，从处理独立个案到审视社会关系和家庭系统，已经被证明是更加有效的。

（三）发展心理学：自由而不是限制有利于儿童的发展

《发展心理学》上说，在婴儿期的最后阶段，也就是从第18个月左右至3岁，如果父母在安全范围内鼓励探索并给予一定的自由，婴儿便会发展出独立性和自主性。而如果儿童受到限制并被过度保护，他们便会觉得羞愧、自我怀疑和苦恼。

民国时期的教育家陶行知提出“把学生的基本自由还给学生”和“六大解放”，即解

放学生的头脑、双手、眼睛、嘴巴、时间、空间，不把学生的功课表填满。

意大利教育家蒙台梭利指出，对儿童来讲，生命力表现为自发性冲动。因此她把对儿童的自发冲动是压制还是引发作为区分好坏教育的分水岭。

可见，给孩子适当的自由，不去过度控制孩子的行为，孩子就会本能地更好地发展；如果我们试图追求孩子每一个言行的确定性（即控制），就会带来在孩子发展上的更大的不确定性（偏离教育目标）。越是控制，就越可能事与愿违（并非100%都偏离，而是依据概率不确定地分布），这就是“不确定性原理”告诉我们的道理。

（四）参与者效应：偷看孩子日记的后果

很多父母对孩子总是不放心，时刻希望获得孩子各方面的信息，掌握孩子各方面的情况。比如偷看孩子的日记和手机，往往是很多父母时常干的事情。那么，这对于孩子的教育究竟是利是弊呢？

“薛定谔的猫”告诉我们，任何观察和测量，都将或多或少对被观察者造成扰动，并进而会影响被观察者的命运——严重时“好奇害死猫”。

同样，在家庭教育工作中，父母不可能仅是测量者，而必定也是参与者。父母对孩子的观察评价，必将对孩子的成长造成不同程度的影响。

对于家庭教育而言，在不扰动孩子的情况下，“观察孩子”，获得更多更全的信息，对于教育孩子是有帮助的，至少没有显著危害。

问题是什么是“不扰动”？怎么做才能“不扰动”呢？

对孩子而言，父母的以下行为属于扰动：评价、抱怨、愤怒、打骂、指责等；而父母的以下行为属于不扰动或轻微扰动：不评价、平静、接纳、陪伴、守望。给孩子自由空间则扰动小，限制孩子、控制孩子则扰动大。如果父母能够做到在了解了孩子情况之后，尽量心平气和甚至视而不见，那么这个“测量”的过程对孩子的影响相对就较小。事实上，完全不影响父母情绪并进而不影响孩子的“测量”是不存在的。

在偷着翻看孩子日记和手机这个问题上，情况就更加复杂一些了。父母如果这样干了，那么这个家庭之中成员之间的隐私界限就被突破了，一方面父母有可能会内疚、会担心孩子发现从而可能会焦虑，另一方面哪一天如果孩子真的发现了父母偷看其日记和手机，那么无论孩子接受还是不接受，后果都是令人担忧的——接受了则孩子的自尊受损，不接受则会酿成孩子对父母的愤怒反抗和不信任。父母的情绪反应，即使父母不讲话孩子也会体会到的。

如果父母不能够很好地管理自己的情绪和行为，那么过多了解孩子的情况的后果往往会适得其反。这也提醒我们，父母的学习和成长对于家庭教育是非常重要的。

（五）控制型教育：郎朗的成长之路是否可以复制？

大家知道，著名钢琴家郎朗是在爸爸的极端严酷培养之下走向音乐家之路的。爸爸曾经逼着要放弃弹琴的郎朗选择要么跳楼自杀，要么吃药自杀。这里我们不讨论郎朗是否算是成功的，我们要讨论的是，对于那些期待自己的孩子成为“郎朗”的父母而言，郎朗爸爸的酷刑式的教育方式是否可以复制？也就是郎朗爸爸的教育方式是否可以批量地复制郎朗呢？

事实上，我们发现类似郎朗爸爸的教育方式虽然产生了很多“成功”的案例，但是同时也产生了更多“失败”的案例，以往我们的教育理论很难解释这个困惑。

而“不确定性原理”告诉我们，既然郎朗的教育过程是严厉管控式的，也就是追求了训练过程的高度确定性，那么经过这种教育的孩子之中，必定会有一部分达到目标，另一部分不同程度地偏离目标。这些偏离目标的孩子可能会发生厌恶学习、亲子关系紧张、离家出走、精神分裂，甚至自杀或杀人的情况。

这样一来，事情就清楚多了，郎朗的成长之路是不确定可以复制的。重走郎朗之路你可能培养出“郎朗”，也可能会酿成悲剧，后果是不确定的，也就是有风险的。如果你期待用上述办法在自己家培养出一个“郎朗”，你就要准备承担接受发生“不确定性”后果的风险。这种风险，随着你控制强度的增加而相应地加大。

四、总结

本文从量子力学的原理谈到哲学观点，并运用这些观点讨论了家庭教育问题。这种跨领域的研究方式其实非常普遍，并非作者首创。比如进化论的哲学观已经被应用到了很多学科。本文的探索并不完善，如果能给父母和家庭教育工作者带来一点启发，作者将聊以欣慰。

智慧爱的凝练：梁启超的家庭逆境教育探索

杨　晓[①]

梁启超的人格品质主要是在寒士家风中形成的。其父推崇“淑身济物”，日常生活十分简朴，没有任何不良嗜好。起初，梁启超认为父亲这样生活太过苛刻，劝父亲不要太苦了自己，但是，父亲这样回答：“辄教以家风不可坏，而矗然以后辈之流于淫佚为忧也。”表明其传承寒士家风，防范子女“流于淫佚”的家庭教育意向。梁启超回忆：“父慈而严，督课之外，使之劳作。”深受这种家风家教的影响，他反对娇惯溺爱子女，探索家庭逆境教育，坚持培养子女坚强乐观、积极向上的人格，这里蕴藏着他对子女的智慧之爱。

一、梁启超家庭逆境教育的理论架构

梁启超对子女进行逆境教育，经过一个从不自觉到自觉的过程。作为家庭逆境教育的探索者，他以“生于忧患、死于安乐”为逻辑起点，建立家庭逆境教育理论的基本架构。论证以逆境为教育契机，激励子女克服并战胜逆境带来的种种挫折与困苦，以打开人生经验的有限性，促进子女乐观向上、意志坚强，并有所作为。

（一）逆境趣味与乐观向上

梁启超说：“假如有人问我：‘你信仰的什么主义？’我便回答道：‘我信仰的是趣味主义。’”这里的“趣味主义”，特指面对困难与挫折的一种积极乐观态度，这种态度是产生战胜逆境动力的信念源泉。

梁启超的积极乐观态度，正是在逆境中寻找“趣味”的产物。1901年，清政府开始推行“新政”。顺应时势，梁启超和蒋观云等人在日本发起组织了政闻社，以促进清政府的“预备立宪”，达到实施君主立宪的目的。但是，清政府却指责政闻社：“内多悖逆要犯，广敛资财，纠结党类，托名研究时务，阴图煽乱扰害治安。”下令查禁了政闻社。面对这

---

①杨晓，辽宁师范大学教育学院教授，博士生导师。

种挫折，梁启超并未偃旗息鼓，且不断发表文章，推进国内的立宪运动。他自述："时机之未成熟，再养晦以待之可也。若夫舍此不治，则此外更有何道以为吾报国之地耶。"由此可见，梁启超的"逆境趣味"，即虽遇险阻仍然不改初心，抱着积极乐观的态度，坚守在岗位上，等待时机的到来。那么，这种态度由何而生？

梁启超自答："我所做的事，常常失败——严格地可以说没有一件不失败——然而我总是一面失败一面做，因为我不但在成功里头感觉趣味，就在失败里头也感觉趣味。"正是这种"在失败里也感觉趣味"的特殊人生体验，是他面对逆境仍然乐观进取的动力来源。其原理在于"普通一般人，遇到一事困难，便颓丧消极；在趣味主义者观之，以为研究的机会到了，仔细思量这回失败的原因——在我身上吗？在社会环境吗？方将研究之不暇，那有失意沮丧的暇晷呢？"能以失败为契机，去探究问题所在，摸索解决问题的方法，就是一种"逆境趣味"，这是促使人以积极心态面对逆境的心理前提。它既印证了"失败者，成功之母"的古训，也揭示了"苦中作乐"的精髓。

（二）逆境磨炼与成功人格

意志品质是一个人取得成功的必备心理素质。在梁启超看来，坚强的意志至少具有以下三种特质：其一，意志是人生事业的原发点。"人生最要紧的是意志，不论大小事业，都要从坚强意志产生出来。"其二，意志是承担责任和勇于行动的内驱力。"意志磨炼到家，自然是看着自己应做的事，一点也不迟疑，扛起来便做。"其三，意志是排除外在障碍的心理动力。"意志坚强，可以排除一切外界之障碍。"具有坚强意志的人，才能持之以恒地去克服一个又一个困难，将不利因素转化为有利于人生成功的因素。因此，打造成功人格，须从磨炼意志开始。就教育而言，人的坚强意志，是后天磨炼的结果，并非基于先天遗传。所以，梁启超将逆境视为打磨意志力的绝好时机。

从家庭教育角度，梁启超曾对遇到逆境挑战的儿子这样说："（这）是别人想要也得不到手的一种磨炼意志绝好资料，你居然碰着了，也是你前世根基深厚，承天地特别眷爱，得这种好机会，来做成你一辈子的人格。"推己及人，他给学生们演讲时也强调："在诸君现时，或有家庭之隐痛，或有诸事之不顺心，及其他种种之逆境足以阻人志气，吾以为此正天与诸君一历练之绝好机会也。"在梁启超的视域里，遭遇逆境"无非借着外界种种困难，将自己的意志千锤百炼，炼成一种不屈不挠的作用"。也就是说，只有在逆境中经历一点一滴地克服各种困难的磨炼，才能形成一个人不屈不挠的坚强意志，才能塑造人的成功品格。

关于逆境磨炼与成功人格关系的论证，体现了父爱的一种特质。梁启超将逆境带来的人生考验视为一种"天地眷爱"，鼓励子女欣然接受，以磨炼和成就自己的人格，凝聚着家长智慧爱的力量。

（三）逆境逾越与有所作为

梁启超强调：逆境是人生的一种常态，一个人唯有经历逆境才能有所作为。他说，人不能不无逆境，犹行路之不能无上山时，航海之不能无逆风时也。倘只能下山，祇只航顺风，则一旦苟遇上山及逆风，其不倾倒而失慎者几希。这就是“逆境逾越”与“有所作为”的关系。《颜氏家训》曰：“有志尚者，遂能磨砺，以就素业；无履立者，自兹堕慢，便为凡人。”其实，往往那些贪图生活安逸的人，注定只有平淡无为的人生。只有那些主动将自己置身于各种社会危机与个人困苦中锻炼的人，才会成为一个有所作为的人。

因此，如何对待子女面对逆境时的态度与行为，是检验家长的一个分水岭。将逆境视为不可逾越的障碍而有意规避的家长，就是溺爱子女的家长。而视逆境为教育良机的家长，就是具有智慧爱的家长。很显然梁启超是后者。他认为，首先，人生与忧患相伴，无法规避。“人之生来，与忧患俱来，知其无可奈何，而安之若命。”其次，遭遇逆境是人生的一种险运。梁启超曾对梁思顺直言：“汝小小年纪，恰值此数年来无端度虚荣之岁月，真是此生一险运。”什么叫作“险运”？就是“险”之所在，“运”之所生。唯有在逆境中才能获得催人生长的力量，这就是人生的一种运气。获取的这种力量，叫作“抵抗力”。它表现为“经历一次困难，则抵抗力增加一分，往后则抵抗力愈强，困难愈少，将无不成之事矣”。另外，“劳苦有以增益其抵抗力也”，能吃苦耐劳的人，才具有抵抗力，才不会被困难所压倒。经历过逆境的锻炼，人的抵抗力就会不断加强，再面对逆境时就会得心应手，无所畏惧。

《诫子通录》中有言：“夫士君子生于世，己无能而望他人用之，己无善而望他人爱之，亦犹农夫鲁莽种之而怨大泽之不润，虽欲弗馁，其可得乎？”说明付出在先，收获在后。家长如若一味溺爱子女，只会导致子女无能无善，无由被爱，更无力去爱。通过赋予子女智慧爱而教会子女去爱，这是家长理性爱的彰显。

通过对梁启超家庭逆境教育理论架构的基本分析，笔者发现，智慧爱是家庭教育爱的一种最高境界。这种爱与溺爱相反，爱得深沉，爱得执着，爱得理性。而能够赋予子女这种爱的家长，必须具有远见、机智、格局等综合教育素养。

二、梁启超家庭逆境教育的主要特征

梁启超对子女进行家庭逆境教育，执着于这样一种理念，即以逆境生命体验为扩充心力之源，塑造子女具备奋斗、创造、助人的健全人格，去克服各种人生障碍，战胜各种艰难困苦，踏上人生的成功之路。笔者总结其家庭逆境教育，主要具有以下特征：

（一）家长教育远见：以逆境为契机的苦乐观教育

1. 鼓励子女“往吃苦的路上走”

梁启超说，“生当现在中国人，悲观的资料太多了”，“但修养功夫未够，也许便因为挫折而堕落”。为了预防子女因悲观而堕落，他总是鼓励子女不要怕苦。明确“我想有志气的孩子，总该往吃苦的路上走”，这种刻意让子女主动找苦吃的教育，是一种让子女树立正确苦乐观的家庭教育。

1927年，梁思永在美国哈佛大学研究院攻读考古学和人类学时，想回国实习收集一些野外的资料，梁启超极为赞成。正值此时，瑞典学者斯温哈丁要去西藏探险，梁启超抓住了这样一个机会，让梁思永一同前往，希望他能在这次探险中学会吃苦，磨炼自己的人格。所以写信给梁思永说，“爹爹虽然是挚爱你们，却从不姑息溺爱，常常盼望你们在苦困危险中把人格能磨炼出来”，以此激励他参加这次野外探险，以磨炼人生。

1928年，梁思成学成归国时，原本可以去清华大学，可是梁启超认为如果在清华工作的话，比较舒适安逸，很容易消磨人的志气，所以，他不赞成梁思成去清华工作，建议他去东北大学。他写信给梁思成说，“那边建筑事业将来有大发展的机会，比起温柔乡的清华强多了”“在那边几年情形熟悉后，将来或可辟一新路，只是目前要挨相当的苦”。在梁启超看来，到清华大学是坐享其成，而到东北大学工作环境比较艰苦，可以经历创设建筑专业的各种考验，这才是梁思成磨炼自己，独创和成就一番事业的真正机会。

2. 要求子女“见安思危”

梁启超将“生于忧患”视为锻炼子女的最佳机会，即“天之所以玉成汝辈也”。而当子女身处顺境时，生怕他们变成纨绔子弟。这触发了梁启超在顺境中进行“忧患”意识教育的思考，明确提出：子女即使在顺境中也不可贪图享乐。

在生活比较安逸之时，已经习惯于家庭逆境教育的梁思忠对父亲说：“照这样舒服几年下去，便会把人格送掉。”梁启超说，“你想自己改造环境，吃苦冒险，这种精神是值得夸奖的”“但你说的这是没出息的话！一个人若是在舒服的环境中会消磨志气，那么在困苦懊丧的环境中也一定会消磨志气，你看爹爹困苦日子也过过多少，舒服日子也经过多少，老是那样子，到底志气消磨了没有？”儿子无言以对。

这段父子对话，表明梁启超具有“俭奢由人，安危在己”的“忧患意识”。从积极角度看，并不是说舒服的日子对人的志气都有不良的影响，也未必在顺境中就一定会使人意志消沉、贪图享乐，关键在于教育上的正确引导。他要求子女在舒服的日子里，也要注重磨炼自己，遇到难题时要自己解决。所以，梁思忠主动参军，到艰苦环境中锻炼自己。梁启超见状后说：“借此来磨炼自己的德行，是最好不过的了，你有这种坚强意志真令我欢喜。”这就是梁启超对子女实施的“见安思危”教育。

从1923年起，为了使子女得到良好的发展，梁启超陆续将子女送到国外留学。但是，他明确要求子女在优于国内的国外生活中，更要加强修养、磨炼人格，培养他们艰苦奋斗的心理素质。其“见安思危”教育已达到文化自觉的高度，成就了中国近代教育史上的一段家庭教育佳话。

（二）家长教育机智：对子女教育需求反应敏感与迅速

梁启超在子女遇到逆境时，总是能做出及时迅速的教育反应，既指明子女解决问题的路径，又赋予子女解决问题的正确方法。这种对教育契机的敏感和迅速的反应，是家长智慧爱的一种体现。

1924年，梁思成进入美国费城宾州大学建筑系学习。当时建筑教育的核心理念是被称为“布扎艺术”的法国巴黎古典美术主义，其中最重要的教育理念就是：要求学生练就扎实的基本功。因此，古典建筑绘画技巧成为梁思成必须每天反复练习的内容之一。梁思成写信向父亲抱怨：“这样成天伏案绘图，怕埋没自己的天才，以后不能实现自己的理想，成为一个只会绘制建筑构造图的匠人。”梁启超回信劝道：“中国先辈说：‘读万卷书，行万里路’……今在学校只有把应学的规矩，尽量学足……这种工作乃为一生历程所必须经过的，而且有天才的人绝不会因此而阻抑他的天才，你千万不要对此生厌，一厌倦即退步矣。”对阻碍梁思成学习的情绪问题做出了及时准确的反应。首先，明确花时间做基本功的训练并不会埋没天才，相反是天才成功的必要修炼。其次，不要因为学校呆板的教育方式而产生厌倦情绪，而要充分利用这种机会来磨炼自己的性情。引导梁思成去正确解决个人意志品质缺失与学业发展要求冲突的问题。

1925年，梁思庄初到渥太华预备中学学习时，有一次英语考试在全班得了第十六名，这件事对她的自尊心伤害很大，为此，她郁郁寡欢。梁启超得知后写信鼓励道：“庄庄成绩如此，我很满意了。因为你原是提高一年，和那按级递升的洋孩子竞争，能在三十七人考到第十六，真亏你了。好乖乖，不必着急，只需用相当的努力便好了。”之后，梁思庄又因年龄小没能及时升入大学而焦虑，梁启超及时劝道：“至于未能立进大学，这有什么要紧，‘求学问不是求文凭’，总得把墙基越筑得厚越好。”既批评她急于求成的错误，又鼓励她循序渐进，打好学业基础，以促使其克服过于急躁的消积情绪。

（三）家长教育格局：立于逆境中的家长榜样作用

梁启超的一生，经历了政治上的失意、丧妻的痛苦、病痛的折磨，而面对逆境时的豁达、无畏、无欲，则成为他教育子女最重要的榜样力量。他在给子女的信中这样写道：“你们几时看到过爹爹有一天以上的发愁，或一天以上的生气？我关于德行的涵养的功夫，自中年来狠经些锻炼，现在越发成熟，近于纯任自然了，我有极通达、极强健、极伟大的人生观，无论何种境遇，常常是快乐的。”“随便环境怎么样，都有我的事情做，都可以助长我的兴会和努力的。”梁启超面对逆境时泰然处之的态度，在逆境中依然奋斗不息的精神，为子女的人生树立了良好榜样。这种榜样力量来自梁启超的格局。

1915年8月14日，杨度、孙毓筠、严复、刘师培等为袁世凯复辟“帝制”，在北京成立了“筹安会”，进行一系列大规模活动。此时，梁启超“患赤痢甚急”，但是，面对袁世凯“登基”，国事紧急，他顾不得身体欠佳，于12月16日南下筹划护国之役，惹来杀身之祸。1916年3月，为了避开官府的追杀，梁启超从香港转搭一条日本运煤船，经越南进入广西，“吾被褥既委不带，今所御者，此间俑保之物也……地卑湿蚤缘延塌间以百计，嘬吾至无完肤”，“曾发热病两日，极狼狈，以为将客死此间”，“吾在越南十日，实厉无量艰辛。盖伪政府已知吾在彼，谍骑四布，必欲暗杀”。身陷如此困境的梁启超却在感慨：“吾抱责任心以赴之，究竟乐胜于苦也。”这种处于赴汤蹈火之际，仍感受到“乐胜于苦”的人生境界，成为子女仿效的典范。

更值得称道的是，他给女儿梁思顺写信说：“此次义举虽成，吾亦决不再仕宦，使汝等常长育于寒士之家庭，即授汝等以自立之道也。”这就是梁启超的大格局。他成就事业，不为官职，更不为荣华富贵。他刻意发扬寒士家风，只为托起子女面对乱世荣辱不惊，艰苦奋斗，奉献国家的人生。

梁启超的远见、机智与格局，是他赋予子女智慧爱的渊源。他说：“当失意时更不能相弃也。作为今日之中国人安得不受苦，我之地位更无所逃避。”“以吾之地位，处此时会，惟以忧患终其身而已。”正是这种“先天下之忧而忧”的博大胸怀，“以苦为荣，以苦为乐”的个人情怀，不因外界的纷扰而逃避自己社会责任的使命感，是梁启超能够感染子女的重要因素，也是影响子女成长的关键因素。其子女在国外学有所成之后，全都放弃了国外优越的环境和条件，返归故里为建设祖国无私奉献，正是这种家长智慧爱的结晶。

三、梁启超家庭逆境教育的当代启示

在当代家庭中，因为正确苦乐观教育的缺失，导致大多数蜜罐里长大的孩子，很难拒绝坐享其成，去理解“自讨苦吃”的意义。许多家长也是在子女受到“遁世享乐观”的严重腐蚀，成为“啃老族”之后，再来抱怨。这种现象亟待解决。

笔者关注的首要问题是：部分家长陷入了“快乐教育”的一种认识误区，造成这个认识误区的正是家长极其缺乏对子女的智慧爱，却让溺爱泛滥成灾。一些家长错误地认为，所谓快乐教育就是避免子女体会痛苦。更有甚者，在谈到家长教育观时，单纯强调：“我对孩子的教育只有一个目的，就是让孩子快乐。”但是，对孩子快乐的源泉在哪里，却忽略不计。

早在20世纪30年代，杨贤江就批判了那种只追求“自我快乐”的人生观，将其视为堕落与犯罪的根源之一。其实，以功名利禄为乐，是堕落的渊薮；以物质享受为乐，是奢靡的根源；以感官刺激为乐，更有可能轻易地滑向犯罪边缘。因此，笔者认为，家庭教育是要顺应子女的自然天性，但却绝不是凭借自然天性来教育子女。换言之，坐享其成，以轻松为乐，是人类天性使然，无须教育发力。

快乐教育的真正价值是：赋予子女正确的苦乐观，使其明确快乐的真正源泉是奋斗、创造、助人。“快乐教育”的实质是，让孩子懂得和体会在奋斗中“以苦为荣”，在创造中“以苦为乐”，在奉献中“助人为快”。事实上，“快乐教育”与“逆境教育”若相反，实相成。所谓家庭逆境教育是以社会危难与人生坎坷为契机，对身处其中的子女，所采取的一种转化不利情境、克服消积情绪、激发其乐观进取精神的教养方式，目的是使子女获得“以苦为荣，以苦为乐”的人生态度与能力。而这种人生态度与能力，是子女顺利并成功生活的一种内在动力源泉，它的源头正是父母对子女的智慧爱。

在这个方面，当代家长尤其薄弱，表现在两点上：一是，教育时间错位导致“爱”的扭曲。即孩子小的时候一味骄纵，不加约束，等到大时再教，为时已晚。司马光在《家范》中说：“人之爱其子者，多曰儿幼未有知耳，俟其长而教之。是犹养恶木之萌芽，曰俟其合抱而伐之。其用力顾不多哉?”二是，缺乏教育机智导致“爱”的愚昧。即家长对家庭情境中的教育时机缺乏敏感，不能及时做出正确的教育反应。当子女最需要教育帮助时家长却无动于衷，而子女不需要提醒时却又喋喋不休，唠叨个没完。梁启超时刻注意子女在面对逆境时无法顺利应对的情况，及时给予针对性指导，体现出家长的一种教育睿智。启迪当代家长要珍惜与子女相处的每一个时刻，抓住每一个教育契机，赋予子女真正的智慧之爱。

以良好家风育英才

张晓佳[①]

家风又称门风，指的是家庭或家族世代相传的风尚、生活作风，即一个家庭当中的风气。家风是给家中后人树立的价值准则。家风，是建立在中华文化之根上的集体认同，是每个个体成长的精神足印；家风，是一个家族代代相传沿袭下来的体现家族成员精神风貌、道德品质、审美格调和整体气质的家族文化风格。家风对家族的传承，民族的发展都起到重要影响。究其实质，家风是一种无形的、潜在的文化，它能通过日常生活影响孩子的心灵，塑造孩子的人格，是一种无言的教育。

一、良好家风对家庭教育的意义

当下，中国的家庭教育令人十分担忧。父母教给孩子的往往是如何处理人际关系，学会当班干部考高分，要向成绩好的同学学习。如，刘铁男就教育儿子“要学会走捷径”；徐其耀也在家书中教育儿子，“做人就是把自己作为一个点编织到上下左右的网中，成为这个网的一部分”。这种教育方式，终会导致有知识的家庭、懂礼节的家庭不再是最受尊重的群体；谁家楼房盖得高、谁家轿车高档、谁家挣钱多，就会成为孩子学习的榜样。其实，好的家教得益于良好的家风，家风也如同无言的教育、无声的力量、无形的磁场，好的家风会让人充满正能量，坏的家风则会给人以负能量。

传承并培养好的家风，不但是家庭作风正能量的传递，更是培植社会良好风气的有益载体。譬如，“天下之本在国，国之本在家，家之本在身”是孟子教育其弟子的家风；“有德者皆由俭来也”是北宋大政治家司马光的家风；“做官不许发财”是抗日民族英雄、爱国将领吉鸿昌的家风；“不经商、不赚钱、低调做人、清廉”是党的第一代领导人毛泽东的家风；而“守法，低调”是第二代领导人邓小平的家风；习家有着从严教子、勤俭持家

①张晓佳，辽宁省瓦房店市第八高级中学政治老师。

的家风，受父母耳濡目染影响，习近平秉承家风，对家人要求也非常严格。他担任领导干部后，每到一处工作，都会告诫亲朋好友："不能在我工作的地方从事任何商业活动，不能打我的旗号办任何事，否则别怪我六亲不认。"无论是在福建、浙江还是上海工作，他都在干部大会上公开郑重表态：不允许任何人打他的旗号谋私利，并欢迎大家监督……虽然时代在变，但如此良好家风正在激励着一代又一代人不断前进。因此，良好家风家教的塑造不但与孩子的家庭德育有关，也理当与国家的命运和民族的前途紧密相连。

树立端正的家风，传承优秀的家风，就是传承中华民族家风的正能量，是对民族文化的弘扬。家庭和睦、家教有方、家风良好，无疑会促使千千万万个家庭成为国家发展、民族进步、社会和谐的重要基点。好的家风能促成好的社风、民风以及政风、党风，而好的家教本身就是社会文明进步的重要表征，保证了好的家风持续产生正能量效应。倘若每一个家庭都有良好的家风家教，中华民族的发展与进步将获得无尽的能量。

家庭教育是在家庭或家族中展开的对其成员的涵养、教化，尤其是对下一代的教导与培育。"身修而后家齐，家齐而后国治，国治而后天下平。"修身和齐家摆在相当重要的位置。家庭教育对人的影响是全方位的，在日常生活中潜移默化地影响着每个人的心灵，塑造着人们的世界观、人生观、价值观、性格特点、道德素养、为人处世及生活习惯等等。只要通过严格的家庭教育，并注重抓好孩子自身品德修养的培养，就能培养好历史的接班人。家风不正，党风、政风、民风难清；家教不严，公平正义的社会风气难产。

党的十八大以来，扬善惩恶，民心大快，民风、社风、政风、党风，已形成积极向上的进取动力。当代人更是需要重拾家风，只有每个家庭的家风充满正能量，家庭教育回归理性和正能量，由家而国，整个国家才能充盈着由各个家庭汇聚而来的正能量。因此，我们号召，每个家庭都要培养优良家风与家教，建设甜蜜温馨的小家庭，传递爱意与正能量，共建共享和谐安定的社会大家庭。

对每个中国家庭来说，家风的共同核心价值观就是中华传统文化中的"仁、义、礼、智、信"，如习近平总书记所强调的："深入挖掘和阐发中华优秀传统文化讲仁爱、重民本、守诚信、崇正义、尚和合、求大同的时代价值。"在家风建设中要特别强调言传身教，即父母作为典范带动整个家庭成员的改变。"一家仁，一国兴仁；一家让，一国兴让。"家风关系到整个社会和国家的风气。

二、构建新时代良好家风

中国古代传统的家风文化，无不折射出家庭教育的重要性。从家庭角度看，家庭教育就是一种家风家训的教育和熏陶，只有每个家庭具有了良好的风气，才能给下一代提供良好的成长环境，促使子女成为合格的社会公民。树立端正的家风，传承优秀的家风，就是传承中华民族家风的正能量，是对民族文化的弘扬。家庭和睦、家教有方、家风良好，无疑会促使千千万万个家庭成为国家发展、民族进步、社会和谐的重要基点。从家庭入手，通过良好的家风、家训的家庭文化教育和培养，既有助于提高自身的道德素质，又能迎合社会的公民道德建设与构建和谐社会的潮流。当前，努力践行社会主义核心价值观，这些都可以在家风上得到体现。只有家庭每个成员的道德素养提高了，整个社会的公民道德素养才会整体得到提升，社会才能和谐、稳定与可持续发展。

当前社会上很多家长都很迷恋和热捧“狼爸”“虎妈”式的家庭教育，希望自己的孩子能在竞争激烈的现代社会中占有一席之地。然而，社会上对于道德滑坡的报道也是接连不断，一件件让人心痛的事件无不告诉我们在进行家庭教育中既要注重孩子的励志奋斗教育，更要注重见义勇为、为国为民、诚实守信的道德素质的教育与渗透。以小见大，只有真正抓好每一个孩子的家庭教育，社会教育方可彰显成效，才能在这个社会形成核心价值观，形成良好的社会风气和正能量。具体可采取以下方法：

1. 树立榜样。榜样是以别人的好思想好行为来影响和教育子女的重要方式。如同学、邻居、教师、英雄模范人物、文艺作品中的正面人物、革命领袖的优秀品质，都是子女学习、模仿的对象。不管家长的言行是错误的还是正确的，对子女都有十分深刻的影响。因此，家长在日常生活中应时时刻刻处处检点自己的言行，起到言传身教的效果。

2. 环境熏陶。家长要有意识地创造良好的生活环境，使子女受到感染和熏陶。家庭是子女生活的主要场所，家长要组织好生活，处理好成员之间的关系，坚持正确的道德行为为准则，形成团结和睦的家庭气氛，建立井井有条的生活秩序，以陶冶子女的美好情操。

3. 实际锻炼。实际锻炼的内容相当广泛，如适应周围环境，锻炼身体，生活自理，家务劳动，独立作业，文明礼貌，社会交际等等。进行实际锻炼，首先要孩子明确目的和意义（为什么），提出具体要求（怎样做），鼓励他们克服困难，坚持到底。锻炼内容要适合孩子的年龄特征和个性特征，从他们的实际能力出发，交给的任务和提出的要求必须适当。要允许孩子在实践中有失误，不可过分苛求。家长不能因怕孩子吃苦而中途停止锻炼。

4. 表扬奖励。表扬奖励是对子女的思想行为给予肯定和好评。通过肯定和好评，以加强子女的进取心和荣誉感，争取更大的进步。表扬奖励要实事求是，要及时，要说明原因，并且应以精神奖赏为主，物质奖赏为辅。

5. 家庭、学校与社会要相互配合，共同打造优秀家庭文化教育平台，共同传播优秀家风文化。家庭文化教育是对未成年人进行道德启蒙和品性养成的最直接、最有效的形式。因此，应该引导和帮助他们了解优秀家风文化蕴含的美德，在优秀家风文化的熏陶中，培养孩子良好的品德和高尚的情操。在社会层面，应坚持古为今用、承故拓新的原则，继承和弘扬中华民族家训文化，充分利用传统家训名篇和当地家风文化资源，努力使学校教育和家庭教育达到同步，教师和家长教育达到同心，学校和社会教育达到同力。

为人父母："80后"家长眼中的教育权力研究

张先毓[①]

一、问题的提出

如今，出生于20世纪80年代的独生子女一代大多数都已经为人父母。与他们的父母一代相比，这些"80后"拥有更优越的物质条件，接受到了相对良好的教育。作为子女的"80后"，其思想观念与父辈的"统一与集体主义"相比，更加"个人主义"。作为父母的"80后"，他们不仅具有学历层次、职业层次和收入层次较高以及性格外向的优势，而且对子女进行亲子教育的平均水平更高。他们善于营造轻松、和谐、民主的家庭氛围，能够提供安静、舒适的家庭环境，善于创造亲子交往、运动和创造性活动的机会。

"80后"父母们对育儿的重视也催化了相关服务市场的发育。一方面，针对学业类的学科辅导，包括数学、语言、化学、物理等培训成为"80后"父母为子女购买的"必修课"；另一方面，与学业成绩不直接相关的培训项目，如音乐、舞蹈、美术、书法、体育等也成为"不能输在起跑线"上的重要筹码。父母通过增加对孩子的教育投资以期望孩子未来能够获得更高质量、更高层次的教育。有研究表明目前城市中产家庭育儿呈现高消费化的态势。育儿消费主要集中在教育服务和通过特定的消费方式培养阶层化的生活习惯和文化品位。

然而，这些"80后"独生子女父母如何认识自己的教育权力？他们与孩子在家庭内部的代际关系是怎样的？他们在购买相关教育服务的时候如何与子女沟通、决策？他们如何看待他们购买教育服务的行为？本研究试图通过D市一所口才培训学校的学生家长为个案，对上述问题进行初步探讨。

---

①张先毓，华东师范大学教育学部教育学系硕士研究生。

二、研究现状

按教育社会学学者郑新蓉的观点，在现代社会中，父母的教育权力主要体现在两个方面：一是在子女道德、宗教、生计、艺术、文化、健康、保健等方面由亲缘监护关系派生出来的教育权利。二是选择学校的权利；对公共教育的举办单位（国家）提出质询和参与监督的权利；对公共学校的教育、教学和管理进行质询、批评、建议，并通过家长委员会或社区的学校董事会参与学校工作决策的权利。父母的教育权力源于自然权利在民法（私法）中有明确的规定。此外，父母教育权力的行使又不局限于"私领域"，它还表现为与公共教育机构、行政人员和教师多方面的关系。父母有权对子女进行教育以及选择教育，他们的教育责任在家庭场域内主要表现为监护儿童，培养儿童的社会化；在社会场域他们有权对子女的教育场所进行选择，此外他们有权监督公共教育制度与机构和参与公共教育决策。

"儿童权利"一直是被学者们所热议的话题，从20世纪80年代起"儿童权利"正式被书写成法律文案，包括1979年国际儿童年，1989年联合国《儿童权利公约》。这些法律条款为国际和国家层面上的儿童权利的立法和政策提供了基础。联合国《儿童权利公约》国家法规、学术文献和大众媒体所认可的当代儿童权利，为儿童的权益和义务提供了明确的新定义，这促使学校、家庭、社会重新定义有关于儿童的概念。然而，大量的社会因素影响着拥有不同背景国家对这一概念的理解和回应。中国的文化、社会和政治等条件影响了政府官员、作家、教育学者、家长们对儿童权利的理解和参与。外国非政府组织的儿童福利机构表示，尽管中国和世界已经做好准备接受"儿童权利"这一个人化和充满中产阶级思潮的概念，但由于文化差异和法案内容限制了人们对这一概念实践的有效性。例如，在全国范围内实施统一的"国际童年标准"的困难性很大。以上，从宏观角度说明了儿童权利目前在国内的认可与实施程度。

有关儿童概念，观念和文化模式的变化不是简单的新代旧，而是两者相互融合。中国的家庭制度是建立在父权制和集体原则的基础上的，其中有些是在新中国成立初期形成的。儿童权利的实施，需要对文化内容和实践进行重大变革，特别是现代儿童观与孝道精神有关的本土文化观念相调和。中国的孝道需要自我牺牲，特别是年轻人的牺牲，强调孩子与父母对彼此的责任"不能做不符合自己层级地位的行为，要守规矩"。现代的儿童权利话语在家庭领域开创了一种理性和准经济的情感方式，强调"更具包容性"。传统孝道观念和现代权利观念形成的矛盾不可避免地造成实践的紧张和混乱。

近年来，一些学者对家长教育权力现状与家长对儿童权利的重视程度进行实地调查，研究表明家长和儿童都已意识到儿童权利，并认为行使教育权力需要保护儿童权利。然而，他们对儿童的权利认识的差异性直接导致家长给予的保护得不到儿童的认可，而儿童所需要的保护却得不到满足的失衡状态。“儿童和家长保护儿童权利的意识越高，二者越了解儿童有哪些权利需要得到保护、怎样去保护这些权利，自然儿童受保护的状况就越好”。此外，很多“家长本位”的传统观念如“孩子是自己的私有财产”与“父母打孩子是天经地义的事情”，广泛而持久地影响着家长保护儿童权利的行为。有研究者认为，目前中国家庭教育最突出的问题是缺乏对孩子权利的尊重。传统社会“家长制”和“成人本位”的观念，以及由此衍生的儿童观依然存在于我国公众之中，影响着人们对待未成年人的态度，以及对他们的教育内容、教育方式的评价标准。

总之，现有研究表明，家长对儿童权利有一定认识但较为模糊，而且传统的“家长本位”根植于家长的观念中，这使得他们在行使教育权力的时候往往忽略对儿童权利的保护。家长们虽有意识需要尊重孩子主权、平等交流，但在育儿实践中仍按照自己的主观意愿教育孩子。家庭的代际关系仍处于不平等、不民主状态。

三、理论视角

社会生活中的权力运作离不开话语的使用和运用技巧。法国思想家布迪厄认为“符号权力”是一种通过语言形成的权力，这种权力让人们看到并相信，形成或改变对世界的认知，进而对世界和世界本身采取行动。符号权力是一种由场域内的其他形式权力用合法的形式转换后的次级权力，可以超越积极的权力观，即把社会关系描述成权力关系；也可以超越控制论的权力观，即认为权力是交流的关系。因此，符号权力可以用来描述社会互动，是一种双向互动的权力，是一种有合法性的权力，是一种可以影响他人的思想和行为的权力。

语言权力的获得前提是发话人要有资本，获得资本是拥有话语权力的必由之路（资本有经济资本、社会资本、文化资本）。文化—语言资本一旦被认为具有权力的效果就成了“符号资本”。符号资本是其他资本的合法化转换，合法尤其是指通过掩饰和美化来让人们认可和误解他们拥有的权力将其转换为符号权力，通过这种方式来维持权力关系。对观点合法性的认同和阐述观点的人的合法性的信任赋予了语言权力，这种权力能维持或颠覆社会秩序。语言本身不能创造这种信任。因此，符号权力获得的前提是拥有符号资本，符号资本是由其他资本经过合法性转换所得到的。这种合法性是指通过语言包装让权力原拥有者重新认知他们的权力，信任权力获得者，并让渡出他们的权力来维持权力获得者的权力关系。

总之，拥有某种合法性资本（符号资本）的人被授予了合法的权力，这种权力会影响人们的思想和行为。这种资本和权力的合法性是得到人们的认可所授予的，也就是说没有人承认他的资本的合法性，他就不会被授予权力。权力被授予的关键在于人们对权力获得者资本的信任和对自己权力的误解。

上述关于权力和权力关系的论述对理解家庭场域中的代际关系与父母教育权力有两点启发：

第一，在家庭内部，一方面家长社会经验、人生阅历丰富；孩子年龄小，教育程度和生活经验等方面与家长相比明显不足。另一方面，传统社会“家长制”和“成人本位”等观点仍被广泛接受和实践。因此，家长的文化资本被孩子和家长本身授予了合法性，“家长”这一头衔也成为一种符号权力的表征，他们可以利用这种权力来影响孩子的思想和行为，孩子也认可并接受这种权力产生的影响。

第二，在社会场域内，教育培训机构通过广告、教育成果等形式让大众相信他们能够满足家长们的教育渴望，这种信任赋予了教育培训机构的合法性，同时家长认为自己没有“生产”和“传递”这种文化资本的能力。家长希望通过经济资本来换取他们的合法化文化资本，转换为孩子的文化资本。教育机构的合法化文化资本的获得是源于家长和孩子对教育机构的信任和对他们自己的不信任，家长和孩子授予教育培训机构合法化权力，培训机构利用这种权力来影响孩子和家长的思想和行为。

四、研究方法

本文采用个案研究方法，关注家长与孩子的权力关系，家长与教育机构的权力关系及家长的自我教育形象的建构。本文的研究时间为2017年1月至2月、7月至9月，地点为D市某教育培训学校。该校是一所把口才和情商作为主要培训内容的机构，注重培养学生语言表达能力、组织能力和逻辑性思维能力。开设课程针对不同年龄段和人群，如少儿课程、大学生课程。

本研究共访谈九名“80后”家长，其中八位母亲，一位父亲。学历方面，除一人是初中毕业以外，其余均为大专以上学历。职业有银行职员、公司职员、警察、全职太太等。家庭年收入在5万—10万之间，处于当地中等水平。他们子女大多处于一到四年级，除了正常的上学以外均参加两个以上的课外培训班。他们送孩子来该校参加口才培训的目的相似：认为口才优势对孩子未来的发展起到关键性作用。

分析资料来源于对家长以及学生的深度访谈记录，家长焦点小组访谈记录和参与式观察记录，在征得被访谈者同意后进行录音并转录。访谈主要围绕家长与孩子在家庭中的日常生活安排、与孩子的沟通交流、对孩子课外生活与学习安排等主题展开，并根据访谈中浮现出的相关主题继续追问，深入发掘被访谈者对自己教育形象和代际关系的理解。

在分析数据时，将访谈内容（原有主题，浮现主题，本土概念等）按主题进行编码，将相似主题归类为主轴编码，比如亲子冲突的处理和孩子缺点的纠正都可以归类为家长的家庭内的教育行为，由此看出家长对自我教育形象的认识和家庭内父母与孩子的关系。最后将主轴编码与现有文献的相关主题研究进行对比分析，以家庭场域内的亲子关系和社会场域中的家长教育行为两个方面阐述研究发现。

五、家长占主导权的代际关系

“80后”家长仍是家庭内部教育权力的主导者。他们会全权安排孩子的生活与学习，包括孩子工作日的生活安排、学习安排、日常教育等。当然他们会给孩子部分主权，比如周末的亲子活动，课外特长班的选择等，他们表示在这些方面他们会尊重孩子的意见。但在其余方面（他们所认为孩子没有能力去安排的事情）家长会为孩子全权做主，比如生活安排、学习安排、学业培训。在进行日常家庭教育时，他们多采用说服教育，极端情况如犯原则性错误（撒谎、不尊重老人等）时会选择打骂。他们在访谈中均表示自己对孩子在日常教育方面时常缺乏耐心，会难以控制自己的情绪，比如当他们多次的“讲道理”对孩子行为改变无效时，他们会选择对孩子大声吼叫。此时孩子们往往选择示弱或者哭泣等方式进一步交出自己在家中的权力来帮助家长抚平情绪，家长称孩子这一行为为“懂事”。同时他们也对自己的打骂行为和情绪失控表示自责，过后也会后悔，但是当时无法控制自己。

父母在家庭场域内占据的权力的合法性是不被质疑的，并且孩子会配合家长实施他们的权力，在父母实施权力的时候他们会通过隐忍等方式，照顾权力实施者的心情。“听话”“懂事”“乖”是这些家长对孩子对他们权力实施的配合行为的满意与赞许。现有研究也表示，在中国文化环境的熏陶下，家长会因为孩子对他们的顺从而表扬孩子，而不会因为孩子的独立去夸赞他。此外，父母会对自己对孩子在实施权力过程中的某些行为表示自责，知道打骂等方式是不正确的，但这是他们大多数情况下无法控制的本能反应。他们希望通过这种方式来威慑孩子，使得自己的管教行为能够顺利实施，换句话说家庭场域内家长权力的顺利行使，同时也再次维护了“家长”这一头衔在孩子和家长自己心中的合法性形象。

在亲子的日常交流与互动中，父母明显遵循的是多重标准，而标准的制定者和执行者又是他们自己。当涉及的内容是父母认为孩子有能力参与的，他们会平等地跟孩子交流对话，但有时会对孩子所述内容失去耐心，从而剥夺孩子的发言权。而当涉及的内容是父母认为孩子无法参与的，他们会剥夺孩子的话语权。比如霞霞的母亲表示霞霞表达欲特别强烈，但是自己没有足够的耐心听孩子讲话。在夫妻对话时会禁止霞霞插嘴，或者忽略霞霞的发言。在亲子交流中，孩子有机会和父母平等交流，但父母仍占有主导权，他们可以选择授予或剥夺孩子的话语权。孩子只有被授予话语权的时候才能参与到家庭的互动中，从这个层面上看，父母仍然是占据主权的一方。

这些“80后”父母在某些方面（如孩子娱乐活动的安排、特长班的选择等）有时会交出部分教育主权，让孩子做自己生活的主人进行选择并为自己的行为负责。例如，霞霞母亲表示会尊重孩子自主选择，比如上口才课，她会先问女儿喜不喜欢，跟女儿协议承诺报了班就要坚持学下去。再比如玩耍场所，女儿自己选择玩的地方后发现不喜欢就哭了，妈妈不会哄女儿或者换玩耍场所，她会跟女儿讲明道理：自己要为自己的选择负责，哭着也要坚持玩下去。霞霞母亲表示孩子也认可母亲指出自己的不足，明白母亲所讲的道理并加以改正。可以看出霞霞母亲非常重视孩子自主权的培养，培养她的自主意识、毅力、责任感。这也养成了霞霞有毅力、自我意识强、交流能力强的品质。由此可见，父母在放权给孩子时，他们充当的是孩子实施权力的引导者的角色。

关于孩子的未来，四名家长均表明并不会干涉、限制孩子的未来选择，希望他们能根据自己的兴趣进行自主选择。同时也表示他们作为家长会尽自己的能力为孩子创造良好的教育环境，让他们接受更好的教育资源，将来有更多自主选择的权力。这和他们的父母的教育观念形成强烈的对比，他们均表示自己在学生时代父母并没有给他们寻求更多的教育资源，在未来的规划中，他们的父母占据了绝对的主权。比如大学专业和职业的选择上，是他们的父母替他们报专业，或是毕业后按照父母的意愿寻找父母认为合适的工作。

这些“80后”父母尊重孩子自主选择的权力，提供一切可能的教育资源，然而这个尊重的时间节点在未来。现今在他们认为的关键性事物上或是他们认为自己孩子没有能力做好的事上会占据家庭中的主导权，比如孩子学习和生活安排。在某些他们认为不太重要的或孩子可以去做的事情上会让出部分主权给孩子，比如亲子活动的安排。在家庭日常交流中，孩子的发言权是由父母掌控的，他们有权力决定孩子能否参与他们的对话。因此在这些“80后”的核心家庭中，代际权力是不平等的。父母因自身的经验远比孩子丰富，这些经验因为得到家长和孩子的认可从而成为一种合法化的文化资本，家长进而获得家庭内的合法化权力，通过权力的实施来管理并控制孩子的语言和行为。为了保证权力的顺利进行，他们会采用一些“打骂喊叫”的手段来威慑孩子，这些威慑方法是有效的，孩子会选择顺从父母。家长会后悔自己在行使教育权力时的不适当行为，但是当下一次权力实施受到阻碍的时候，比如孩子不听他们的话，他们会“本能”地继续选择这种“打骂喊叫”的方式来保证权力的顺利完成。家长内心有意识到孩子应该拥有部分权力，有些人也有意识到自己占据过多的主权，自己应该放权给孩子，但这种放权仅限于一些孩子有能力处理的事情和一些不那么重要的事情上。同时这些父母也表示当孩子“长大后”——积累了足够的文化资本后，他们会把主导权交还给孩子。总之，在家庭场域内父母占据绝对主导权，孩子会适当拥有部分权力，但也会被轻易剥夺，孩子真正行使自己权力的时间在未来。

六、教育权力的外包

当问及为什么要让孩子参加语言培训时，九名家长均认可语言表达的重要性，认为这个社会都喜欢“能说会道”“说话中听”的人，会的东西需要表达出来。比如，家长们几乎都提到了希望孩子能学会“见什么人说什么话”，这种能力对孩子在学校和未来的职场的发展都有相当大的益处。家长们对自己孩子都有客观的评价，七名家长认为自己的孩子表达能力欠缺，比如遇到生人不敢说话、上课不敢发言、说话缺乏逻辑、不够自信。他们认为孩子欠缺这种能力的原因是没有足够的表演锻炼机会。有两名家长表示送孩子来参加情商口才培训并不是因为孩子表达能力欠缺，而是当成爱好培养，这两名孩子本身就“能说会道，情商很高”。

问及家长为什么要选择教育培训机构来满足自己对孩子某种教育期望（如希望孩子语言表达能力变强，情商变高等），九位家长均表示送孩子来培训机构学习口才的重要原因是口才学校有专业的老师可以给学生提供更专业的辅导，而自己没有能力去辅导孩子。除了口才培训以外家长还会安排孩子其他基本学业培训如数学、英语、作文等，还有一些兴趣培训，如跆拳道、乒乓球等。当问到是否认为这么多课对孩子来说负担太重，家长们表示，一是学校现在的考核制度让他们不得不注重成绩，当自己没有能力辅导孩子功课或者说孩子需要更加专业的辅导时，会转向辅导班满足自己的需求。二是别人家的孩子都参加，害怕自己家孩子不学就会落下。宁宁的母亲表示除了周五她每天下午都会陪同一年级的宁宁参加课外班（数学，英语），而且很多课从幼儿园就开始上了。她认为这些课外班对于一个一年级的学生还不够，有的人比他们上的还多，比如钢琴之类的。家长们均提到的一点是“现在孩子都学这么多，自己家的孩子不能比别人家的孩子学得少，不学就被落下来了”。这些家长一方面认为这些教育机构能够满足他们的教育渴望，提供他们希望孩子所获得的文化资本的专业性指导；另一方面“别人家的孩子”也成为这些家长选择教育培训机构的参考系。

当问及家长们如何选择自己需要的教育培训机构，家长们表示有两个途径，一是询问熟人（比如朋友、同事或孩子同学的家长），在朋友那里有口碑的教育培训机构被家长们赋予合法化的文化资本。第二种途径是家长接触到的相关培训机构广告，并亲自考察学校是否符合自己的教育期望，再选择是否参加培训。比如访谈的家长表示自己是在微信朋友圈看到该语言培训学校的广告，觉得语言能力对孩子很重要，孩子语言能力需要提高，孩子有这方面兴趣或天赋需要培养。这些孩子和家长在参加完学校的体验课后觉得有收获，于是交费继续参加培训。学校让家长和孩子亲身体验这种文化环境，亲自鉴定培训机构文化资本的合法性。若家长认可这种资本的合法性，他们会让孩子参加学校的学习培训，这是教育机构获得家长心中合法的文化资本的必要途径。当家长认可学校文化资本的合法性后，她们通过购买教育服务的行为授予学校教育孩子的权力，换言之，他们的教育者身份从主变为次，他们会协助学校来培养孩子。比如准时接送孩子上下课，督促孩子完成教育机构的作业，积极参加教育机构组织的活动等。家长这些行为背后有一个前提：他们对自己文化资本的合法性不自信。不仅是家长，还有孩子对父母某些方面的文化资本的不信任。大多数接受访谈的家长表示当他们指出孩子某些方面的缺点或者是错误及其改正方法时，孩子会质疑家长。而老师指出，孩子不会反驳，反而会听从老师的意见。比如，有家长指出自己的孩子发音吐字不清楚，孩子不会听从家长，若是语言培训学校的老师指出，孩子会听从老师的建议积极练习。从这个层面上看，家长选择教育机构的另一个原因是他们的文化资本的合法性被孩子否认，因此家长们没有被授予这种教育权力。家长们只好转向第三方的教育培训机构求助——家长和孩子均认可的合法的文化资本的拥有者，学校被孩子和家长授予了合法权力。在学校对孩子进行教育时，孩子和家长会接受学校的意见，调整自己的行为。

然而，当问到家长们的教育期望是否通过购买教育服务得到满足时，比如参加口才培训后孩子的表达能力是否满意，他们表示并未得到理想中期待的效果。比如，他们表示孩子的交流能力没什么提高，只是能够更有感情地朗读课文。但这并不是家长们真实的诉求，他们希望孩子能够“见到什么人说什么话”。家长对辅导班的预设是有更专业的老师可以提供优质文化资本来满足自己对孩子的教育需求，因此他们得出的假设是投入消费会达到他们的教育期望，但情况是实际教育成果并不能满足家长实际的教育期望。如小哲的妈妈表示，她并不认为晚托机构等辅导班有什么效果，孩子上课学的是下学期的课，每天像机器人一样做题，孩子被训练考试，并不是接受真的教育。但她也表示体制内的教育很无奈，虽然辅导班可能不太有用，但是迫于形势不得不上（“别人家的孩子都上，中国式教育看重考试”）。可见家长们真正的教育期望不会因为参加辅导班而得到满足，而且他们对辅导班并不是完全信任。但是有两个方面的原因会让他们继续选择购买教育服务，一是顺应外部形势的趋势，“中国式教育重视成绩”“别人家的孩子都上，不上就落下了”；二是自己对孩子应尽的义务，“不花这些钱怕将来后悔”“他就是能有一点提高，这些钱也花得值”。他们认为自己有经济能力就要尽可能地提供教育资源，害怕耽误孩子。换句话说他们认为自己理应尽可能提供教育资源，否则自己会良心不安。家长们这种购买教育服务的行为不仅仅是为了换取孩子的文化资本，还有一方面原因是他们认为这是他们应尽的教育义务。他们用这种方式来行使自己对孩子的教育权力，尽父母的职责以获得内心安慰。若孩子文化资本的转化程度没有达到家长们的教育期望，他们有两种方式来缓解这种教育期望和购买行为的矛盾。一是家长会为自己寻找合法化理由继续购买教育服务，他们会找一些外部因素进行自我安慰，来维护自己教育消费行为的合理性。比如以时间为理由，认为可能是孩子上的时间不够长，时间长了可能就会有期待的效果。二是他们会尝试换一家同类型的教育机构继续购买教育服务。在家长们看来如果发现孩子某些方面存在弱势，比如数学不好，语言表达能力差，字写得不好，他们的想法是去寻找他们认为拥有合法的文化资本的培训机构，用经济资本来换取孩子获得这些方面的文化资本。他们对这种文化资本的合法性以及转换率高低（孩子接受的文化资本）并不是完全信任的，但是他们仍然会继续购买教育服务。他们认为他们理应利用自己的经济资本来换取孩子的文化资本，而且所有的家长都进行这种教育消费，这是家长们所认为的孩子“教育的日常”，对孩子应尽的教育义务。

综上所述，家长的教育权力外包有以下几个过程：教育期望待满足—寻找具有合法性文化资本的教育机构—如果教育机构不能满足教育期望，他们还会继续购买教育服务。他们不会停止购买教育服务，他们认为停止购买就是没有尽到父母应尽的义务。家长否认自己某些方面文化资本的合法性（如数学、英语、语言表达），他们认为在这些方面不享有对孩子的教育权力。但家长有教育渴望，希望孩子获得这些文化资本，他们所能做的是为孩子选择拥有合法文化资本的培训机构，通过教育消费将教育权力转交给教育培训机构，换言之是教育责任的转移。他们通过教育消费来行使自己所认为应尽的教育责任。在教育权力转移后，他们可以跳出教育场域来评价培训机构的教育能力，他们并不认为教育机构能满足他们的教育期望。但是他们还是继续选择教育机构，以此来满足这种某些方面自己能力不足无法教育孩子的空缺，从而换取尽到父母责任的安心与孩子可能会受到良好教育的希冀。

七、结语

这些“80后”父母在家庭场域中占据主要教育权力，他们会适当给予孩子一部分他们认为可以“授权”的权力，但同时也会按照他们的意愿予以收回。他们在子代的培养与期待上迥异于自己的父母，他们尊重孩子未来选择的权力，提供一切可能的教育资源。这些“80后”家长思想上虽然认可代际平等、儿童权利，但传统社会的“家长制”和“成人本位”的思想仍根植于他们内心。两种矛盾的思想在他们内心不断地冲突、调和，导致的后果是产生在家庭场域的教育实践中“无法自控”的家长。他们会用“打骂喊叫”的教育方式来保证自己的教育权力能够顺利行使，而行使完毕又处于一种自责懊悔的心理。

这些对子女有强烈教育渴望的“80后”，当他们认为自己能力无法满足自己的教育渴望和孩子的教育需求时，他们会通过教育消费的形式将教育权力转移给培训辅导机构，希望培训机构能够满足自己的教育渴望。此外，家长多处于被动地交出教育权力——中国式教育体制对孩子成绩的要求，周围家长都把孩子送到培训机构参加学习，这些社会环境的压力和主流话语的影响迫使他们不得不出让教育权力。

这些“80后”家长并不认为培训机构能满足他们的教育渴望，他们用消费来转移教育责任，此时的他们可以自由地跳出孩子的教育场域评价辅导机构的教育能力，与其说交权给辅导机构不如说教育责任转移。他们认为通过这种方式，能够达到既满足自己对孩子提供一切教育资源的承诺又逃避了自己是教育主体的责任。

本研究通过访谈深入了解这些当代“80后”父母的真实想法，他们是有强烈的主体性与教育渴望的一代人。尽管他们已经意识到了孩子的主权问题，代际交流和互动是以不违反亲代所制定的规则和亲代主体性为前提的。他们对于代际平等处于思想中认可、行动中否认的矛盾之中，儿童在家庭中的主体性并未得到真正的重视。他们用教育消费来购买教育服务，将代际教育权力关系转变为市场关系，把为子女购买培训服务视为父母义务，这既是为人父母实践中的主体性选择，也是被市场和社会主流话语裹挟下的被迫抉择。

引领孩子精神成长才是父母智慧之爱

张英稳[①]

父母的爱，骨肉相连，舐犊情深，是最伟大的爱、最无私的爱、最纯真的爱。罗曼·罗兰说："母爱是一种巨大的火焰。"英国的一位学者说："没有无私的、自我牺牲的母爱，孩子的心灵是一片荒漠。"可见，父母的爱是多么重要，其作用又是多么巨大。然而现实生活中，有不少父母望子成龙，甚至牺牲自己的幸福，以他们所认知的爱的方式，百般呵护和教育自己的孩子，结果却事与愿违。由于缺少智慧的爱，影响了孩子的健康成长，不少孩子虽学习了知识，培训了特长，却缺失了人格，丧失了精神，孩子活得吃力，父母爱得艰辛！

一、调查与分析

父母的爱对促进孩子身心健康成长至关重要。正确的爱、智慧的爱是巨大的正能量，错误的爱、畸形的爱，对孩子的负面影响极大。2009年，我们对海安县93所小学、幼儿园进行了抽样调查分析，发现父母非智慧爱的表现方式主要有四大类：

---

①张英稳，江苏省海安县教育局原局长、书记。

类型	表现形式	可能产生的不良后果
迁就纵容的溺爱	1. 给孩子高人一等的待遇：吃“独食”、只为孩子过生日、对孩子百依百顺。 2. 为孩子当保姆，包办代替，什么事都不让孩子做：饭来张口——甚至求着吃、追着喂，衣来伸手——上小学高年级了，还帮着穿衣服，系鞋带等。 3. 无限纵容：犯错误时当面袒护。 4. 无原则妥协：只要孩子哭闹，家长马上满足要求。 5. 把孩子视为一切，为孩子而活，甚至把孩子看得比父母和配偶都重要。	以自我为中心，自私自利，从不考虑别人的需要和感受。 缺少独立性，没有担当和责任意识。 性格缺陷与扭曲。 不懂反思，不懂付出，只知索取，贪图享受。 没有自理能力，慵懒成性。 缺少吃苦耐劳和努力奋斗的精神。 自以为是。 做事虎头蛇尾，缺少毅力和意志。 精神不独立。 疏远长辈和配偶，导致家庭不和谐。
金钱富养的宠爱	1. 用金钱替代爱，认为为孩子教育舍得花钱就是爱，不惜重金送孩子上寄宿制全托学校，请家教，参加各类补习班、培训班，星期六、星期日住老师家或全部委托家教机构。 2. 推给老人还心安理得地认为：干事业，忙于生意，不惜重金，尽了爱心和责任。	亲情淡漠，不利于孩子完整人格的形成，其主要表现为：害羞胆怯，情绪沮丧，自暴自弃，不求上进，沉默寡言，缺乏自信，过分内向，感情冷漠，游离于集体之外，不善交际，急躁冲动，反复无常，害怕无知，自私自利，自卑感强，缺少信心，固执任性，易于嫉妒，敌视他人，怕担风险，沉溺于幻想，严重的还可能热衷早恋、逃学、偷窃、吸毒，甚至迷恋暴力。
偏执挑剔的爱	1. 重智轻德：只要学习好，其他什么都不重要，3—4岁就读唐诗，背宋词，做算术，练钢琴，学画画等，一味关注学习成绩，对分数特别敏感。 2. 盲目攀比，简单比较。 3. 挑剔：孩子考了99分，父母觉得考100分更好；儿子谦虚礼让，父母觉得不像男子汉，将来会吃亏。 4. 有条件的爱：“你不听话，爸妈就不喜欢你了”“你再不走，就不要你了”。 5. 爱图回报：孩子有出息，自己晚年才有保障。	人格缺陷。 畸形发展。 精神残废。 孩子感觉世上没有真爱，父母养育自己也是一种交易。

（续表）

类型	表现形式	可能产生的不良后果
强迫专制的爱	1.父母是“狼爸”“虎妈”。 2.一切听从父母，孩子没有任何发言权。 3.用体罚、打骂的方式教育孩子纠正错误。 4.命令指示。 5.唠叨不休的说服、辩驳。 6.未经允许翻看孩子日记，控制孩子的一切。	孩子缺少独立思考和处理问题的能力。 亲子关系疏远，远离父母，自暴自弃，结交品性差的学生或不三不四的社会朋友，甚至危害社会。

二、思考与探讨

2015年1月19日，《武汉晚报》报道，国家“二孩”政策放开之后，武汉13岁的女孩雯雯得知父母准备生育二胎后，相继以逃学、离家出走、跳楼等方式相威胁。在女儿尝试割腕自杀后，怀孕13周零5天的肖女士不得不含泪到医院终止了妊娠。

李某某，著名歌唱家之子，自幼聪明，4岁学习钢琴，8岁练习书法，曾获全国少儿钢琴比赛金奖、全国青少年书法大赛金奖。歌唱家57岁得子，夫妇二人十分宠溺儿子。但2013年9月，18岁的李某某犯轮奸罪被判处有期徒刑10年。

类似悲剧很多，但它们都有一个共同点：父母爱孩子，但爱的方式错误，缺少智慧，造成孩子心灵扭曲。什么才是智慧的爱呢？我认为引领孩子精神成长，才是智慧的爱。精神成长是指成长过程中人的本质力量的扩充和拓展，体现为精神生活的丰富和思想境界的提升。精神成长内涵很丰富，如诚实守信，理解包容，团结友善，助人为乐，孝亲敬长，自尊自爱，顽强执着，不怕困难，百折不挠，勇敢无畏，无私奉献，敢于担当等德育中被肯定和鼓励的思想、情感、意志，都属于精神成长的范围。从生命成长的过程来看，人的成长有两个层面：其一是生理生长层面的身体生长发育，其二是心理层面的精神成长，精神性是人的本质属性，精神成长是人的本质成长。

家庭是孩子的第一所学校，父母是孩子的第一任老师。习总书记说：“孩子们从牙牙学语起就开始接受家教，有什么样的家教，就有什么样的人。家庭教育涉及很多方面，但最重要的是品德教育，是如何做人的教育。”习总书记讲的如何做人的教育，实质上就是要求父母要注重孩子的精神成长。家长要教育孩子认识人生的意义和生存的价值，让孩子学会在生存和生活的过程中，把握生命的意义，在精神成长中自觉提升生命质量，全面发展。

什么是教育？教育就是要给孩子健全的人格，给孩子强大的精神力量。人的生命是身体生命和精神生命的统一体，身体生命是精神生命的载体，精神生命是身体生命的灵魂，二者缺一不可。人的成长更重要的是精神成长，作为家长，不能只做知识的传播者，不能只做特长的培训者，必须指向孩子的精神成长，关注孩子的心理状态，充分利用家庭教育的启蒙性、连续性、针对性、感染性、丰富性、灵活性的优势，利用朝夕相处、亲密接触的机会，体察孩子精神成长的需求，积极引领孩子的健康成长。精神成长靠的是科学精神和人文精神，靠的是精神引领，家长要以身作则，率先垂范。

如何引领精神成长呢？习惯养成教育是引领孩子精神成长的有效途径。

习惯养成教育是指在思想道德教育和品质教育的基础上，在日常的学习、生活、交往过程中通过严格的训练、科学的管理和系统的培养等手段，指导孩子养成良好的思维习惯、学习习惯、生活习惯、人际交往习惯。亚里士多德说，道德成自于习惯；费尔巴哈说，习惯——德行的秘密；叶圣陶说，教育就是要养成良好的习惯。好习惯是加速器，是助人腾飞的双翼；坏习惯是枷锁，是难以挣脱的羁绊。所以父母培养孩子良好的思维、学习、生活、交往的习惯，才能为他们的精神成长打下扎实的根基。

三、实践与成效

海安教育人早在2009年就清醒地认识到：要教育好孩子，必须首先引导家长，提升家长，家校形成合力，才能有效促进孩子的精神成长。

2009年10月，海安县妇联、县文明办、县教育局等七个部门联合制定了《关于进一步加强和改进全县家长学校工作的意见》，并由县委办、县政府办转发全县。在全国率先建立了第一所有独立编制、独立办公场所、独立预算的家长学校总校，同时在全县各中小学幼儿园和部分社区、行政村建立基层家长学校，切实做到四落实：人员落实、办公场所落实、制度落实、经费落实。县家长学校总校为教育局直属事业单位，具体负责县级家庭教育工作。八年来，总校切实履行职责，在县教育局的领导和县文明办、妇联等部门的支持下，各项工作开展得有声有色，卓有成效：

1. 开展培训。培训全县家庭教育指导教师1000多人次。

2. 强化督查。定期到各分校督查、考核、评估、指导，上家庭教育公开课、研究课400多次。

3. 专家引领。邀请孙云晓、马向真、赵凯、李文道、刘中良、华应龙等60多名国内知名家庭教育专家在海安讲学，组织大型培训讲座200多场次，参学家长11万多人次，免费赠阅家庭教育专著32000册。

4. 开通站点服务。全县28个服务点提供心理健康辅导、家庭教育咨询服务10多万人次。

5. 提供网络服务。总校网站设立父母学堂、心理导航、名师在线、特色资源等6个栏目，发布各类家庭教育公益信息2亿多条，文章9万多篇，网站年访问量达60万人次以上。

6. 研发家庭教育教材，开展家长培训。先后编写了《家庭教育讲义》11册，《家庭教育课案汇编》5册，《家庭教育父母操作手册》9册，依托各分校开展家长培训，家长学员人均参加培训每年10课时以上，受训率95%以上，极大地提高了家长家庭教育素养和科学教育子女的能力。

7. 开展课题研究。海安先后被中国教育学会家庭教育专业委员会确定为“全国家庭教育指导实验基地”、教育部关工委确定为“新时期中小学家庭教育立德树人的综合研究实验区”，先后承担了省级课题《县域家长学校多维服务体系构建研究》和国家社会科学基金教育学一般课题《新时期中小学家庭教育立德树人的综合研究》重点子课题《将社会主义核心价值观融入家庭教育的实践研究》的任务，均已顺利结题，其中研究成果《家庭教育父母操作手册》系列丛书被确定为总课题研究成果。

8. 以习惯养成教育为抓手，引领孩子精神成长。以《义务教育阶段中小学生行为习惯养成教育》《家庭教育父母　操作手册》为教材，组织全县各学校每周每班安排一堂习惯养成教育课，让习惯养成教育进学校、进家庭、进课程、进课堂。同时，每月一次家长课，通报学生习惯养成情况，提出努力方向，传授方法，实现家庭教育和学校教育影响的一致性。

海安重视家庭教育，提高家庭教育指导服务专业化水平，以习惯养成教育为抓手，引领孩子精神成长的探索与实践，转变了家长的家庭教育观念，提高了家长的育人本领，家长深深体会到爱孩子的方式要正确，培养孩子良好的思想、学习、生活习惯，引领孩子精神成长才是父母智慧的爱。孩子精神成长了，良好习惯养成了，学习成绩自然而然就提高了。父母科学教育子女能力的提升，推动了家长和教师的通力协作和密切配合，促进了孩子良好习惯的养成，让孩子的身体生命和精神生命和谐统一、共同成长。海安教育实现了质的飞跃，创造了教育奇迹，被江苏教育界称为“海安现象”。

第四篇　论坛征文

唤醒家长的教育智慧

——以“你好，寒假!”学生寒假生活研究为例

陈海敏[①]

家长是孩子的首任老师，家长发展的状态与孩子的成长质量及家庭生活品质相关，又直接影响着家校合作活动的开展。作为学校教育与家庭教育的一个间隙——寒假，家长的教育状态又是怎么样的呢?

一、家长在以往寒假的教育状态

以往，我们很少说学生的寒假生活，更多只谈寒假作业，而传统的寒假作业基本以书面为主，是一个机械的“复习+预习”的过程。当孩子在苦苦完成作业时，家长对孩子寒假生活的关注点在哪里，是否能满足孩子的期望呢?

（一）家长对孩子以往寒假生活的关注点

为了解家长对于以往寒假的关注点，笔者于2016年12月1日用问卷形式向全校家长做了调查，共收到来自各年级家长的483份答卷（见表1）。

表1 以往的寒假你怎么过?

选项	小计	比例
监督孩子完成书面作业	363	76.26%
陪着孩子到处走走	186	39.08%
孩子写作业，我则过自己的生活	30	6.3%
很忙，没时间陪他，让他自由发展	57	11.97%

①陈海敏，浙江省象山县涂茨小学校长。

统计发现，以往的寒假，家长教育的关注点主要放在监督孩子完成书面作业。但欣喜的是还有一部分家长会带着孩子到处走走。这个所谓“陪着孩子到处走走”，正如三年级学生家长张某在接受笔者访谈时讲述的：“寒假旅行总是走马观花、漫无目的，孩子看孩子们喜欢的事物，我多数时间关注着我的手机。”显而易见，家长没有用好这个“陪着孩子到处走走”的时间对孩子开展教育。

（二）家长在以往寒假的教育投入度无法满足孩子的期望

家长将关注点聚焦于孩子的书面作业，是否满足孩子的期望呢？孩子对寒假又有什么样的渴求，对家长又充满了什么样的期待呢？为理清孩子对家长及寒假生活的期待，笔者于2016年12月20日用问卷形式向全校各年级学生进行调查，回收答卷295份（见表2）。

表2　如果有一次改变寒假生活的机会，你最想改变什么？

选项	小计	比例
不要做寒假作业	84	28.47%
不参加培训班	83	28.14%
父母带我出去旅游	185	62.71%
更多和父母一起参与活动	137	46.44%
多一些玩电脑游戏的时间	60	20.34%
参加社会实践活动	117	39.66%
多睡觉	60	20.34%
多运动	74	25.08%
多阅读	75	25.42%
多一些看电视的时间	72	24.41%

统计发现，孩子们对不做传统的书面作业有较大的期待，更多的孩子希望和父母在一起、想让父母带他出去旅游、和父母一起参与活动。同时笔者还就“寒假，你希望和谁在一起”“你的孩子寒假最喜欢和谁在一起”这两个问题分别向学生和家长做了调查，结果发现有72.88%的学生希望寒假和家人在一起，71.22%的家长认为孩子寒假喜欢和家人在一起。但是家长对孩子的这个期待表现出了较多的漠然：

一年级学生家长陈某说：“我的主观意识里，寒假中，孩子就应该跟作业‘抗战’，而家长可以跟手机、电脑亲密接触。孩子只能忙里偷闲看电视，而家长可以逛街购物……”

四年级学生家长林某说："寒假给自己放放假，打打麻将，做做自己的事情，开学前稍微翻翻孩子的寒假作业，那就好了……"

可见，家长在以往寒假中对孩子的教育投入度远远无法满足孩子的期待。

（三）家长对教育的缺位阻碍孩子的发展

每个孩子都有无限的潜能，而家长对教育的缺位会阻碍孩子综合素养的发展。在调查中发现有44.41%的孩子觉得寒假最大的烦恼是一个人在家，有45.08%的孩子觉得寒假无事可干。

是不是所有的家长在寒假里都对孩子毫无教育，使之成为教育的中断呢？

表3　以往的寒假，你怎样指导孩子？

选项	小计	比例
什么都不管，让他自由发展	27	5.67%
仔细规划，让他掌握一些学校里学不到的生活常识	172	36.13%
没有规划，但是会培养孩子的综合能力	277	58.19%

由表3可见，有部分家长无视孩子的假期教育，但也有很大一部分家长会在寒假里有规划或无规划地对孩子开展教育活动。可见，家长潜意识里是存有教育智慧的。

教育智慧是良好教育的一种品质，表现为教育的一种自由、和谐、开放和创造的状态。那么家长教育智慧就是朝着发展孩子、提升孩子这个目标积极主动、心甘情愿地行动的教育品质。唤醒家长教育智慧可以让家长和孩子共同成长，是孩子发展的需要。在如今自媒体、智能手机飞速发展的时代，家长可以通过多种渠道获取新的家庭教育理念，也有能力合理运用智能手机的智慧功能用于展示孩子的课余生活：美篇、美拍、小影等影音图文处理功能家长们都应用自如。在这样的基础上家长均在新的环境下，体现了教育的智慧。

二、家长在今年寒假的教育智慧

笔者所在的学校于2016年11月开始，开展"你好，寒假！"学生寒假生活研究。我们通过征集家长和孩子对以往寒假的认识，制订学生寒假生活指导意见：根据年级不同设计分层、分类、选做、必做的作业，融合社会实践、公益、生活技能、年俗、年味、年途等生活实践类活动。我们强调家长和孩子合作完成，引导家长积极带孩子参与社会实践、体验生活，让家长在寒假期间自觉地接上教育的接力棒，不让假期成为孩子教育的中断。家长与孩子以亲子作业为载体，在一定程度上达到了互相滋养、共同成长的教育目的。

2017年2月13日开学后，笔者进行认真地整理和分析。结果比较乐观：全校1420名学生，有720名家长上交了展示孩子寒假生活的材料（见表4），占全校家长的50.7%。在做展示时，还有200名左右的家长纷纷与笔者交流："我们的寒假生活也很丰富，可惜没有做好记录。"

表4　2017年寒假生活展示上交情况统计表

内容	综合展示	假期总结	公益	年夜饭	年之味	年之途	年之俗	生活技能	走天下	秀才艺
形式	美篇	PPT	照片	照片	照片	美篇	照片	照片	照片	照片 美篇
人数	168	10	13	125	45	15	32	156	256	28

笔者还对一至四年级30位家长进行访谈，发现家长教育智慧在目的、自主、反思、实效上有着明显的发展。

（一）明确参与目的，主动融入寒假生活

家长教育智慧的目的明确，直指孩子的发展，培养孩子成人，无论是自理能力培养，美食制作、参与公益活动还是旅游、参与年俗活动，家长都朝着发展孩子为目的出发。

两个孩子都在笔者学校就读的家长张某说："今年寒假，我与两个孩子协商，和他们一起去古镇旅游、体验古镇的元宵习俗……孩子们收获很大！"

一年级学生家长唐某说："我想给孩子进行敬老教育，让孩子通过敬老活动，知道要关心、尊敬老人，于是我们联合班级其他家庭一起去敬老院给老人们包汤圆。"

（二）开展头脑风暴，主动开展各类活动

家长从自己对教育的认识出发，根据孩子发展的需要，对孩子因材施教、因需施教。张同学的家长认为传统的年货（金弹子、金团）制作手艺已经鲜为人知，于是她就邀请其他家长，为孩子们发起了一场以年货制作为主题的教育活动，让孩子们在活动中得到传统文化的熏陶。还有更多的孩子在家长的指导下开展年俗体验、自理能力锻炼、参与公益实践等各类活动（见表5）。

表5　2017年寒假家长教育活动统计表

项目	公益实践	年俗体验	旅游	自理能力	其他体验
参与人数	58	235	327	183	475

（三）积极反思总结，主动分享幸福收获

在寒假结束之前，有84位家长撰写了寒假生活的感受并提交学校。在学校召开“你好，寒假！”寒假生活分享会之前，家长们纷纷表示希望参加会议，会上，家长积极主动分享：

蔡同学的妈妈说：“通过寒假，孩子学会了做番茄炒蛋。以后我会在家务能力方面再对她进行指导，促使孩子从‘我要替爸妈做’变为‘我为自己做’。”

赖同学的妈妈说：“‘小鬼当家’活动，和孩子互换角色，让孩子当家一天，让他知道家长的不易！看着孩子双膝跪地送上的感恩信，我想他真的长大了！”

（四）凸显教育实效，主动提出未来设想

家长教育与学校教育相辅相成，家长教育自觉在效果和效应上表现得尤为突出。

胡同学的妈妈说：“看着儿子拿刀剁肉馅、切水果……我的心都快蹦出来了，‘小心点’‘慢点’‘注意些’成了我的口头禅。看着他因尝试系鞋带失败而满含泪水的目光，我总说：‘我们还小，以后慢慢来……’当他对我说‘妈妈，尝尝我做的寿司（水果拼盘）’‘妈妈，让我来洗，你去歇歇’‘妈妈，我成功了！我把票取出来了’‘我会系鞋带了’时，我的儿子真的长大了！”

经历了这个寒假，家长们感受到其内在的教育实效。3月12日和13日，笔者将参加全国研讨会的消息在自己的朋友圈发布后，马上有家长回复：“‘你好，寒假！’已经过去，暑假即将来临，‘你好，暑假！’我们再出发？”

三、“互联网+”唤醒家长教育智慧

家长的教育智慧是如何被唤醒的呢？笔者以“你好，寒假！”学生寒假生活研究为例，谈谈如何通过学生寒假生活变革，用“互联网+”唤醒家长教育自觉。

“互联网+”能较好地实现跨区域的教育资源共享，实现老师、学校对家长教育的远程引领。笔者所在的学校于2017年1—2月期间，通过“你好，寒假！”学生寒假生活研究，运用“互联网+”打造“上面级”家长、微信公众号、微信群及县级新媒体，唤醒家长教育自觉，收到了较好的效果（见表6）。

表6　是什么动力让你积极去分享孩子的寒假生活？

选项	小计	比例
班主任转发、分享	121	25.42%
孩子同学家长的分享	199	41.81%
学校公众号发布	98	20.59%
县域新媒体呈现	61	12.82%
想为孩子留点成长的回忆	369	77.52%

（一）打造“上面级”家长

“上面级”原指多级火箭的第一级以上的部分，运载火箭的运载能力在很大程度上取决于“上面级”。打造“上面级”家长，有助于唤醒其他家长的教育自觉。放假时，有家长抱怨：“学校不布置书面作业，我那么忙，哪有时间整天陪着孩子啊！”面对这种情况，笔者就挖掘了几位“上面级”家长，让“上面级”家长成为激励其他家长教育自觉的资源。例如，在四年级“年途”作业中，欧同学家长的美篇——《回家之路》被县级新媒体全文报道，她成了最重要的一位“上面级”家长，触动了更多的家长。在调查中发现有41.81%的家长是因为“上面级”家长的榜样效应，促进了教育自觉。

（二）班主任的转发和分享

家长资源是一片肥沃的、待开发的土壤，需要教师机智地去开垦。在家长眼里，班主任是班级里“最重要的老师”，班主任的认可对家长尤为重要。2017年“你好，寒假！”项目刚开展时，家长动静很小。以404班为例，随着班主任在自己的朋友圈和班级微信群里分享了欧同学妈妈提供的关于孩子寒假生活的美篇之后，短短2天，全班20多位家长给班主任发了孩子参与寒假生活的图文消息。如表6所示，有25.42%的家长是因为班主任的“灵犀一指”唤起了自己对教育的自觉。

（三）学校公众号发布

学校公众号是学校官方宣传口，家长很看重孩子在此公众号“露脸”的机会。学校公众号自2017年1月21日发布第一条“你好，寒假！”后，截至2月13日，共收到89份来自家长的投稿，236名家长通过微信群投稿、163名家长使用美篇投稿。短短20多天的寒假，此公众号发布“你好，寒假！”专题31篇，呈现了大量家长提供的表现孩子寒假生活的照片和收获。

（四）县级新媒体的呈现

为了更好地展现学生的假期生活，寒假之前，笔者与县级的两大新媒体共同策划寒假供稿方案。1月26日，“中国象山”“中国象山港”全程报道了欧同学的回家之路，让其他家长蠢蠢欲动。随之，越来越多的家长把孩子爬山、挖笋、公益实践等寒假生活写成信息报道，通过微信群投稿，县级新媒体和学校公众号择优选用。欧同学家长的另外两则信息还被内蒙古多伦县的新媒体全文报道。

四、孩子的成长和发展是家长教育智慧的终极目标

最能促进家长学习与发展的人，往往是孩子。在和孩子共同的学习中，来自孩子的反哺，往往会成为家长学习的重要动力。在163名通过制作美篇展示孩子寒假生活的家长中，有127人（占77.9%）原来根本不懂美篇，甚至压根儿不知道美篇是什么。从表6我们可以看出，有77.52%的家长因为“想为孩子留点成长的回忆”，所以通过美篇、相册等展示孩子的寒假生活。在寒假生活中，陪伴、学习以及孩子发展的本身，都是实现家长教育自觉的最大动力。在寒假结束时，家长们也纷纷发表感言：

家长陈某说：“虽然这个寒假我没了私人时间，但我见证了孩子的成长，亲眼看到孩子的变化，一起感受他的困难、苦楚，一起体验他的成功、失败，一起分享他的快乐、喜悦。”

家长于某说：“今年我和孩子一起体验寒假生活，除了言传更注重身教，还勾起自己不少儿时美好的记忆！”

学校和家庭是孩子成长的两个重要的地方，对孩子的教育和成长有着重要的作用。通过“你好，寒假！”学生寒假生活研究，并运用多种手段激发家长实现教育智慧，让家长们自觉明白陪伴是最好的教育，家长重视家庭教育，更要讲究教育策略，才能给予孩子更开阔的视野、更广阔的天地。

农村幼儿园家园共育方式

——兼论“小先生”的作用

谷丽芳①

自古以来，人们就深知家庭教育对孩子成长的重要性。“父母是孩子的第一任教师。”“新家庭·智慧爱”，“新”的含义，一为时代发展之新，二是家庭育儿之新，而家庭育儿的核心是爱。本文着重强调对爱的“度”的掌控，强调凸显科学发展观。这是发展中的农村学前教育面临的新的现实和挑战。

我国是农业大国，农村适龄儿童的数量占学前教育的总数比重较大。发展具有中国特色世界水平的现代教育，农村学前教育不能停留在适龄儿童有园可入阶段，还要大幅度提高保教质量，尤其更要研究学龄前阶段家庭对孩子早期教育的重要性及其需要履行的责任和义务。1999年世界学前教育组织和国际儿童教育协会制定的《全球幼儿教育大纲》中指出：“儿童的发展是家庭、教师、保育人员和社区共同的责任，教师要和家长就儿童以及儿童家庭有关的问题经常进行讨论、交流。”其中家庭排在首位，即家庭在儿童发展中的责任是不可替代的。“新家庭·智慧爱”所指新时代家庭科学育儿的责任是承上启下、与时俱进，发挥家庭的独特作用。本文所提出的农村幼儿园家园共育，意在引起全社会对农村儿童的家庭教育的关注。

自幼儿园三年行动计划实施以来，全国各地乡镇中心幼儿园如雨后春笋般蓬勃生发，以黑龙江省为例，各乡镇在三年行动计划的助推下均新建、改扩建1—2所中心幼儿园。应该说新建幼儿园的整体环境设施与城市幼儿园相比差异不大，办园质量也在逐渐提升，幼儿的良好行为习惯、学习习惯、交往能力的培养在执教者的主观意识上也得到重视。小学化办园倾向已经有所转变，但必须指出在家园合作科学育儿方面仍然是影响学前教育质量的短板。经两轮学前三年行动计划实施调研结果显示，一是农村幼儿家庭教育观依然停留在上幼儿园是为了识字、算数、学拼音和写字等层面，孩子的教育是幼儿园单方面的责任，只有极少数家庭注重其身心健康及快乐教育；二是孩子们的饮食和穿戴较入园前有很

---

①谷丽芳，黑龙江省教育科学研究院副研究员。

大的改变，穿戴的质量、款式都比较新潮，但干净整洁程度欠佳，饮食方面带零食的居多，各种各样的小食品和饮料等；三是留守适龄儿童逐年增多。从诸多的数据和幼儿行为等方面分析，影响幼儿全面发展的突出问题是孩子们的家庭早期教育短板、缺位，让执教者堪忧。打造家园教育共同体，实现5+2≧7（5天幼儿园教育、2天家庭教育）的培养目标亟待全社会关注，同时幼儿园更要加大对在园儿童家庭科学育儿理论和实践的重视与指导。针对存在的问题，从以下三个方面，探讨解决路径和办法。

一、创建家长学校建立机制打造教育共同体的路径

《幼儿园工作规程》（以下简称《规程》）指出，幼儿园的任务是：贯彻国家的教育方针，按照保育与教育相结合的原则，遵循幼儿身心发展特点和规律，实施德、智、体、美等方面全面发展的教育，促进幼儿身心和谐发展。幼儿园同时面向幼儿家长提供科学育儿指导。由此可见，幼儿教师不仅是幼儿园的教育工作者，还担负着幼儿园以外的幼儿家庭科学育儿的指导任务。

家庭是社会最基本的细胞，是最重要、最核心的社会组织和经济组织，同时还是人们最重要、最基本、最核心的精神家园。家庭教育在人的一生中起着奠基的作用。然而在我国个体家庭当中，父母是家庭教育中的主体，在家庭教育之路上却充满了无证驾驶的“司机”。父母是孩子最重要的老师，却也是最容易犯错的老师。因为大部分父母在成为父母之前，并没有接受过科学的训练，他们缺乏科学的育儿知识，以为教育不是他们的事，他们的事就是让孩子吃饱穿暖就行了。所以，幼儿园从接收幼儿入园的那一刻起就肩负着幼儿家庭育儿的教育责任，随着时代发展，农村幼儿园正在担负更加重要的责任和使命——打造家园共育共同体。具体做法如下：

（一）发挥优势，制订计划，建立系统、科学的家庭育儿指导

《规程》明确指出：“幼儿园应当主动与幼儿家庭沟通合作，为家长提供科学育儿宣传指导，帮助家长创设良好的家庭教育环境，共同担负教育幼儿的任务。”因为幼教工作者既有教育儿童的理论基础又有实践经验，更主要的是了解个体的成长发展情况。所以，幼儿园首先要定期组织召开家长学校讲座，使家长了解学龄前阶段幼儿的身心发展规律、认知特点及神经科学研究的新成果。引领家长在为孩子营建育儿环境的同时注重自身的形象塑造，以“种瓜得瓜，种豆得豆”等简明、朴素的直观道理，引领家长进入角色，与园内教育配合。其次，建议有条件的社区，利用社区资源建立幼儿健康成长与发展指导中心。从幼儿的预防到治疗，预防到发展，给予适当的指导，并定期或结合节日与幼儿园和家庭共同开展联谊和交流活动，发挥社区的教育职能作用。

（二）尊重儿童受教育的权益，针对不同年龄段儿童的成长与发展需求给予指导

尊重儿童的权利是新家庭教育的基石。但尊重绝非一味地满足、顺从，甚至在某些方面超前满足儿童的需求，而是保护好儿童的天性、尊重其个性，让儿童有机会表达自己的意见，涉及与儿童有关的事务都要听取儿童的意见。即儿童的知情权、参与权、表达权和玩耍的权利等不可忽视。尤其是要根据小中大不同年龄段儿童的特点，营建满足其游戏、劳作和运动的内容，让儿童有充足的时间去完成自己感兴趣、愿意做的事。

（三）防止攀比，根据儿童的个体差异给予科学恰当的育儿指导

在中国乡村，存在总认为“别人的好”的观念，从生活、学习用具到饮食衣着，人们习惯于攀比，这种看似普通惯常的观念对儿童教育成长影响颇深。同样的种子，由于播种的时间、浇水、施肥等因素不同，使其发芽、结果的时期都不同。儿童的成长亦如此，有自己的生长周期、成才规律、受教育的环境等，诸多因素等直接影响到人生的轨迹，切忌揠苗助长，不能脱离实际地要求孩子们摘取跳起来也采不到的果实。一味地跟风、攀比，不顾儿童身心发展的实际情况，对儿童的自信心、自尊心会有负面的伤害。所以，家长在孩子成长过程中的陪伴、守望和耐心等待也是一种智慧的爱。

二、组织活动畅通传递家园共育教育元素的渠道

《规程》强调：“幼儿园应当建立幼儿园与家长联系的制度。幼儿园可采取多种形式，指导家长正确了解幼儿园保育和教育的内容、方法，定期召开家长会议，并接待家长的来访和咨询。”所以幼儿园要建构多元化的活动，给予家长适当的引领。

（一）家长开放日——集体教学活动促进家园与儿童共成长

实现家园共育的第一要务“知己知彼，方得共赢”。家长开放日的集体教学活动是家长了解幼儿园办园宗旨、理念，教师的综合素质、教学方法和手段，幼儿的独立学习能力及与伙伴合作能力的综合展示平台，亦是幼儿园检验自身管理水平及与家长互通有无的合作平台。大家通过感官了解和交流，在反思中分析、明辨，结合实际生发适宜自我及儿童成长发展的新理念、新思想，形成家园育儿的合力，共同成长。

（二）趣味活动——构建家园与儿童情与爱的融合

3—6岁是儿童情感发展和教育的重要时期，这个阶段的儿童对身边生活和社会都充满着好奇，家长的陪伴和适度参与至关重要。如，趣味运动会是家长与儿童情感互动走向智慧爱的序曲；远足、我和小草同长高、亲近大自然等系列活动，是生发家长与子女“共情”，促进家庭与幼儿和谐互助、伙伴合作、关爱生态等爱的情怀，是培养儿童快乐、向上、健康情感的诸多旋律和乐章。为儿童一生快乐成长，打造农村幼儿家庭生活幸福是

“新家庭·智慧爱”的主旋律。

（三）亲子游戏——实践中理解守望陪伴的内涵

《幼儿园教育指导纲要（试行）》中提出：“家庭是重要的合作伙伴，应本着尊重、平等、合作的原则，争取家长的理解、支持和主动参与，并积极支持，帮助家长提高教育能力。”亲子游戏利于家长与孩子情感交流，心与心沟通，潜能开发，学习品质及人格培养。幼儿园每天都把教学或游戏活动延续的内容告诉小朋友或公布在家园微信平台上，内容可分为必选和自选两种，目的是让家长每天跟孩子游戏20—30分钟，并逐渐形成常态。每天幼儿园利用一日活动的碎片时间分享前一天亲子游戏的趣事，培养幼儿的观察、总结能力，锻炼口语表达能力，更重要的是引导家庭建立每日与孩子互动、陪伴的好习惯。

三、“小先生”是儿童自我成长影响他人的共赢平台

“小先生制”是教育家陶行知先生在普及教育实践中依据“即知即传人”的原则，采取小孩教小孩、小孩教大人的方法推广实施的一种教育组织形式。该理论在当今农村办教育依然受用。在农村，年轻父母对孩子生活上的呵护丰盈有余，在教育的科学性方面略显不足，加之还有照顾留守儿童的祖辈，他们在过去穷苦生活留下的烙印和不良习惯，被喜好模仿的儿童们照单全收。“小先生制”即尊重儿童的天性、发挥个性，把生活和社会问题的解决和儿童的兴趣与需要结合起来，让儿童把幼儿园习得的良好习惯带回家，传递给身边的亲人，同时展现其自我成就感和价值。使长辈改掉不良嗜好并养成好习惯，从而提高农村幼儿园办园质量，进而改变农村家庭面貌。

（一）每月一事教学相长

在行为心理学中，一个人的新习惯或理念形成并得以巩固至少需要21天，也就是说，一个人的动作或想法，如果重复21天就会变成一个习惯性的动作或想法。根据儿童的喜好，结合人们生活实际情况，开展饭前洗手、饭后刷牙、睡前洗漱、科学饮水、锻炼身体等，共同培养好习惯的“小先生”活动。以培养幼儿良好生活习惯“洗手”为例，把幼儿园运用歌谣引导幼儿正确洗手的方法，让孩子们当小先生传递给家庭成员，孩子们在完善巩固自己习得本领的同时发挥着独特的作用，这也是培养孩子们独立做事的能力和家庭主动参与育儿的引擎。最终将大家养成吃东西前和便后洗手的良好习惯拓展到进家门首要任务也是洗手的好习惯。

（二）“每周一画”提升家长对儿童内心深处的认知度

画画是孩子的天性，每个孩子都是绘画的天才。幼儿园顺应儿童的天性和发展需求，

以主题的形式开展“每周一画”的家庭亲子活动。幼儿根据主题完成作品并讲述画面，请家长记录讲述内容并言简意赅地附在作品的下边。如，小班：学说一句话；中班：学说一句短语；大班：讲一个小故事。通过家长代笔将儿童内心童话般神秘的世界展示给大家，同时引导家长走进孩子的心理，逐渐学习读懂孩子的内心世界，使家长从“教育保姆”或“教育警察”的角色中走出来。幼儿园每个月组织自制“亲子漂流书”活动，孩子们通过互换各自的绘本、亲子共读，激发幼儿主动绘画的积极性，拓展幼儿的思维，发展幼儿的想象力和创造力及绘画技能，提升家长呵护孩子的科学性和专业性。

（三）亲子共读情感互助共促成长

发挥“小先生”的作用，幼儿园组织“宝宝家庭绘本共读”活动。每天孩子们把从幼儿园带回家的绘本逐页讲给家长，然后家长将绘本中的文字部分讲给宝宝听。第二天上幼儿园，在餐前时间，伙伴们互相分享阅读。一方面培养幼儿从小养成做事认真、专注，勇敢表达的好习惯；另一方面引领家长转变观念，即陪伴孩子阅读、游戏，是家长的责任和义务，同时也激励家长养成阅读的好习惯；第三方面提升亲子共情。情感互动对幼儿良好品格的影响及自信心培养起到事半功倍的效能，也转变了农村家庭不科学的育儿观并提高其对幼儿教育的主动性、积极性和创造性。

总之，幼儿教育不仅在幼儿园之中，也存在于幼儿园之外，重要的是家庭之中。办好具有中国特色世界水平的现代教育，是时代赋予我们的崇高使命，是幼儿教育工作者的重大责任。农村幼儿园家园共育是提升农村幼儿“新家庭・智慧爱”打造教育共同体的最佳路径，也是提高家庭科学育儿的快捷方式。农村幼儿家庭教育的科学性和主动参与度，决定着学前教育向着有质量有品位的方向发展。为了给农村儿童打造幸福快乐且健康成长的童年，农村幼儿的家庭教育亟待教育同仁、研究者、专家，乃至社会投入更多的智慧和探究。

培育与形成智慧爱的家庭教育理念

蒋 梅[①]

家庭教育与社会教育、部门教育有机结合，相互影响，相互作用，相互制约，三者不可替代。在整个教育系统工程之中，家庭教育是一切教育的基础，对培养人才有着十分重要的作用。良好的家庭教育观念又是决定家庭教育成败的关键。在此，本人就如何培育良好的家庭教育观念提出自己的粗浅见解，以供同行参考。

家庭教育观念、方式的正确与否与时代有关。在这方面，与其说什么是对的，不如说什么是有效的、合适的。正如20世纪的家庭教育必然不同于以往世纪的家庭教育，21世纪的家庭教育也必然不同于20世纪。也就是说，20世纪的家庭教育理念、方式、手段不能复制到21世纪。然而，对21世纪孩子的教育却是由20世纪的家长在进行。家长不可避免地会带有以往的家庭教育观，在对孩子的爱的教育方面，也就存在“旧爱”与“新爱”的冲突与交织。在新的世纪，解决好对孩子“爱”的教育问题，把爱的过程转化为孩子个性的发展过程，是当前家庭教育的核心内容之一。

一、爱的误区：爱的名义下的扭曲爱

对孩子的爱的理念、行为有着深厚的物质基础原因。如在工业革命时期的英国，工人家庭生育了大量的孩子，一方面固有儿童死亡率高的因素，更重要的是工人家庭把孩子视为家庭财富增长的要素，让儿童进入工厂工作为家庭增加收入，自然也就谈不上对孩子有多爱。反之，当前中国家庭对孩子爱得错位、盲目也大多基于家庭财富的增加与丰裕，主要有以下态势：溺爱、强加的爱、冲突的爱、物质的爱。

（一）溺爱

在各种错位的爱、盲目的爱之中，溺爱现象最为普遍。溺爱即过分的爱，超过了常识

---

①蒋梅，广东省东莞市茶山镇第二小学教师。

中人们对孩子爱的理念、行为的认同，被认为是一种失去理智、直接摧残儿童身心健康的“爱”。卢梭就指出，溺爱对孩子其实是一件很残酷的事情。溺爱主要表现为，孩子想要什么就给什么，想做什么就做什么。因而，溺爱形成的前提是家庭非理性地满足了孩子的要求。但是，家庭的有限满足能力与孩子的无限要求之间存在着难以调和的矛盾。一旦不能满足孩子过分的要求，而孩子已经形成了非理性的欲望时，冲突就不可避免地开始了。

（二）强加的爱

在父母与孩子的谈话中，经常听到这样的表达：“我还不是为了你好！”这实质上是一种强加的爱。强加的爱往往是无意识的。因为父母仍然不自觉地把孩子视为“母体”的一部分，认为父母与孩子是一体的，没有认知到孩子的独立性，从而对孩子造成了伤害。许多父母让孩子参加过多的兴趣班、训练班，而没有去挖掘孩子的兴趣所在；从小给孩子灌输长大后要做什么，而不明白孩子的个性是什么；把自己的经历强施于孩子……这些“强加的爱”在现实生活中很常见。

（三）冲突的爱

冲突的爱常见于“4+2+1”或“2+2+1”之类的大型家庭中。这类家庭在对孩子的教育观念上，存在以下冲突模式：祖父母—父母、外祖父母—父母、祖父母—外祖父母之间的冲突。在这类家庭中家长对孩子溺爱的加深，孩子可以从除父母之外得到更多的满足，进而提出更多的要求；对孩子施加更多的“强加的爱”，尤其当祖辈与父辈意见不一时更让孩子无所适从；当祖辈与父辈冲突时，父辈由于工作原因而使祖辈承担起教育孩子的主体责任，导致对孩子教育的越位与缺位，出现爱的缺失的情况。

（四）多物质维度的爱，少精神维度的爱

今天，许多家庭在孩子教育、培养方面往往出现三个字“买、买、买”现象。这与都市快节奏，以及与人们对金钱的重视程度息息相关。青年父母每天疲于家庭生计，很难有大量时间陪伴孩子，父母通过为孩子购置大量商品这一方式来减轻自责。在对孩子的奖励上，物质奖励往往也占首位，既源于父母缺乏精神奖励的手段与观念，也源于父母没有时间。由于对金钱的重视，孩子手中的玩具、衣服、高级兴趣班、在哪所名校就学，成为父母间衡量对待孩子教育是否重视态度的标尺。家长之间不是在商谈如何去培养好孩子、爱孩子，而是在攀比各自给了孩子多少东西，导致物质维度的爱与精神维度的爱的失衡。

二、爱的智慧

智慧爱这一概念提出的目标应在于在给孩子爱的过程中，要学会去爱、懂得去爱，在爱的过程中树立孩子的“三观”，把孩子培育成人，而不是以爱的名义毁了孩子。这要求我们必须理解智慧爱。

（一）智慧爱与盲目爱相对立

盲目爱指家长在对孩子实施爱的行为过程中，使用了错误的方式，赋予了错误的爱的内容，却希望获得一个美好的结果，最终却得苦果。本文前述的溺爱、强加的爱、冲突的爱、物质的爱实际上就是盲目的爱的几种形式。而智慧爱以爱为内容，以智慧为手段，与盲目的爱相对立。

所谓“爱”，就要求我们用心去教育孩子。智慧爱辨析判断什么是爱，要求我们从感性走向理性，这是其第一层次的意义。我们对孩子的爱，不是去套用别人的行事方式，不是表面功夫，也不是自我感觉良好，而是理性地给予孩子所需要的爱，不是无原则、无规则地爱孩子。

（二）智慧爱不是单向度的，是父母与孩子互爱

一些家长经常抱怨，孩子难带，整天都是吵个不停、不听话。这是因为孩子的心智与年龄不相符，或是孩子的心智在发展过程中偏离了正常的轨道。从心理学来看，婴儿出生之后心智是空白的，需要在后天环境中通过教育使心智达到成熟。基于基因学来看，每一个人的基因是不一样的，这种先天的基因将终生影响人的后天发展。本文无意探讨“先天与后天”的决定性问题，而是指出孩子的先天因素对心智的成熟过程具有相当重要的作用。即在对孩子爱的教育过程中必须重视孩子的个性，要理解、知晓孩子需要什么，不需要什么，他是一个什么样的个体，而不是大量释放爱，导致“为什么透支了爱，孩子还是觉得不够”。爱是相互的，这是智慧爱的第二层次意义。父母给孩子的爱的过程应该也是孩子把爱理解、认同、内化的过程。给的方式不对、给的内容不对、强加的爱都让孩子心智走向不正常的轨道。当孩子吸收、消化了父母给予的恰当的爱，孩子的心智也会形成反向机能，生成爱，并与父母、他人分享。

（三）智慧爱是反思的爱

智慧爱具有反思性，这是智慧爱的第三层次意义。除了认知爱、认同爱，对爱进行反思是更深层次的智慧爱的要义，这也源于智慧爱与哲学的关系。哲学按其词源有“爱智慧”之意。所谓“爱智慧”，就是去追求智慧，不让自身盲目，对问题进行追问、反思。苏格拉底以“好问”著称雅典城，《论语》也有“学而不思则罔，思而不学则殆”之说。冯友兰说：“哲学，就是对于人生的有系统的反思的思想。”哲学家也被称为爱智者或智者，智者则又被认为是最快乐的人。智慧爱就是教育哲学上的终极追求。

作为家长、孩子的教育者，在给予孩子爱的过程中要赋予智慧，这也是一个追求智慧的过程。尽管不是每一位父母都能成为哲学家，但是通过“吾日三省吾身”则可以成为一个快乐的人。孩子也将在快乐中生活，不再负担多余的爱、盲目的爱。

三、爱的教育

智慧爱要求我们走出那些家庭教育的误区，让爱成为真爱，而不仅仅是珍爱。这里的“真”是正确的、理性的意思。这就要求家长学会爱、懂得爱、理性地爱。家庭教育是一门科学，也是一门艺术，若方法得当，则事半功倍。

（一）家长要学会教育自己，让自己成为受教育者

熊孩子不是天生就是熊孩子，尽管有些孩子由于先天因素在后天环境中更容易成为熊孩子，但一般而言，熊孩子的后面有着熊父母、无知的父母、眼中只有自己孩子的父母。这些父母固执地认为自己对孩子的教育是最好的，对孩子的爱是无人能及的。除了熊孩子的家长有这样的教育误区之外，大多数家长都或多或少存在此类情况，只是程度不同而已。

目前，我国的家庭教育观念大多来自本家庭上一代教育观念的延续及舆论媒体等，家长没有经过系统的、专业性的家庭教育培训，新的家庭教育理念经常被忽视、排斥。马克思说过：“教育者本人一定是受教育的。”父母作为孩子的教育者必须要先让自己成为受教育者，主动学习，参加种类优质的家庭教育培训班，通过教育类软件及时掌握教育新理念，与专家、其他家长沟通正确、恰当的教育方式。同时，还要经常教育自己，自我反思：我这样的教育方式正确吗？对孩子未来的成长有益吗？对孩子的爱是否影响了他人等。只有明事理、有正确教育理念的家长，才能最大程度地避免盲目的爱的行为，孩子才能获得恰当的爱。

（二）树立正确的爱的教育导向，营造生态家庭氛围

近些年，许多家长学会了一个词：“无条件的爱。”他们把这一词与中国国情结合起来，本来还不太好意思放手施行的盲目的爱，现在以“无条件的爱”的名义，让孩子为所欲为。其实，这曲解了“无条件的爱”的内涵。“爱孩子现有的样子，给孩子成长的自由，但前提是要有规则。”如果只有无条件的爱，却没有为爱设限，这种爱的后果是对孩子的伤害，这种爱不要也罢。在爱的教育的导向方面，要有条件地管孩子的行为，学会管孩子的行为。在对孩子的教育过程中，不要单方面付出爱。其实，孩子是很愿意与人分享他的情感、兴趣、所获的。教会孩子去分享，营造一种爱自己也爱别人的家庭氛围，让孩子能够释放他们饱满、热情的爱。

（三）形成手段与目的、形式与内容相契合的爱的教育理念

许多家长在教育孩子方面，容易出现爱的错位、爱的盲目，往往是因为在施爱的过程中重手段无目的、重形式少内容。

智慧爱追求的是理性的爱，对爱的行为进行反思，及时对非理性的爱进行纠偏。智慧爱要求在家庭教育中以孩子个性发展的培育为主体，关注孩子成长所需要的内在力量。施爱的过程中手段与形式不能掩盖目的与内容，要形成手段与目的、形式与内容在施爱的过程中相契合的理念。不能以给孩子买了多少东西作为衡量爱的标准，而是将爱的力量转化为孩子的品格、德行等的发展动力，让孩子学会做人。

智慧妈妈不跑题

雷　露[1]

当妈妈其实跟写作文一样，应该围绕主题展开而不跑题。至于妈妈的“主题”我觉得主要有三方面：让孩子感受到家庭的爱和温暖、让孩子形成积极向上的性格、让孩子对自己未来的家庭充满向往。

在现实中，不少妈妈却跑题了。比如，有的妈妈把孩子的学习成绩看得太重，她让孩子感觉到学习成绩绑架了妈妈的爱；又如，有些妈妈在给孩子提供丰裕物质财富的同时让孩子觉得自己的人生不必奋斗了；再如，有些妈妈用自己糟糕的家庭关系使孩子对自己未来的家庭心存恐惧……这些都是妈妈跑题的现象。

下面，我从“快乐家庭氛围需要营造”“让孩子形成积极向上的性格”“让孩子对自己未来的家庭充满向往”三个方面来分享自己颇有些“另类”的家庭教育经验。

一、快乐家庭氛围需要营造

人们常说一个家庭的氛围是由母亲决定的，事实上也确实如此。在17年的妈妈生涯中，我慢慢地琢磨出了一些营造家庭快乐氛围的经验。

经验之一：践行“进门仪式”

作为成年人，无论是工作还是生活，妈妈们都难免存在烦恼。作为一个智慧妈妈，就应该把烦恼留在门外。在现实生活中，当我碰到烦恼或痛苦的时候，在每次回家进门前，我都会自己举行一个十几秒的“进门仪式”。就是在门前停留十几秒，抛开沮丧的心情，调节脸上的表情，然后拉开门，用兴奋的语气说：“亲儿子、亲老公，我回来啦！”让家里的那俩人感觉到“妈妈（老婆）回来，春暖花开”。的确，妈妈明媚的笑脸和兴奋的语气会像阳光一样顿时洒满整个家。这种阳光的感觉是良好家庭氛围的基调，而且具有连锁

---

①雷露，北京市十一学校教师。

反应。

经验之二：创造几个快乐源

老公在家弄了一个鱼缸，十几条鱼里面有一条是清道夫。某一日，我极其“严肃”地对父子俩说：“这条清道夫鱼我取名‘小雷’啦。”父子俩不解，我说：“你们老说我懒，这条清道夫鱼也懒，总是待在鱼缸底部一动不动，不是很像我吗？所以取名‘小雷’。”父子俩举双手赞同。从此，“小雷”同志就成了父子俩开涮的对象。有了这个快乐源，在各种嘲笑和反嘲笑中家庭快乐指数爆棚。智慧妈妈要有意识地在家中创造几个快乐源，它们会成为“快乐开关”，一按就亮。

经验之三：敢于自黑自嘲

本人属于一唱歌就被父子俩残酷镇压的那种类型，一首歌唱几十遍也找不着调。平时老公做饭我心悦诚服地打下手，一旦我主厨时就爱边听音乐边炒菜，炒菜时还会时不时地跑到那俩人的面前，用《中国好声音》选手般的煽情语气说：“我怎么就这么爱音乐呢？我真是为音乐而生的啊。”那俩人自然各种嘲笑，“妈妈的歌声”就成了家庭快乐源之一。在搞气氛方面，如果妈妈有自黑自嘲的精神那就最妙了。

二、让孩子形成积极向上的性格

我在孩子教育方式上属于那种绝对放养型的，老公经常开玩笑说：“你把对待工作心思的十分之一用在儿子身上，就算是一个亲妈了。”我则开玩笑反驳：“我的智慧你看不懂。”作为妈妈，我觉得相对于生活上的照顾，精神上的引领是更重要的。同时，我觉得想让孩子形成积极向上的性格就一定要从娃娃抓起，要尽早着手。

我是从孩子三四岁时开始培养他积极向上的性格的。我们家族有天才基因，父辈和同辈都出过天才，而儿子在婴儿时期也出现过一些早慧的特征。于是，在他三四岁的时候，我按捺不住好奇心去中国儿童中心给儿子测了智商（作为有心理学基础的我很负责任地告诉大家：一定不要给孩子测智商，除非你对孩子的智力有绝对的自信，否则测智商对孩子来说就是灾难）。最终的测试结果是他算超常儿童但达不到天才的水平，不过这也让我满足了。在儿子三四岁的时候我就跟他说：“如果你自己成功，你就具有1个人的价值，如果你能帮助10个人成功，你就具有11个人的价值。”然后我问：“如果你能帮助1000个人成功，那你具有多少人的价值呢？”他用脆生生的声音说：“有1001个人的价值啊。”激发孩子积极向上的内动力要尽早，因为暗示的力量是很强大的，对于年龄较小的孩子来说积极暗示会成为他自我认知的一部分。在他七八岁的时候，我也不断强化他——“你是一个聪明、有能力的人，以后一定会成功的，所以你将来要承担更多的社会责任。”在孩子17

岁的时候，有一天我和孩子聊得很深入，他说："像我们十一学校的学生都很优秀，以后考一个好大学、找一个好工作，过上精英阶层的生活是没有问题的。但我还要承担一些社会责任，因为从小你就是这么教育我的。"我感到很欣喜，十几年前激发内动力的教育效果终于呈现出来了啊！

要让孩子形成积极向上的性格，妈妈也必须以身作则。在生活和工作中我难免会碰到一些困难，但我从不气馁，偶尔打击严重时消沉一两天就又拨云见雾了。父子俩经常说我是"打不死的小强"，我想这可能是我遗传了母亲坚强基因的缘故吧。有一天，儿子低声跟我说："妈妈，我觉得我性格中有坚强的一面，像你。"言传身教的教育效果呈现出来了啊！

三、让孩子对自己未来的家庭充满向往

每一个妈妈都希望自己的孩子未来有一个幸福的家庭，但有些妈妈有意无意的行为与自己的愿望背道而驰。父母是有有效期的，对孩子的婚恋教育最好在18岁前完成，因为孩子一上大学教育的机会就少了。

在孩子的婚恋教育方面，妈妈要让家里充满快乐的气氛并且要敢于直抒胸臆。"你看你爸真把咱俩当成手心里的宝了。""那是真的。""我何德何能居然生了你这么好的一个儿子。""嘿嘿。""今后你要像你爸妈一样，不打你的孩子。""我肯定不会打他们的。"家不是含蓄的地方，有爱就说出来。妈妈让孩子感受到家庭生活的爱和美好，孩子才能对自己未来的家庭充满向往。

在孩子的婚恋教育方面，妈妈还要对孩子进行价值观教育。比如，我经常从社会生活中拿出一些例子，与儿子一起分析，让他认识到生命的延续是一件美好的事；或者让他认识到自己应该奋斗，为子女创造良好的成长条件；或者让他意识到他今后应该像他老爸一样，对自己的妻子和孩子充满关爱……

"不跑题、不跑题、不跑题"，重要的事说三遍，因为作为一个智慧的妈妈，真的不能跑题啊！

新时代家庭教育思想浅谈

栾 岚①

当前，我国社会全面进入新时代，构建新时代家庭教育思想应该深刻学习领会总书记关于家庭建设的重要讲话，牢牢把握时代特征。一是实现中华民族伟大复兴的“中国梦”，要从筑好每个家庭的“家庭梦”开始；二是全党全社会正在培育和践行社会主义核心价值观，将中华民族传统美德发扬光大；三是总书记一直强调要把社会主义核心价值观建立在中华优秀传统文化的基础之上，多次强调中华优秀传统文化是中华民族的根，中华民族自古以来就重视家庭、重视亲情，有着深厚的家庭情结。

一、以社会主义核心价值观为引领，提升新形势下家庭文明建设

家是最小国，国是千万家，家风家教的好坏直接关系到每个小家庭和国家这个大家庭的长治久安。家庭是人生的第一所学校，家风不仅是个人精神成长的源头，是传承千年的精神尺度，更是夯实社会道德大厦的根基。现代社会日益变革，各种思潮不断涌现，作为传统文化的代表，我们的家风家教既应该是“传家宝”，又应该是“新时尚”。具体要做好以下两方面：

（一）要注重家庭建设

众所周知，家庭是社会中最古老、最基本的组织形式，是我们每个人最熟悉的地方，中国文化以家庭为主，是以家为单位的经济体并充当社会角色，家庭幸福则社会祥和，家庭文明则社会文明，家庭作为社会最基本的单元，承担着抚育幼儿，帮助青少年走向社会，关照、赡养老人的重要职能，家庭建设是每一个家庭成员的责任。因此，作为家长，不仅要注重幼年子女的人格健康，还要教育成年子女遵纪守法、廉洁奉公。只有这样，家庭成员世界观、人生观、价值观的形成才能有正确的方向和坐标。家庭是社会最基本的细

①栾岚，辽宁省瓦房店市友谊小学教师。

胞组织，只有家庭与社会建立起良性的互动关系，才可能实现全面协调可持续的发展，没有家庭的和谐，整个社会的和谐就无从谈起。

（二）要注重家风建设

家风，是一个家庭的主旋律，是社会风气的重要组成部分，社会学家将其称为“家庭文化”，心理学家则称其为“精神风貌”，其内容是指一个家庭的所有成员共有的生活习惯、思维方式及言行表现的总和，也是家庭成员品格、文化素养、道德情操、人际关系的具体体现。家风通过日常生活影响孩子的心灵，塑造孩子的人格，是一种无言的教育、无字的典籍、无声的力量，是最基本、最直接、最经常的教育。孟子曰：“不以规矩，不能成方圆。”《礼记·大学》中也说：“所谓治国必先齐其家者，其家不可教而能教人者，无之。”因此，家长首要的任务就是要形成一种有利于孩子成长的良好的家风，家长的言行举止、生活习惯等都潜移默化地影响着孩子的世界观、人生观、价值观的形成，甚至左右着孩子一生的道德行为。我认为，家长对孩子的正面说教和引导是必要的，但更多的应是以身作则，身体力行，在学习精神、道德操守、遵纪守法、为人处世等方面做孩子的榜样，给孩以正能量。苏联教育家马卡连柯说：“父母对自己的要求、对自己一举一动的检点，这是首要的和最基本的教育方法。”每个做父母的人，不要忘了自己做家长的责任，要对子女进行传承中华传统美德的家庭教育，弘扬良好家风。言教不如身教，要努力做子女人生道路上的榜样。

二、以完善家庭教育体系为保障，充分发挥家庭的基础教育功能

现代教育是家庭教育、学校教育和社会教育的统一体，而家庭教育则是一切教育的基础。父母是孩子的第一任老师，我们每个家庭都毫无选择地要面对教育子女这个课题，这个过程虽然困难而艰辛，但也富有乐趣和慰藉。我个人认为，在孩子成长的教育过程中，主要应做到以下三方面：

（一）帮助孩子建立自信心

生活中每个人的成长都会经历种种波折，自信往往是一个人在经历波折与坎坷后获得成功的重要保障，是孩子成长过程中的动力源泉，是孩子社会性发展的一个重要方面，对孩子的身心健康与和谐发展有很大作用。一位哲人说得好：谁拥有了自信，谁就成功了一半。在孩子的成长中，家长要引导和激励孩子做任何事都不能只看结果，更要用自信心去面对整个过程，让孩子通过自信心取得成功，即使失败也要从中总结经验教训，从而形成百折不挠的勇气。当孩子犯错误时，家长更不要急于训斥孩子，要帮助孩子分析犯错误的原因，告诉孩子这样的错误会造成什么后果，以及什么错误是可以犯的，什么错误是不能

犯的，以后应如何改正。如果一味地打骂，只会让孩子的心灵受到伤害，因为害怕犯错误而没有自信去做任何事情。

（二）提升孩子的学习习惯与能力

我国著名教育家叶圣陶先生说过：“教育是什么，简单地说，只有一句话，就是养成良好的习惯……”想培养孩子的学习习惯，就要先提升孩子对学习的兴趣，兴趣是学习的强大动力，有了兴趣以后孩子就有主动学习的欲望，对知识有渴求，在学习上就会事半功倍。如果没有兴趣，填鸭式的教育对孩子来说不但是一种折磨，更会让他对学习产生一种恐惧，到头来学习就会变成没有尽头的苦差事。因此作为父母，必须有意识地培养孩子的兴趣，教会孩子在自发状态下去探索、去求知，一旦这种兴趣形成一种惯性，孩子良好的学习习惯就会养成，甚至会对学习压力有相当强的承受能力，觉得学习是一件非常快乐的事情。

其次在智育方面，需要在孩子的成长过程中发展他的内在力量，而内在力量的发展，要注重心智成长。家长应与老师多了解孩子平时的听课情况，课后多对孩子的复习、作业给予必要的指点，并结合实际情况指导孩子看一些有益的课外读物与辅导材料，安排孩子科学用脑，劳逸结合，多培养孩子的逻辑思维，从而提升孩子的学习能力。

（三）理性看待孩子的学习成绩

学习成绩只是检查孩子阶段性学习情况的手段，家长应对孩子的考试成绩有一个正确的认识。首先，当家长接过孩子的考试成绩单时，不要只注重分数，而应通过孩子在校学习、生活状况的其他侧面综合考虑，要以坦然平和的心态接受它。如果孩子成绩很低，我们就应该针对孩子的实际情况来制订新的学习计划。其实决定成绩的因素有很多，作为家长应该帮助孩子分析成绩不理想的原因，吸取失败的教训，总结经验。对于孩子的进步则应及时鼓励，并且帮助孩子明确进步的原因，树立孩子的信心。如果把孩子的考试成绩单看成是“奖惩通知单”，一看考了高分就给予物质奖励，看到成绩不好就打骂、责怪孩子，只会让孩子对考试产生恐惧，形成恶性循环。

其次，家长要善于发现和发展孩子的特长。梅尔·列文说过：“父母要善于挖掘孩子身上的宝藏，来引发他隐藏的才能。对孩子来说，最好的成功是能够实践自己的长处，而不是被强迫去做适合别人的事。”学习课本知识固然重要，但在当今追求全方面人才的社会，培养孩子课本之外的一技之长也显得越来越重要，与其担心孩子的缺点不如发挥孩子的特长，这样孩子才能在未来竞争激烈的时代站得更高。

三、以社会主义和谐社会为目标，构建以爱为主题的和谐家庭

“家和万事兴”体现了中国以和为贵、以家为中心的传统文化思想，它不仅是个人应崇尚的伦理道德，更是保证社会良性运转的规则。没有家庭文化的发展和繁荣，就难以实现社会主义文化的繁荣和发展；没有家庭的和睦和家庭新风的倡扬，也谈不上整个社会的和谐，因此，营造和谐家庭氛围，是推动社会主义文化建设和社会和谐发展的根本。我个人认为，要构建和谐家庭，主要应做到以下两个方面：

（一）让爱天天住我家

家庭是社会的细胞，和谐社会离不开家庭和谐，同样，孩子的健康成长也离不开祥和安全的家庭环境，和谐安宁的家庭氛围能给孩子以心理上的安全感与幸福感。每一天，父母要多说鼓励和表扬孩子的话，简单的一句话“你是最棒的！”往往会带给孩子很大的快乐和自信。在家中，不但要给孩子和谐愉快的学习空间，而且还要尽可能地培养孩子的基本生活技能，有自理能力、有克服困难的意志、有爱心。要多抽出时间来陪伴孩子学习和游戏。文化知识固然重要，但游戏对孩子的成长也是必不可少的，父母要让孩子在劳逸结合中得到权衡，使孩子在学习和游戏中充分寻找乐趣，让孩子获得生活在家庭中的幸福感，给孩子一个愉快的成长空间。

（二）智慧爱引领孩子成长

爱孩子是一门艺术，战国时期思想家韩非说过：“人之情性莫爱于父母，皆见爱未必治也。”意思是说，父母对子女的爱是其他任何人的爱都无法比拟的，虽然父母都爱子女，但不见得都能教育好子女。作为父母，应该理智施爱，做到“爱而不娇、严而不缚”。“爱而不娇”要从子女的长远利益去施爱，千万不要一味满足孩子的要求。当孩子提出要求时父母应先思考一下是否合理，如果不合理，应该坚决否定，并且要告诉孩子为什么不合理。“严而不缚”的意思是不能一手包办孩子的成长。严厉固然是形成好家风、好家教的一种方法，也是爱的一种表现，但若以这种爱的名义来干预孩子的内心想法和生活，将自己的爱好、兴趣、思想方法和生活方式强加给孩子，往往导致孩子感受不到生活的乐趣。

试论家庭育儿中父母爱的误区

林志敏[①]

在家庭中，父母教育孩子会有许多偏差甚至错误。但这些偏差与错误常常被“爱”的名义掩盖着。因文化的原因，中国父母一般会用“付出”来表示“爱”，并表述为：“为孩子付出，是一种爱。”这种“付出”，如果不加以揭示，就会遮蔽父母的过，堵住批评的嘴，绑架孩子的心；如果不加以纠正，就难以保证孩子的健康发展，更难以构成健康的家庭关系。

因此，本文试以父母对孩子的“付出”为考量，揭示其误区，分析其原因与危害，探讨家庭育儿的真爱是什么，为家庭建设提供参考。

一、“付出”的案例

笔者近期接收了两个案例，都与父母的“付出”有关。

案例一

L，20岁，男，去年考取美国某大学后，刚入学几天就旷课睡觉，不与家人联系，后休学回家随即办理退学，原因是沉溺游戏放弃学习。该男生本就读于上海某国际学校，是校管弦乐队的小提琴首席。因总不适应环境，父母不断为其更换环境，初二申请去瑞士就读。父母的心愿是让孩子获得大学以上学历。孩子目前状态是：每天玩十几个小时的游戏，足不出户。孩子的表达是：从来没有自己做过决定，都是父母的安排；现在要做一次决定，做自己喜欢的事，求父母不要再管他了。

案例二

Z，20岁，女，高二学习受挫后退学在家，被诊断为重度心理障碍，有恐惧与焦虑表现。对人有礼貌，思路清晰，但总提出过分要求，强迫父母去完成，由此来难为父母，一

---

①林志敏，上海炎黄文化研究会理事，上海小矮人教育信息咨询有限公司监事。

旦父母没做到，她就哭闹，甚至有破坏性行为。孩子小学时成绩良好，擅长钢琴并多次登台，是上海某儿童艺术团成员。父母在上海某艺术机构工作，父亲为编导，对孩子精心培育。

以上两案有共同特征：

第一，父母都为孩子尽心“付出”；第二，孩子对父母全然敌视；第三，孩子现有的结果与父母当初的愿望相悖。

试问：父母的这种“付出”是“爱”吗？是孩子不知感恩不懂“爱”吗？父母的这种“付出”存在什么问题呢？

二、“付出”的误区

父母对孩子付出是自然的，把“付出”说成是“爱”却很模糊，但会被认同。

一般我们把“爱”解释为“奉献”，而“奉献”是一种“给出去”的行为。因没有去严谨划分，概念混淆后就形成了“付出=给出去=奉献=爱”的逻辑。

“付出”只是单向给予。父母花的时间、精力、财力都是载体。通过载体父母“输出”了什么信息，孩子“接受”了什么影响，这才是关键。把单向的“付出”当作“爱”，一定会出现诸多误区。

（一）标签的误区

为孩子“付出”的内容繁多，都可贴上“爱”的标签，可归纳出三类。

1. 动机标签：为了你好，我爱你

“为了孩子好而付出，就是爱孩子。”父母在此逻辑下，会心安理得地采取他的“教育行动”。但这个“好”究竟是什么？如果只有主观意愿，没有客观真理的界定，一定与育儿规律大相径庭。特别是有些父母打着“为孩子好”的幌子实现自己的梦。

出于主观的“好”，必将是孩子成长的障碍。

2. 情感标签：离不开你，我爱你

“离不开”孩子的依恋会说成“付出”了时间。这种依恋会表现出过度保护、时时尾随，孩子会被“捆绑”。这种亲子间的彼此牵绊，是孩子社会化的障碍。这种病态的依附一般称为拖累症。

真爱孩子，就要让孩子独立，“捆绑”孩子是对孩子的伤害。

3. 目标标签：让你第一，我爱你。

为孩子争第一，是“起跑线论”的反应，其坏处已是众所周知的。问题是，当父母传递了“为了让你得第一，我付出了心血，因为我爱你”的逻辑，孩子就产生了“争不到第一就对不起父母”的思维定式。这种把“爱”与“竞争”捆绑在一起的熏陶，让孩子难逃攀比；绑着父母的“爱”冲刺成绩榜，可称为“学习的道德绑架”。这样孩子会变得狭隘，只专注父母的评价，忌恨他人的进步，很难建立社会情怀。

用“付出”刺激孩子竞争，贻害无穷。

（二）行动的误区

由于思想受了标签的影响，凡耗在孩子身上的，都可认为是“付出”，只要一“付出”就与“爱”画上等号了。由此，父母的行动也会出现误区。

1. 错把迁就当尊重

由于不懂得尊重的含义，把“顺着孩子”当作“尊重”。特别是受了“让孩子自己做决定”的思想的影响，在不理解“独立”的心理机制、无法分清放任与自由的界限的情况下，就盲目听从孩子，甚至有些父母以“尊重”为挡箭牌息事宁人。

迁就，与溺爱如出一辙，让孩子无法得到可靠的信赖。

2. 错把诱惑当引导

为达成自己的意愿，父母会不择手段地诱惑孩子，如快把功课做完，妈妈带你去玩；只要考出好成绩，爸爸就给你买游戏机。出国旅游，买贵重玩具，甚至买车，都会成为父母的“引导”手段。有些父母会用“精神诱导”的方法，不断用虚假的好话“引导”孩子。物质刺激或虚假夸奖的诱惑，使孩子失去了内在的精神动力，让孩子养成一种被外部的刺激牵着鼻子走的“奴性”。

把孩子诱惑成物质或精神的“奴隶”，还能说是爱吗？

3. 错把臆测当理解

理解孩子需要宽厚的心态与正确的判断。父母要学会安静观察并要学点教育学、心理学等等。然而，由于父母知识储备不够，就会对孩子的一些问题作所谓“善意”的推测，实则是主观的臆测。如孩子已经惧怕学习了，父母还会说：“你是不怕困难的，要坚持。”还比如，孩子已经因青春萌动交友而受挫了，父母却在一边说：“我家孩子从不过问男女的事，读书很专心。”这些貌似“爱”的臆测，完全忽视孩子的心理需求。这些臆测，往往会掩饰一些心理危机，错过许多重要的干预时机，甚至酿成悲剧。

4. 错把苛刻当认真

与迁就相反，有些父母对孩子的每个过错都不依不饶，但他们会认为这是认真，是对孩子“爱的付出”。苛刻的心态会衍生出控制、监视、虐待等等。孩子在苛刻中非常压抑，会出现多种心理障碍，甚至是疾患。

5. 错把情绪当感情

如果父母对孩子的成长无把握，就很容易情绪化。但这种“为了孩子”的情绪，又会被美化成“感情”。一会儿打，一会儿抱；一会儿骂，一会儿又说“我爱你”。孩子常在这种情绪急剧变化的环境里会变得恐惧，而父母又会把情绪解释成“因为爱”，而孩子的情感体验是反向的。

6. 错把固执当坚持

父母常会在错误中固执己见，但被美化成“始终如一”。笔者观察到，只要没有经过学习的父母，基本是按着自己的经验以及听来的只言片语固执地对待孩子；孩子有了不良反应，父母不会从自身找原因。这样坚持“不改变”的父母“付出”越多，对孩子的伤害就越大。

三、误区的分析

（一）误区产生的原因

笔者归纳出父母在“付出”的“动机、情感、目标”上的标签问题：其一，“好”是主观的；其二，情感是拖累的；其三，目标是绑架的。关于行动问题，笔者归纳出一些父母貌似“爱”的常有表现：迁就、诱惑、臆测、苛刻、情绪、固执。

进一步问，这一系列负面的行为，为什么都会被称为“付出”？为什么又会把它们说成是“爱”呢？

原因一：育儿文化趋同的误解。

我国文化一般认为孩子是私有“财产”，父母是孩子的主人。这种家庭内部的“主人文化”，可以追溯至“家长文化”。这个潜在的“主人意识”会认定“主人是要被奉养的”。那么当“主人”还没得到“奉养”前对孩子的一切作为，都可认为在“支出”。谁接受了“主人”的支出，谁就欠了“主人”的债，是要还的。这种亲子关系犹如“债权债务”关系。因此，就会有“长大了要回报父母”一说，也会有“养儿就为防老”一说。这样的家庭关系在相当长一段时期平衡了社会关系。由于家庭的文化传承，父母在还没得到孩子“供奉”前的“支出”，就被美化成了“爱的付出”。

原因二：育儿历史借鉴的缺失。

随着“新文化”挑战“家长文化”以来，西方的各种教育思想介入了我们的家庭。一般，西方认为父母是孩子的“管家”，孩子的主人是上帝。从戊戌变法到改革开放，从涌现的名人到身边的故事，无不说明父母开明与保守的不同结果。开明的父母不做孩子的主人，在自由和独立中成长的孩子比“家长文化”下成长的孩子要健康得多。但有些父母还是不肯借鉴他人的教育经验，无视育儿的先进观念，不肯从“主人”的位置上下来，只要把自己说成很“爱”孩子就行了。

事实摆在面前，许多父母为什么还是不愿意改变呢?

原因三：育儿哲学思考的欠缺。

哲学思考不是哲学家的事，生活中处处是哲学。现在是过去的未来，是一个最简单的哲学推演。今天的冷门可能是过去的热门，由此可以推出，现在的热门不一定是将来的热门。但今天的父母不会如此思考，总去跟风热门，这是典型的哲学思考欠缺的表现。

哲学思考要我们“不看表象看本质”，要我们“客观、全面、历史、动态”地看问题。正因为缺乏哲学思考，父母想当然地认定“主人”可以掌控孩子，把主观的、不经过科学衡量的“好”强加给孩子，把“离不开”的拖累说成感情，把狭隘的“第一”定为孩子的目标。欠缺哲学思考，“刻舟求剑”“守株待兔”等错谬的思维方式，就会蔓延在父母中间，让父母可以很省心地解释自己对孩子所做的一切。

然而，缺乏哲学思考的父母面对孩子的未来时，还是会恐慌。

原因四：育儿未来意识的丧失。

父母的恐慌、焦虑，是对未来没把握。把握未来是一种抽象的判断。父母因为缺乏哲学思考，丧失了未来意识，就无法接受抽象的推断，要看具象，要听经验。于是，父母只能从看得见的分数去看孩子的未来，也只能道听途说为孩子做安排，人云亦云，见风是雨。

丧失未来意识的具象思维，促成了无远见的迁就，就会为见效快而不择手段地诱惑孩子；也因为丧失未来意识，具象思维的父母失去了等待与观察的耐心，滥用主观臆测解释一番了事；具象思维只能苛刻地抓住孩子的细节过错，见到孩子一丁点儿不如意，情绪就会失控；具象思维父母很怕改变，只能用固执来维持现状。

（二）误区带来的伤害

何谓伤害？不是孩子感到伤害，而是原本应该成长为参天大树的孩子，因着父母无知的侥幸与肤浅的拒绝，孩子“沉重”地活着，心灵受伤了。

1. 情感发展的伤害

父母以爱的名义把“好”强加给孩子时，孩子的情感体验是苦涩的。

回到前面两个案例，孩子的情感已经完全被扭曲，除无法进行社会交往外，孩子也无法认同自己。孩子对峙的不是别人而是父母，恰巧说明这是“债权债务”的亲子关系造成的后果。孩子完全失去了人际交往的兴趣，若去修复，花费的时间还很难预计。

2. 智能发展的伤害

孩子的智能是多元的，其发展也必须是多元的。发展的动力是好奇，发展的基础是社会情感。在道德绑架、情感拖累中长大的孩子，很难建立良好的社会情感，因为其多元探索的动力遭到了破坏。前述案例中的孩子就是如此，虽然早期有单一智能的良好表现，但面对社会，他们都退缩了。

3. 责任发展的伤害

在父母全力“付出”的家庭中，孩子的责任意识很难发展。除了“分数责任”，孩子的家庭责任、社会责任都得不到培养，孩子关心家人、关心同学的机会都会被剥夺。前述案例中的孩子，连照料自己都是问题，还能承担什么责任呢?

4. 全人发展的伤害

情感、智能、责任心，是人发展的局部指标，人的发展是整体的“全人”。“全人”形成“参天大树”的动因，是对生命意义的认识与践行。父母对孩子伤害的本质，是让孩子的灵性受了损伤——孩子难以找到生命意义。前述案例是充分的例证，两个孩子都在逃避生命的责任——如何面对生活，如何找到自己的价值。

四、小结：把“付出”转化成互动

综上，我们看到，随意认定“为孩子付出是一种爱”，是对爱诠释的偏差，会造成非常大的教育误区，对孩子会产生重大的伤害。其误区出于两个错误的前提：一是“爱”的误解，二是“主人支出”论。

哲学家冯友兰说，人的活动有四个层面：自然、功利、道德、天地。关于爱，父母的“付出”一般在自然层面，也可能是功利的，最多出于道德。我们的孩子需要的是真爱，是天地层面的爱：客观的、公正的、无交换意义的爱。爱孩子，就要给孩子全面的、一生受用的益处，就是让孩子成为“参天大树”般完整的人。这样性质的爱在前述的“付出”中是找不到的。退一步讲，对“付出”最宽的解释也只能是“愿意去爱”，而无法认定这是真爱。

关于“主人支出”论，这是不成立的，因为实践证明父母不是孩子的主人，越“主人化”的父母，亲子关系越不健康。

如果把“付出”的前提更换了，父母就可以建构起与孩子“智慧的互动”。

第一，从全新角度认识“爱”。认识的工具就是哲学。父母要明白“爱”是一种终极关切，也就是从极致处考量动机、情感、责任，从最终的“善”来规划现在的“行”。

第二，认识全新的亲子关系。认识的工具也是哲学。只有在思想上彻底铲除了“家长文化”，才能让父母从“主人”的虚幻中回到现实。

有了新的前提，父母的“付出”动机就可从“好”转化到“周全”，情感可从“依附”转化到“对孩子‘全人’发展的责任”，目标可从“第一”转化到“能满足人类进步需求的优秀公民”。在与孩子的互动中，我们父母可以得到更多。

事实上，有了孩子，父母不是去“付出”，而是得到了一份礼物——有了获得人生智慧的学习机会。因着孩子，父母的人生可以从自然层面提升到天地层面，可以在“新的认识”引导下，建立全新的家庭关系。

智慧，是让父母有沉稳的心态、准确的判断、深刻的远见；爱，是让父母有改变的勇气、学习的热情、期待的信心。

有了爱的智慧，父母才能把对孩子的“付出”转化成与孩子的互动，借此让孩子获得成长的养料，真正实现爱孩子的夙愿。

在家庭中挖掘、保护和提升儿童的哲学潜能

冉乃彦[1]

人人都知道，没有爱就没有教育，但是唯有智慧的爱，才能使教育取得更高的实效。当今，智慧的爱也有出自不同的角度。本文提出的“在家庭中挖掘、保护和提升儿童的哲学潜能”，就是从挖掘孩子自身的潜能入手，激发孩子成长的一种智慧爱。这是一个多数人陌生，却极其有价值的思路。

一、孩子有没有哲学潜能?

成人几乎都会遇到孩子不断提出的问题，这些问题有的让人觉得可笑，有的让人惊奇，也有的让人烦恼。其实，这很多恰恰是孩子哲学潜能的表现。比如：四岁的幼儿会问“爸爸，太阳会死吗?”“妈妈，我睡觉的时候，还存在吗?”“时间是什么？时间会回去吗?”

孩子对问题刨根问底的穷追不舍，家长都会有所领教。其实这与哲学的“穷理”精神也高度一致。

孩子的这些潜能，早已为中外的思想家所发现。例如，中国的老子、孟子、李贽，外国的卢梭、皮亚杰、马克思。李贽说过：“夫童心者，真心也。……若失却童心，便失却真心；失却真心，便失却真人。人而非真，全不复有初矣。”皮亚杰采用临床实验方法，收集了大量的原始资料，从这些资料的分析中，最终得出了儿童的心理发展与人类认识是相一致的结论，从而证实和丰富了历史与逻辑相一致的思想。马克思指出：“一个成人不能再变成儿童，否则就变得稚气了。但是，儿童的天真不使成人感到愉快吗？他自己不该努力在一个更高的阶梯上把儿童的真实再现出来吗?”

人类历史也有相似的现象：古代的《易经》《道德经》所达到的高度，常常为现代人惊叹，甚至感到望尘莫及。为什么现代人不如古代人？成人不如幼儿?

---

①冉乃彦，北京教育科学研究院副研究员。

“人生糊涂读书始”，这句话虽然不十分准确，但是道出了基本的原因。那就是自以为是的成人和现代人，轻视、漠视，甚至扼杀了儿童和古人的真知灼见和哲学潜能。

蒙台梭利毕生追求的是使儿童的个性潜能最充分地得以实现，她在《童年的秘密》中写道：“心理分析有一个最惊人的发现，那就是精神病可能起源于婴儿期。……造成儿童纯洁的心理状态受到创伤的原因，是有一个处于支配地位的成人，对儿童的自发活动的压抑，这个人往往是对儿童影响最大的成人，即儿童的母亲。”蒙台梭利虽然没有直接说到儿童的哲学潜能，但是成人的压抑在这方面，更不会善罢甘休，有过之而无不及。

成人和现代人这样做的结果，不仅扼杀了儿童思维的迅速发展，也阻碍了人类文化的创造性地前进——人类自己扼杀了不同于前辈的各种思想。这不能说不是一个严重的问题，引起了许多有识之士的注意。从美国的李普曼倡导“针对儿童为儿童设计的哲学培育和训练”开始，世界上许多国家的学者都进行了这方面的探索。我国以刘晓东为代表的一批学者，在推动儿童哲学的研究等方面做出了重要贡献。

二、儿童的哲学潜能与家庭中的智慧爱

我认为关注儿童的哲学潜能，应该是家庭中智慧爱的一种。目前，有一些学校开设了儿童哲学课，收到了可喜的成效，家庭可不可以进行探索呢？在家庭中，儿童有哪些哲学潜能需要我们挖掘、保护和提升呢？我初步认为有八个方面：

一是真。哲学的基础是真，没有“真”作为基础的哲学毫无价值。我们熟知的《皇帝的新衣》故事中，唯有一个孩子坚持了真。纯真的品质，需要家庭从小保护，鲁迅的儿子海婴吃到一个变味的丸子，就说：“丸子坏了。”其他成人都不相信，因为他们吃的丸子没有坏，甚至责怪孩子娇气。鲁迅尝了一下海婴吃剩的丸子，证实确实坏了。鲁迅这种态度就保护了孩子的真。

二是爱智慧。哲学就是爱智慧，列宁说过：“没有人的感情，就不可能有对真理的追求。”热爱智慧的内在目的是追求真理。一个孩子从小就有这样的热情是极其宝贵的，培养孩子追求真理应该是家庭的重要责任。

三是好奇。柏拉图指出“惊奇”是哲学家的标志，是哲学的开端。孩子有一种遏制不住的强烈好奇心，但是常常被一些家长采取漠视、讥笑的态度熄灭了。我有一次看到一个一年级小学生，收集了许多昆虫，养在大大小小的瓶子里，老师鼓励他好好观察。但第二天孩子哭着对老师说：“我那些宝贝都被妈妈扔掉了，说是弄得屋子太乱。”

四是穷理。孩子的不断追问，有时候达到惊人的程度，常常搞得成人狼狈不堪。爱因斯坦就因为在小时候问老师“指南针为什么老指南”“什么叫时间”等问题，惹得老师很

生气，以为他在捣乱。其实，这正是哲学的特点——跳出“就事论事”的常识性思维的局限，寻找最终根据。但是在家庭中有的家长不能正确对待孩子的追问，常常很不耐烦，敷衍了事，甚至有的恼羞成怒，责骂孩子。这样很容易把儿童的哲学潜能扼杀在胚胎中。

五是迅速映射时代的思想精华。哲学是时代思想的精华，儿童由于头脑里条条框框比较少，能够迅速接受时代的各种信息和理念。在一次儿童哲学课上，孩子们看了“三个和尚没水吃”的动画片后，老师请同学们讨论，结果全部发言都是“直升机运水”“架设索道运水”“人造雨”的建议。没有一个谈到老师所期望的道德思考，这实际上是当代科学思想对孩子潜移默化的影响。

六是自由探讨、相互尊重的态度。“真理面前人人平等”，“吾爱吾师，吾更爱真理”“我不同意你的观点，但是我坚决捍卫你发言的权力”，这些名言表达的就是一种哲学精神。在时代精神的熏陶下，小孩子常常具有这种尊重不同观点的态度，而且毫不勉强。有一位学者，在一篇《一个四岁的外国小孩》文章中回忆道：

孩子说：“兔子可爱。”

我说：“小猫更可爱。”孩子点头离开。

我问：“谁最可爱？”

孩子说：“你有你的看法，我有我的看法。”

七是逻辑的方法。讲究推理、形成思维概念。在家庭中，家长和孩子一起，在讨论问题的时候学会逻辑的方法。首先，讨论什么问题？概念要搞清楚。比如讨论“兔子和小猫哪个更可爱”时，要明确讨论的是“可爱”而不是高矮、颜色；是兔子和小猫比较，不涉及别的动物。孩子的发散思维往往比较强，明确概念实属必要。其次，讨论过程中，要讲究推理，注重因果关系、前提条件等要素。

八是发现自我。一个人对外部世界的认识和对内部世界的认识是相辅相成的。通过对孩子哲学潜能的保护和提升，孩子对世界的认识更加丰富和深刻的时候，相应地，对自我的认识也会更加丰富和深刻。

哲学探索的重要内容是认识人类、认识自我。上过儿童哲学课的孩子，更加自信，更加懂得分享。在一个二年级孩子们的讨论中，时常出现“我是独一无二的”“我怕失去自我”这一类的话，让人感到他们的哲学潜能的确得到了提升。

三、孩子是未成熟主体，家长如何引导？

尽管孩子们个个拥有哲学潜能，但是他们毕竟是不成熟的主体，在孩子们成长的过程中，成人究竟应该如何引导呢？

我认为，首先最重要的是采取尊重、保护的态度。成人和孩子相处的时候，绝不能先入为主，主观地认为孩子不可能比成年人高明，他们只能是幼稚、简单……其实，儿童的思维，没有受到污染，没有被束缚，没有条条框框，没有禁忌和顾虑。这一点，就在一定意义上，会出现比成人高明的地方。

尊重孩子，就要重视儿童独特的思维方法，它们与成年人往往不同。儿童有时是整体思维——我听过一堂二年级的数学课。

老师在黑板上摆上四只羊的图片，然后把其中两只从“草地”移到黑板外。问草地上还有几只羊？有一个小女孩，经过老师反复引导，仍然说还有三只羊，一直坚持到下课。后来才知道，她说：“有一只羊，它在回头，它要回到草地上吃草。”

有时候儿童又是动态思维：有一个幼儿画了由许多小点组成的一条忽上忽下的曲线。他宣称他画的是小白兔，成人百思不得其解，经过追问，才知道他画的是小白兔跳跃的轨迹。

之所以需要追问，还因为孩子们的表达能力还不够成熟，通过不断追问，才能比较全面地了解、理解孩子的真实看法。

在和孩子交流的过程中，启发孩子对自己的观点做进一步的解释，还要培养孩子具备敢于捍卫自己的观点的态度和能力。

其次，要全面理解和分析孩子的见解，在这个基础上，充分肯定其中有价值的地方。哪怕只是一些哲学潜能的火花，哪怕只有百分之一的真理。

同时，还需要鉴别孩子的不同心理需要，防止根据自己的主观需要去曲解孩子的表现（这是研究者特别容易犯的错误）。蒙台梭利曾经说：“儿童总是不断地问‘为什么’，似乎他们渴望知识。但是，如果我们仔细观察他们的话，就会发现他们并未倾听对他们的回答，然而他们又会马上提出另一个问题。儿童身上表现出的那种仿佛是想知道一切的好奇心，实际上是让一个会给他们帮助的人，一直待在他们身边的一种手段。”

再次，要善于热情引导。引导包括两方面，一方面是补充、介绍相关的知识与观点，供他参考；另一方面和他交换意见，在这个交换意见的过程中，互相碰撞，会产生更多的思想火花。

最后，认真保留不同意见。不过早、过急地否定孩子的看法，一时难以确定的，可以存疑。因为我们很难保证我们成人的看法就绝对正确。马克思说过：“为什么历史上的人类童年时代，在它发展得最完美的地方，不该作为永不复返的阶段而显示出永久的魅力呢？”我们可以套用这句话：“为什么一个孩子在童年时代，在他发展得最完美的地方，不该作为永不复返的阶段而显示出永久的魅力呢？”

家庭教育的程式化与生命化

王莹莹[①]

走近家庭教育，看见角色；走入家庭教育，进入角色；走出家庭教育，领悟角色。当家庭教育与时代文化同呼吸共命运的时候，家庭教育便不仅仅只是家庭教育本身了，而是整个时代、整个教育、整个人生的宏观与微观的结合。在家庭教育中要经历这样一个过程：看山是山，看水是水；然后看山不是山，看水不是水；最后看山又是山，看水又是水。

一、家庭教育的程式化——立教

当家庭产生的时候，教育在家庭的世界里也随之慢慢生成，若想让家庭教育能够形成一个良性循环，就要有一个“独上高楼，望尽天涯路”的立教过程。为何立，立什么，怎么立？

每一个家庭在成就自身家庭教育的情况下都会有一套指导其生成与发展的思想体系，无论是已经成型的可见的思想体系还是散乱的零碎的灵光乍现，都自觉不自觉地存在于每一个家庭教育的生成之中，生成之后就像一个源代码一样植入到了家庭教育的土壤中，每一个走入其间的人都或多或少受着这一源代码的指引，慢慢浸润其间，源代码就慢慢衍生出指导自身家庭教育发展的家风家训，渗透于其思想中，践行于其行为里，成为一种无为化有为的随风潜入夜，润物细无声，在看得到的地方看到了变化，在看不到的地方经历着变化，而一系列的变化又在可见的范围内生发着它的不可见的陶冶，积淀着一个“立教”的轨迹，描摹着一个“程式化”的弧线。

（一）立德

家庭教育能够良性生成与循环就要有一个立德的过程，让散落家庭中的每一个元素都

①王莹莹，北京市朝阳区安民学校教师。

能有一种思想与精神的凝聚与感召，让家庭的气与神、格与局有一个基本的底色与主轴。

存一份情怀，以严格的标准去树立一个卓绝的精神底蕴，若想家庭教育良性循环，就要让家庭的精气神有内涵的充盈，在更加卓绝的当下去成就一个立德树人、厚德载物的教育氛围。

存一份宗旨，用教育的优势与专长去让家庭教育发挥功效。认真对待家庭教育，用德去光照人格，用能力去撑起广阔，用服务去架起厚度，以更优秀的姿态去更好地为孩子们的成长开启一个美好的引领，让他们学会做人，学会做事，学会共存，学会求知，在掌握知识的前提下能够学会更多宝贵的财富！

（二）立功

从理念层面到达实践层面，家庭教育也需要一个理论与实践的相互磨合，立德之后的家庭教育就需要一个立功的践行，在德所树立的精神统率之下的家庭教育究竟会演绎出怎样的修身齐家治国平天下呢？修身齐家治国平天下的践行又丰富了怎样的德呢？“德”与“功”相辅相成，相促相就。

存一份踏实，让所有的一切在脚踏实地中一步一个脚印地前进。小处着手，大处着眼，让每一个点都能有成长的空间，带着认真的视角去让每一个家庭教育的元素都能发挥到更大的功效，将散乱的珠子通过微观与宏观、理论与实践的结合连成串。

存一份认真，塑造一个立体化多元化的家庭教育体系，在广度、宽度、深度上，不断去磨砺与成长，拼搏努力，勇往直前，以铁杵磨成针的意志与韧性去打磨一个极致的非凡，以工匠的精神去追求一个极致的卓越。

（三）立言

独立的家庭在立德、立功之后形成自己家庭独特的教育文化，就如同家训，传承着家庭的文明，形成自己家庭的独特底蕴，不同的家庭底蕴汇聚而成就形成了一种文化。

二、家庭教育的生命化——塑育

“衣带渐宽终不悔，为伊消得人憔悴。”从境到术，从术到技，家庭教育在生成的刹那已经历了一个从内化到外显的建构，在对时代、文化与家庭的咀嚼中，家庭教育的源代码逐渐形成，奠定了一个基本的底色，底色又随着时代与文化的更迭而不断地传承与创新，进行着新的洗牌与刷新，内化的层次做到了，然后进入外显的层次，在外显时还需要经历一个术的过程，怎样塑造得合宜得法？术之后，那就是技的阶段，育什么？如何育？

“文化传统是文化的命脉所在，反映出某种文化的特质和风貌，是历史上全部风土人情、宗教信仰、生活方式、文学艺术、行为规范、思维方式、价值观念等人造物的总体表征。作为一种“文化基因链”，文化传统贯穿历史发展全过程，促使人类代际之间、历史阶段之间保持着连续性与同一性，给人类生存带来了秩序和意义。为家庭教育的源代码播下一颗种子，在时代文化的浸润中让它慢慢发芽，长大，直到枝繁叶茂，生机盎然。引一方兴趣，投一丝志向，成一种志趣，进入家庭教育，进入多棱视角！

（一）苟日新，日日新，又日新

从时空的角度来讲，家庭教育也要随着时代文化的发展而不断地传承与创新，“返本是为了开新，传承是为了发展。在培育根柢的过程中，想要使其不断壮大深固，除了正视过去，还要放眼当下，让它能从新的土壤中吸取营养”。取其精华，去其糟粕，然后调试家庭教育的内涵与形式以更加适切的姿态引领家庭教育的方向。

（二）悠远则博厚，博厚则高明

从经纬的角度来讲，家庭教育并不是一个单薄的层面，应该更具有一种立体化、综合化的容纳。雅斯贝尔斯说：“所谓教育，不过是人对人的主体间灵肉交流活动（尤其是老一代对年轻一代），包括知识的传授，生命内涵的领悟，意志行为的规范，并通过文化传递功能，将文化遗产交给年轻一代，使他们自由地生成，并启迪其自由天性。”

（三）贵以身为天下，若可寄天下

从格局的角度来讲，将家庭教育的使命与更宏大的使命相结合，将小气候与大气候相互融合，使家庭教育的生命更富有生命化的价值。“知止而后有定，定而后能静，静而后能安，安而后能虑，虑而后能得。”知道彼岸所要达到的境界就能够慢慢地、一步一步地走出家庭教育的独特道路。

（四）至诚无息

从内外因的角度来讲，内因永远起决定作用，家庭教育要想拥有生生不息的生命就应该从内因中自我崛起，对家庭、对家庭教育的内涵与意义有一个清晰的了解，有一个诚挚的态度，有一个认真的思考，有一个靠谱的践行，使家庭教育的生发能够博大精深，使家庭教育所作用的功效更源远流长。

三、家庭教育的生命程式化——化人

“众里寻他千百度，蓦然回首，那人却在灯火阑珊处。”爱之深，研之切，越走入越深情，越深情越领悟，越领悟越明了，越明了越通透。每一个家庭犹如一个世界，家庭教育在变与不变的历程中，变的是与时俱进的理念，呼风唤雨的科技，变了这家庭教育的时空，变了这多元的背景，变了这指尖般的智能，变了这更新的面貌。一切的知与行都在和着这个时代的脉搏突飞猛进，呼应着与之契合的教育变革。轰轰烈烈，似如大革命一样的疾风骤雨，又如雨后春笋般的“忽如一夜春风来，千树万树梨花开”。

然而组成每一个家庭的活生生的人，教育里最真挚的底色，无不诠释着那最为本真的教育之道与为人之道，在大浪淘沙中沉淀着它所需沉淀的一切，当一切已不再，那存在的便成为永恒，永恒在每一个鲜活的人的内心，横亘着它最永恒的坚守。

变与不变总是这样的交互辉映，在变中一切又是那样的不变，沉淀该沉淀的一切，归零该归零的所有，以生命化的姿态充盈程式化的规范，以程式化的专注塑就生命化的内涵，家庭教育的路，在脚下，在手边，在个体存在的鲜活中，在走入生命的谈笑风生中，在进入角色的酸甜苦辣里，以人化人。

（一）有所思

家庭教育最后的落脚点总要落到“人”上，让程式化赋有生命化，让生命化赋有程式化。帕斯卡尔在其《思想录》中曾说，人只不过是一根苇草，是自然界最脆弱的东西，但他是一根能思想的苇草。用不着整个宇宙都拿起武器来才能毁灭，一口气、一滴水就足以致他于死地了。然而，纵使宇宙毁灭了他，人却仍然要比致他于死地的东西高贵得多，因为他知道自己要死亡，以及宇宙对他所具有的优势，而宇宙对此却是一无所知。当教育与生命挂钩时，一切便有了重量，如何在重量之余获知一生成长的底气，那就要于求知、共处、做人、做事间知其然知其所以然，让活生生的人有思的习惯，存一种思想，存一方思量，存一丝思考，存一份思虑，使家庭教育有人的灵魂。

（二）有所期

在家庭教育这块广袤的土地上，我们能清楚地看到生命存在的多彩多样与异彩纷呈，每一个身处其间的个体都有属于自己的个性与优势，我们要做的绝不仅仅是粗略简单的木桶理论，而更关键的是发掘每一个存在的潜力，“任何人首先都是一个生活者，其次才是一个劳动者、思想者，一个技术人员、一个专家、一个文人、一个学者或者一个艺术家。只有一个人能快乐而有尊严地生活着，才能扮演好其他的社会角色，比如父亲或母亲、丈夫或妻子”。让他们找到存在的意义与价值，有向往的愿景与期许，有延展的支撑与坚韧！让家庭教育的土壤充满希望与生活的气息。

（三）有所知

家庭的成长离不开存在其间的人的成长，家庭的智慧作用于人的智慧便折射了家庭教育的智慧。每一个家庭所生成的教育都需要经历一个积淀的过程，家庭教育智慧积淀的过程离不开身处其间的人的智慧的积淀，所以要想家庭教育能够良性循环就需要对人的成长有一个清楚的认知。“如果对人是什么知之甚少，那就是对教育知之不多；如果对人是什么知之有偏，那就不太可能使教育行驶在正轨。”

在人的成长过程中每一个环节每一个阶段都息息相关，相辅相成。某一个环节的问题处理不了，这个阶段的问题不会自行消失而是会被储藏下来成为你未来成长阶段的定时炸弹，随时爆发，到后期爆发的时候这种问题的威力就不仅仅是当初那样的威力，可能会更加的严重与不可修复，所以对待任何一个家庭成员身上的问题都不能只就问题看问题，要从时间与空间、此时与彼时、宏观与长远的视角，去回归一个细小问题的细枝末节。

（四）有所为

家庭是组成社会关系的一个小单位，家庭教育作用于人的教育总是存在于社会关系之中，因此身处其间的每个人要有所为有所不为，既要肩负作为家庭成员的个体存在，又要肩负作为社会成员的外在存在；既要走入家庭的角色，又要走入社会的角色；既要渗透家庭的小气候，又要渗透社会的大气候，在多元的角色中做好每一个角色所该完成的使命与职责。

（五）有所省

家庭教育从思想理论到实践行为的落地成形并非一蹴而就，化茧成蝶总要有化茧成蝶的历练与过程，量变总要达到一定的程度才会实现质变的可能，一切并非盲目而行，而是要有所省，懂得自省，懂得反省，懂得省什么，懂得为何省，懂得何以省？卢梭讲“他既不是文官，也不是武人，也不是僧侣。他首先是人：一个人应该怎样做人，他就应该怎么做人，他在紧急关头，而且不论对谁，都能尽到做人的本分。命运无法使他改变地位，他始终将处在他的地位上”。欲速则不达，有始有终，循序渐进，千锤百炼，自是水到渠成！

（六）有所学

所思、所期、所知、所为、所省之后还要有所学，学习是一个自组织的过程，联合国教科文组织在很早就提出过“学会求知，学会做事，学会做人，学会共处”的四大教育支柱。学海无涯，会学、乐学、善学、懂学是非常重要的素质要求，当一个人懂得了这些，一切也便有了循环发展的源头活水。

四、小结

当每一个家庭有了属于自己家庭教育的源代码时，植入其间的源代码便不自觉地指导着这一家庭的教育走向，但家庭教育的程式化又在强大的时代与文化背景下，其深度、广度、宽度也在不断地更迭与创新，以赋有生命化的形式拓宽其内涵，厚重其意义，丰富其形式，延展其时空。教育之情怀，家庭之情怀，时代之情怀，无不感召着每一个热爱他们的人们走入其间；家庭之使命，教育之使命，时代之使命，无不吸引着每一个理解他们的人们走出其间。

高中家长教育智慧刍议

苑 军[①]

高中生是走向成人的最后阶段，是教育容易出现问题的阶段。现在的一些高中生心理不健全、思想不成熟，表面上是学生的问题，背后深层次原因还是学校、社会和家庭造成的，其中家庭的原因往往更加根本。当一名智慧的高中生家长非常必要。

一、期望要适度

现在在校的高中生的家长，绝大多数是20世纪70年代生人，不少人经历的坎坷比较多，对孩子寄予很大希望，多数情况下，不管孩子感受如何，一味地让孩子钻入书山题海。家中任何事情都不让孩子插手，自己再苦再累也无所谓，只要孩子成绩好，其他都不重要。近几年，看到好几则家长因孩子分数不高而将孩子打伤，甚至打死的报道，触目惊心之余，感觉有必要提高家长的认识，不该将孩子逼入心理的绝境，让孩子承载过重的心理负担，使孩子的心灵严重受损。

一般说来，家长对孩子的期望值总是很高。而他们对孩子的态度又是建立在期望值之上的，所以，能让家长非常满意的孩子很少，于是家长采取种种办法，想让孩子与自己的期望达成一致，在这种心理驱使下，家长开始干涉孩子的学习生活，把孩子课余的时间排得满满的。有人对初中生进行了一番调查，结果表明，初中生的家长为孩子请家教，或送孩子到老师那里补课的高达67.2%，也就是说在初中阶段孩子们就已经在超负荷运转了，而家长们又认为加时加量是提高孩子成绩的唯一法宝。

中考揭晓，家长或喜或忧。喜者认为自己的做法奏效；而忧者总能找出理由证明孩子没有按照自己说的去做，或是做得还不够。因此，孩子升入高中，家长的期望值又有升级，孩子本想缓一口气，没想到脆弱的心灵上又加上一个沉重的砝码，只好打起精神继

---

①苑军，黑龙江省依安县实验中学教师。

续，小心翼翼地维护家长的期许，苦不堪言。

家长对孩子寄予厚望，这是无可厚非的。但想法、做法不应过于简单。有些家长认为，孩子进了高中，在学习上自己辅导不了什么，做好后勤保障工作就可以了。因此，有些家长把孩子交给老师时，明确表示："孩子就交给您了，该骂就骂，该打就打，只要孩子考上大学，我什么说的都没有。""考上大学"——这就是高中阶段家长对孩子的唯一要求，唯一愿望。基于这种心理，家长当然要关注孩子的分数了，因为在他们那里，分数是了解孩子学习情况的一种重要的反馈方式，对分数的要求成了他们的一种本能反应，具有强烈的影响力。这种影响力的指向对象当然主要是学生。可见，家长的期望值诱发了学生的心理变异。

二、严格而有分寸

为了实现高期望，不少家长只好"以严相逼"，在许多家长眼中成绩好就是"逼"出来的。孩子犹如树苗，不能任其自由生长，要有所约束。这道理所有的家长都明白，但真正去做的时候，却常常混淆"严格"与"逼迫"的界限，结果适得其反，不利于孩子心理健康地发展。严格理所应当，但应该有分寸。

首先，严应有所指向。对孩子严要求，有利于孩子向健康的方向发展。但不能整天对孩子板着脸，孩子怎么做也不对，这会挫伤孩子的积极性。严必须有所指向，在心里为孩子界定出一个行为准则，只要孩子沿着良性的轨道发展，做法是次要的。

学生到了高中阶段，在心理上寻求独立、平等，开始试着用自己的头脑去思考，并且他们期望父母对自己做法的认同。如果这时父母整天对孩子说"不"，会使他们丧失信心，扼杀创造力和思考力。所以父母应严而有度，试着拒绝说"不"。父母应试着把自己的约束力转化为一种指向，与学生的接受力达成一种契合，二者合二为一，促使孩子沿着正确的轨道健康发展。

父母什么事情都替孩子包办，主观上是出于关爱的目的，但客观上却造成逼迫的结果。因为从学生角度说，父母的包办束缚了他们的手脚，一切都不是从他们的主观意愿出发，他们能乐于接受吗？这时父母的约束力就是条条绳索，漫无目的，与学生的接受力形成一种张力，很容易将学生抛到正常的轨道之外。

其次，严须付诸真情。高中生的可塑性是极强的，因而容易接受来自各方面的影响，这其中就包括情感方面的。高中生一旦被"情"感化、感染，会在内心产生强烈的碰撞，迸射出意想不到的火花，因而家长对孩子应严而有情。

这种情应该是发自内心的。孟母为了孩子而三迁其家，我们必须承认，孟母对孟子的要求多么严格，但孟子的行为品性是因严而变的吗？不，是因情而变的。家长看到孩子有不良行为习惯，最易焦躁、发怒，但往往收效不大，为何？孩子看到的是父母无情的一面，没体会到父母的关爱。

再次，严必须以平等、公正为依托。在孩子心里，父母永远是公正的，到了高中阶段随着年龄的增长，他们对公正的需求越来越强烈。同时在内心又滋生对平等的需求，希望父母平等地对待自己。当他们感觉父母与自己不平等时，公正的天平随之倾斜了，心理也随之倾斜，这种倾斜严重时可以扭曲父母在孩子心目中的形象，使他们不再听信父母的话。可见，平等、公正对孩子多么重要。

父母对孩子严格要求时，如果没有平等、公正作依托的话，常常会陷入逼迫的困境。因为孩子感觉你这是在用大人、用家长的身份压制他，强迫他。家长的要求是一种命令，所以内心自然生出反抗情绪，使局面僵化。

三、关心而不溺爱

与过于严苛相比，有些家长打着“关心”的旗号，而实际上走向了另一个极端——溺爱。溺爱是无原则的爱，会骄纵孩子，最终会成为伤害。怎样才算关爱而又不是溺爱呢？

（一）尊重孩子的意见，但决不满足他们的无理要求。

孩子上了高中，希望能自己做主处理一些事情。做父母的，在孩子的想法正当而且必要时，应该尊重孩子的意见，并且可以适当提一些建议，让孩子感觉到自己长大了，同时，也能感觉到父母对自己的成长是那么重要。但是当孩子提出无理要求或是超出家庭条件的要求时，绝对不能满足。因为一旦满足，他就会变本加厉，滋生不良的习惯。

（二）关心孩子的日常生活，但决不完全包办代替。

有些父母总习惯对孩子包办代替。晚上睡觉前为孩子铺好被子，挤好牙膏，打好洗脚水，洗袜子。早上早早起来，做饭之余帮孩子装书包，垫鞋垫……其实，这些都是孩子力所能及的事情，为什么要代替他们去做呢？高中阶段学习确实忙，但也不会忙到举手之劳的事也做不到啊！

（三）关心孩子的身心健康，但决不养成乱花钱的习惯。

现在家庭条件好了，有些家长总担心孩子在家吃不好饭。于是，孩子走了还要追出去让他们带点儿钱。殊不知，这不但没起到关心他们的作用，反而养成了他们乱花钱的毛病。很多学生在手里有了多余的钱时，就会乱花。吃点儿零食还不算大毛病，一旦迷上游戏、台球、网吧，后悔都来不及。

（四）平等对待孩子，但决不容许孩子过于随便。

现在的孩子与父母的关系同以前比，要随便多了。作为家长，一定要注意，对待孩子应以平等之心，不可过于随便。因为在孩子面前总摆出长者的姿态，会让孩子畏惧你，不敢与你进行思想上的交流沟通；而过于随便，又会让孩子对你的话不当一回事儿。这两种情况都不利于孩子的成长。

（五）鼓励孩子真诚交友，但决不允许蛮横、霸道。

孩子是在群体中生活的，有交友的要求和必要，做家长的对此本不应有所干涉。但孩子毕竟有不成熟的一面，所以，家长要做好指导工作，教育孩子真诚交友，不能蛮横、霸道。

孩子上了高中，虽然身体上的发育已经成熟，但在心理上还是幼稚的，所以父母对孩子应该“指明路”而不应“推着走”。因为孩子行为上还没有明确的指向，未来会如何，于他们还很模糊，这时父母的正确引导，会使他们走出迷宫。很多家长在心里存在着错误认识，觉得孩子一天天长大了，任其自然发展吧，结果在孩子受挫时得不到鼓励，在孩子孤寂时得不到安慰，在孩子茫然时得不到指引。久而久之，父母在孩子心目中仅仅成了伙食的提供者，家里也不再是孩子避风的港湾，孩子会感觉没有了依靠，心理变得不正常，行为上也会异于常人。

家庭研学：在经验与反思之间前行

严　凯[1]

“上一百堂美学的课，不如让孩子自己在大自然里行走一天；教一百个钟点的建筑设计，不如让学生去触摸几个古老的城市；讲一百次文学写作的技巧，不如让写作者在市场里头弄脏自己的裤脚。玩，可以说是天地之间学问的根本。”这是台湾著名学者龙应台的一个观点。这个观点与杜威的“做中学”思想高度契合，也是我国著名教育家陶行知“生活教育”理念的生动展现。研学旅行，就是新时代的生活教育。

一、家庭研学的意义

研学基本属性是在生活中学习，国内操作或者打着研学旗号的机构多如牛毛，市场反应不尽相同。学生受益的结果为什么千差万别呢？我认为关键原因有两个：一是主办方导师给予参与者的最终体验不同。或有导师而缺学习，或有学习而缺关注，或有关注而缺互动。导师与参与者互不搭界。从本质上讲，主持人有没有体验式教育的操作经验，决定了体验的质量，也决定了研学的价值差异。二是不少中国家长的研学理念还停留在习惯性的休闲水平上，对教育内涵的认知不足。没有核心主题的研学，没有触及未成年人心智的旅行，往往是酝酿生命的低质量过客。

家庭研学的价值意义在哪里？在于体验的更新与升级：一是依托自然环境，达成挑战自我极限、探索人生和感悟自然的目的；二是依托户外装备与探险技术，在探险细节上进一步突破；三是依托人文古迹或者团队活动，达成追思人类先哲、反思个体未来和价值观的构建。好的导师，是研学体验价值的精髓。不断转化、改造、创新个性化的经验，自觉加以反思，走出经验固化的误区，这是我们教育研学的生命力所在。经验不只是无所不包的经历，而是具有独特教育价值、值得深入挖掘和积累的教育案例和研学实践。

①严凯，广州市越秀区博雅青少年成长服务中心总干事。

二、家庭研学的开启

2009年暑假是我首次尝试家庭组合方式进行教育研学。我和女儿通过网络，组织了广州三个家庭前往云南香格里拉雨崩村徒步80公里，进行为期20天的亲子徒步活动。在月亮湾，女儿看到了金沙江畔的深深峡谷，强烈感受到生命的渺小，感受到要珍惜自己拥有的一切。在雨崩村，女儿和藏族小朋友一起生活玩耍，知道希望小学艰苦的学习条件，学习藏族小朋友乐观向上、勇敢顽强的精神风貌。在虎跳峡，感受“金沙水拍云崖暖，大渡桥横铁索寒”。站在中虎跳，面对惊涛骇浪，我和女儿一起体味什么叫作勇往直前和不屈不挠。漫无边际的纯自然的遐想，随时随地的思想火花碰撞，对香格里拉月亮湾一片枯叶飘逸在大峡谷所产生的生命的脆弱感，艰难徒步雨崩冰湖、攀爬虎跳峡天梯后品味西红柿鸡蛋汤的鲜美……我相信，对生命对幸福的现实体验让10岁的女儿终身受益。

2010年2月15日（大年初二），借助网络，我们父女俩和广州15个家庭再次尝试亲子徒步。这次，我们选择漓江徒步60公里作为我们新年的开始。我希望漓江宁静的风光可以让女儿的心灵放松。我对女儿说，不是不让哭泣，而是学会不放弃，不让任何外界打击泯灭自己内心那颗火种。哭完后，继续上路，继续努力生活。

从漓江徒步回来后，我们父女继续努力。每天早上女儿听读英语、语文，我做早餐；放学回家，她做作业，我做晚饭；晚餐是我们的黄金分享时光：一起读《新华每日电讯》，点评时事新闻。晚上她做作业或者阅读，我查资料写作。临睡前，我们彼此分享当天收获的心得：今天我最难忘的是什么？今天什么事情让我有感触？在家务上，从包饺子，到做馒头，再到做蛋糕，女儿在我的指导下一一上手。只要同路坐车行走，我都会和她适时交流，对任何问题的看法，包括恋爱、婚姻、死亡和性。应该说，我和女儿的沟通，无极限也无禁区，恰恰是彼此心灵的安慰与享受。《天蓝色的彼岸》（希尔著）、《平凡的世界》（路遥著）、《灵魂的台阶》（王石著）、《消失的地平线》（希尔顿著），她一一阅读并撰写了读后感。

三、家庭研学的拓展

家庭研学使女儿悄然发生着改变，女儿的改变更加坚定了我开展家庭研学的使命感。

当年五一劳动节，女儿主动发起为玉树灾区义卖报纸的活动，全班20名同学参与其中，共筹得1500元善款，全部捐给广东省慈善总会玉树项目。五年级下学期期末，女儿学习也大为改观：语数英三科都上了90分，数学由倒数第二名回归前十名，数学老师称这是他任教以来前所未有的奇迹。自信重新回到女儿身上。2011年9月她顺利升入广州市德育教育的示范学校——广州市执信中学就读初中。

2011年暑假，对于亲子研学的教育实践我做得更大胆了。我组织了12名广州中小学生徒步西藏雅鲁藏布大峡谷活动。通过深圳企业家王石先生的推荐，我在西藏安排了一场特别的偶遇。

7月28日早上，阳光灿烂，一群广州少年途经拉萨，来到大昭寺附近的西藏盲童学校。上天剥夺了这群孩子用眼睛观察世界的能力，却给了他们的心灵更为敏锐的感受力，还有那如同天籁的歌喉。因为特别喜欢唱歌，每个星期六孩子们都会一起通过收音机学歌、练歌，平均两天就能学会一首歌曲。他们多次在拉萨电视台表演，在当地已经小有名气，周围的老人都夸他们唱歌好，有礼貌。

“我喜欢唱歌!”

“我的理想是当一名歌唱家!”

“我不是傻子，只是眼睛看不见而已。”

“我们虽然眼睛看不到，但是我们好好学习，我们能学习，我们一样能成为对社会有用的人，我们不会是社会的包袱!”他们的歌声，显然就是这句话的最好诠释。他们的美丽来源于心灵和品质，这美感因克服残疾顽强地表现出来更显灿烂。纯净的天籁，天真的话语，让所有在场的广州学生感悟：真正给予的人不是自己，而是面前这些可爱的孩子。

因为刚开始，广州的孩子只当是一次慈善捐赠，心中不言而喻带有一种施予者的优越感。但盲童们的歌声响起，我知道，他们的心底一定掀起了不少波澜。

“你有一个花的名字，美丽姑娘卓玛拉。你有一个花的笑容，美丽姑娘卓玛拉。你像一只自由的小鸟啊，歌唱在那草原上；你像一只自由的彩蝶啊，闪烁在那花丛中……”广州市执信中学罗同学说：“我分明听到心怦然一跳，犹如泉水从心底喷涌！这么温暖、这么光明！这些对世界充满感激的歌声，怎会来自一个生来看不到光明世界的人？这个世界又给予过他们什么？我起初的感觉是惊恐和不安，我不敢直视他们那一双双灰暗的眼睛！那是造物者送给他们何等残忍的礼物！我不敢想象!”

阳光下，盛开着格桑花的藏式小院飘逸着乐观、积极、自信的气息，这帮学生听得陶醉了。同学们的优越感顷刻荡然无存。同学们不禁问自己：残障孩子尚且如此，五官健全的人又该如何呢？主办人萨帕瑞娅的爱心和不屈精神更是令人肃然起敬。她从地球的另一边来，为一群不相识的孩子而来，不企盼神迹，全凭心血付出，她带来了光，照亮别人的光。她的双眼如此明亮，健全的人也能从中找到方向。

的确，这个世界不安全的因素太多，我们不得不加倍防范。什么样的船最安全？停在港口的船最安全。一艘船被创造，不是放在港口休闲，而是在汪洋大海中乘风破浪。一个人被创造，不是单单坐在小小的教室，接受十几年知识灌输，然后工作结婚。没有梦想，没有奉献，没有感知彼此的灵魂，这是一个人存在的意义吗？所以，我对家长说，生命应该花费在美好的事情上，在路上是我们和孩子最好的成长。

我们在2013年暑假，举行了一次具有历史意义的公益研学活动——中国大凉山深度研学。广州12名中小学生在亲自走入四川大凉山彝族农村后，用三年的课余时间，通过社会实践而不是通过向父母索要资金来为彝族失依儿童筹集善款。2013年8月29日当天，仅仅通过广州市区街头徒步义卖，就筹集到2000多元。

从带自家孩子的爸爸，到带领更多的孩子一起成长，从狭隘到广阔，从国内到国外。因为剥离私心，走向利他，我的身边也渐渐积聚了这样大量具有利他价值观的父母，他们都成了广州市越秀区博雅青少年成长服务中心的家庭教育志愿者。这些家长不仅仅是我主持的研学活动的参与者，更是我在广州开展青少年社会教育活动的支持者。

四、家庭研学的模式

研学导师作为教育智慧的实践者，他们最重要的专长，是行动中求知，这种知识是有问题导向的、情景化的、体验式的。而这样的知识，无法与导师的个人经验相分离。每一个优秀的教育研学导师，都会对自己的事业高度认同，如同专业博导对自己研究领域的把握。他会认为，“我就是学科”。因此，我们要特别注重导师实践性知识的形成。

我在户外进行教育研学的实施方式主要是：常态式教学—研究式教学—跟进式教学相结合的现场学习方式，广泛吸取异质人员（比如家长、援藏干部、社会志愿者等）的参与，以此形成课例研究共同体。

经验不只是成功的体验，也包括失败的教训。它是开放的，不是僵化封闭的。我也经常组织同学一起分享，从而反思自己，不断完善、提升。

我们点评每一次研学活动的收益是什么呢？是我和同学从研学中个体得到成长的瞬间。

导师的核心责任不是上一堂好课，而是促成每一个同学的自主学习和思考，是根据学生的思想发展来展开有效对话。

我们通过场景戏剧，角色扮演，在一系列对话、自问与他问中，不断促成学生的自我反思与自我提升。这个环节，是目前的学校教育因为应试而无法顾及的，更是大多数户外社会研学所没有的。

“教育的最终目的不是传授已有的东西，而是要把人的创造力量诱导出来，将生命感、价值感唤醒。唤醒，是种教育手段。父母和教师不要总是叮咛、检查、监督、审查他们。孩子们一旦得到更多的信任和期待，内在动力就会被激发，会更聪明、能干、有悟性。”这是德国教育学家斯普朗格的思想，这也是我们从事教育研学事业的最终目的。

改变孩子，从父母开始

——浅析“温暖执着地引领”在家庭教育中的作用

闫玉兰[①]

随着时代的发展，家庭成员的互动关系、结构特点更加多元化，文化伦理、需求差异等多方面状况随之变化，家庭教育的理念和方法愈发引起社会广泛关注。但万变不离其宗，家庭教育内涵离不开父母给予孩子滋养关怀和引领。同时，父母更需要学习修炼，解决孩子成长中的问题，实际上，家长必须与孩子一起成长，才可成功引领孩子，从而实现全家人成长与幸福。作为一双儿女的母亲，通过26年的教育实践我体会深刻，最美最有效的教育，就是温暖而执着地引领。温暖、执着、引领，三个关键词相辅相成，缺一不可。

一、温暖——关乎生命与灵魂的需求

（一）生命启程于温暖的环境。

幼小的胎儿舒服地生活在温暖的子宫里，当他（她）来到人间依然喜欢温暖的环境，这里所说的温暖是物理的，更是人文的。孩子既喜欢温暖的房间，也喜欢父母温暖的笑。婴幼儿与父母间有着高度依恋的亲子关系，而温暖能让孩子更有安全感，更快乐，心灵健康地长大。

（二）温暖的家风为孩子奠定文明教养的基础。

初生儿如同一张白纸，落入红色染缸是红纸，落入绿色染缸是绿纸，父母最先注入的品格修养最重要。父母家人温暖沟通礼貌待人，会让孩子也学会温暖沟通礼貌待人，从小奠定优良品德修养的坚实基础。两代人最密切的关系和最浓厚的亲情使得孩子本能地以父母为榜样，以父母的行为为准则。很可惜，有些父母没有认识到这一点，自身言行粗劣暴躁，让家中没有温暖，让孩子受到负面影响，而一旦发现孩子经常吼叫哭闹，又会发火打

---

①闫玉兰，湖南省岳阳市婚姻家庭研究会会长。

骂孩子，殊不知，这是父母先天遗传加后天面授，直接或间接传给孩子的恶习，这是家长的责任。

温暖言行是一个人的基础品行，做人的基本准则。文明修养无小事，从温暖的言行举止开始，修炼品格，尊重孩子，父母逐步走进孩子内心，密切亲情，父母和孩子一起快乐健康地成长。著名教育家蔡元培曾在《中国人的修养》一书中说过，决定孩子一生的不是学习成绩，而是健全的人格修养。想要培养孩子健全的人格，家长首先要做的就是改变说话的语气和方式。

（三）温暖地对待孩子是对生命的尊重，对灵魂的滋养和保护。

父母和孩子，都各自拥有生命，是平等的，应互相关爱互相尊重。不允许父母高高在上粗暴地对待孩子，让孩子的心灵受到伤害，相应地，孩子也粗暴地对待别人，这种恶劣影响对幼童及青少年的身心发展伤害极大。

非原生家庭与原生家庭的孩子又有不同，他们有过创伤的心更易受到伤害。单亲家庭的孩子因为母爱或父爱的缺失，更易在情商上缺少培养，更易不自信，没有安全感。重组家庭的孩子，面对新的家庭成员间的复杂关系手足无措，旧的伤痛忧愁还没有消除，新的矛盾担忧又向他们袭来。对新的家庭，对继母或继父的适应，又让他们平添苦恼。对这样的孩子，亲生父母、继父母只能是更加温暖地关怀之，才会让孩子走出阴影，快乐健康地成长，让新的家庭获得持久幸福。

（四）帮助出错的孩子，温暖的办法最有效。

孩子出错很正常，家长不必发火，理应心平气和地温暖对待。孩子在成长阶段，许多事情都处于无知的状态，出错了，不奇怪，为什么要焦虑发火呢？告诉孩子正确的做法就行了，一次没做好，再做第二次，第三次，总会做好的，要有耐心。以恶劣态度对孩子，会把爱学习的孩子骂得讨厌学习，把爱钻研爱思考的孩子的上进心和钻研精神扼杀掉。

孩子都是有上进心的，都愿意在学校受表扬，都愿意有同学喜欢自己，和自己一起玩。如果家庭氛围温暖快乐，家长温暖地鼓励帮助孩子，孩子则会增强自信，性格快乐阳光、有亲和力，更加有进步的动力和兴趣。反之会认为自己不行，不自信，越没心思学就越不行，上进心被消磨。

温暖纠错，温暖的方法甚至会发生奇迹。试想，家长在工作中出错了，希望上司温暖纠错还是希望大骂狠批？答案肯定是前者，那么孩子更需要温暖了。只有温暖人心才能改变人心，高吼训斥管教永远也治不了孩子的缺点和毛病。

二、执着——保障教育的质量与效果

（一）执着温暖地对待孩子。

温暖对待孩子坚持不变，绝不能因父母心情差、工作不顺或因孩子出错等而变化，迁怒于孩子。表面说为孩子好，但实质是自己情绪管理不善，修养不够。

应该承认，所有的父母都爱孩子，只是不知道怎么去爱，爱的方法错了，就变成了害。一般父母也温暖关爱孩子，但不能持久，不够执着。父母变化无常，孩子就会无所适从，观念错乱。

温暖的执着，即不仅仅是耐心照顾好孩子吃穿住行，更要关照到孩子的心灵深处，注入善美、智慧和力量，如阳光般温暖孩子的精神高地，让精神花园开放美丽花朵，培养出不仅可以绽放自己还能给予世界温暖的孩子。

（二）执着地纠正孩子的错误。

执着地纠错，坚定不移，不放任，不手软。养育孩子也像种植西红柿，及时把分枝打掉才能结出大西红柿，孩子出现这样缺点那样问题，必须纠，坚决纠，及时纠。孩子的问题纠正得越早，越好纠正，孩子受到的伤害也越小。

往往许多家长认为孩子小，放纵缺点没关系。但随着孩子长大，这缺点则会变严重，再想纠正孩子，已经迟了，没有办法了。所谓及时纠错，不是发现问题就立即骂孩子，而是孩子第一次出错，父母就引起重视，制订纠错方案，考虑周全，备课谈话，完善解决，把孩子的问题彻底解决在萌芽初期。

如果孩子第一次出错不纠错，孩子会误以为这是可以做的事。如果孩子出错了，打骂孩子，只能让孩子更逆反，下次会再犯，只是做得更巧妙。所以不应奇怪孩子犯错，不必发火，只要坚决执着纠错且必须方法正确温暖，孩子知好歹，会改。

（三）执着是爱与智慧的坚守。

执着的温暖不是有错不纠笑脸纵容，而执着地纠错更不是变脸乱吵碎碎念。执着，是爱与智慧的坚守。

有效地纠正孩子的错误，需要真爱，需要智慧。我在实践中总结出一种非常实用有效的方法——备课谈话法。这种方法就是对孩子的每一个缺点都做一个策划案，备好课，再谈话。发现孩子的问题，不能轻易开口，一旦开口，就彻底解决。所以要用心备课，先说什么？后说什么？如何解决的办法条款。孩子心情好时为最恰当的时机，必须找一个时间充裕且安静的环境一次性谈完。以上各条都非常重要，必须做到，才能保证谈话成功，孩子的缺点从此改正。我女儿的缺点正是用这个备课谈话法逐一快乐改正的，温暖谈话百分之百成功，没一次失手。

三、引领——教育的前提和关键

引领即父母的榜样引领，这是教育孩子的重要法宝。

（一）引领就是做给人看。

俗话说，耳听是虚，眼见为实。家长榜样最重要，如果孩子看到家长一言不合就与路人又骂又打，那家长教导孩子待人有礼团结同学不打骂，说得再多也白费。

有一个公益短片画面非常真实形象地证明上行下效的道理。一位在家中忙做菜的单亲父亲看见儿子灰头土脸地回家来，便冲上前去揪住孩子耳朵拖进屋里，一路嘴里骂道："又这么晚回来，又在学校打架骂人被老师留校了吧，一天到晚给老子在外面丢脸，看老子怎么收拾你……"突然闻到菜煳了的味道，父亲才急忙松手跑回厨房。这时一直没说话任父亲咆哮的孩子开口了，他揉着耳朵慢慢坐下，神态老道地说："又揪老子耳朵!"

此案例不需解释，看第一次觉得好笑，看第二次便深深地为这位父亲担心，更为孩子忧心，不知道他们的故事将会有什么样的结局。

（二）引领就是不断成长。

父母要不断成长，才能跟上孩子的步伐，孩子才敬佩你跟随你。有些父母以为，我生了你，你就应该听我的，尊重我。可孩子却不这样想。我的女儿初二时无意说了一句话把我吓了一跳，她说："我们班女生除了我没讲爸妈坏话，都讲爸妈坏话。""为什么啊？爸妈对她们这么好？"女儿为同学辩解："她们父母什么样子啊？哪像咱家父母……"

原来孩子们对父母是有要求有评判的，而父母还蒙在鼓里，自我感觉良好。如今知识爆炸的年代，科技发展极快，父母没孩子懂得多，素质修养还跟不上，举止粗俗，怎么可能得到孩子的尊重？父母有学习习惯，孩子才爱读书；父母文明有涵养，孩子才知书达理；父母有学识，格局大，孩子才有规划、有远见。所以父母必须提升素质才有尊严，才有能力管孩子，引领孩子。

改变孩子，先改变自己。父母以身作则才能有效引领孩子，孩子的问题其实是父母的问题。

（三）引领就是高质量的陪伴。

真爱孩子不是过度保护或过度干涉，更不是推给他人。陪伴包含身心的陪伴，书信往来的沟通。没有陪伴就谈不上引领，无法引领。身为父母，天职就是陪伴孩子，引领孩子健康长大，家中没有任何事情比人的生命健康成长更为重要，所以父母没有任何借口把孩子推给他人。因此，如果你说挣钱重要，那只是你认为孩子没有金钱重要。如果你说工作忙没时间，只能说明你认为为孩子花时间不值得。犹太人很会挣钱，但犹太夫妻每周必拿出一天周末陪孩子，犹太人整体素质高便不奇怪。父母对儿女高质量地陪伴，才有高效率高质量的引领。

温暖代表亲和、友善、尊重，是家庭教育的姿态和形式；执着代表毅力、信心和决心，是家庭教育的过程和方法；引领代表榜样、灯塔与目标，是家庭教育的宗旨和方向。

净化家庭生态　开启智慧之爱

——堪忧的家庭时代境遇与家长儿童观的重建

张柏龄[①]

一、堪忧的时代境遇：家庭生态恶化

（一）日益恶化的家庭生态

布赖恩·巴克斯特说："在意识形态的天空，生态主义是一颗新星。"生态主义之所以备受关注，因为它的视角辐射到了人类社会中家庭生活的方方面面。

1. 人性的失落，家庭的失温（缺失爱）。人本主义心理学家马斯洛说："我们时代的根本疾患是价值的沦丧……这种危险状态比历史上任何时候都严重。"近年各种精神类疾病呈上升趋势，抑郁导致的自杀率升高是物质发达、精神贫乏的显著标志。在中国，每年约有10万青少年死于自杀。与20世纪相比，青少年自杀率提高了60%。

2. 关系的失序，伦常的失守（缺失序位）。从人的全面发展的角度而言，生态化关注人的全部关系。家庭是人社会化的第一个场所，家庭关系的重要性无与伦比。家庭中第一位的关系是夫妻关系，其次才是亲子关系。当下的家庭，更多的是将孩子置于家庭中的第一位，父母没有自我成长意识，孩子幼小的肩膀承载着家庭的全部希望。这样剑走偏锋，必然导致诸多问题的产生。

3. 信息的污染，碎片化思维（缺失目标）。"人生如果没有一个能够囊括一切的生命活动的精神目标和心灵盼望，人生必定会陷入混乱和盲目之中，甚至会陷入罪恶之中。"家庭是人生的第一所学校，家庭教育是人之初的教育。家庭教育的核心目标是培养完整的、人格完善的人，而绝非只会读书考试、四体不勤、五谷不分的"考试机器"和"两脚书橱"。

4. 功利的家庭教育，舍本而逐末（缺失德育）。感恩是品德之母。今天的独生子女很少有感恩之心，没有独立性，过着寄生的生活。一旦父母不能满足自己的愿望，由怨生

---

①张柏龄，呼伦贝尔学院教育科学学院副教授。

恨。近几年媒体频频曝光的杀父、弑母事件，绝非偶然，令人警醒。

5. 家校功能的错位，家长成助教（缺失根基）。一个人一生接受的教育包括家庭教育、学校教育和社会教育。儿童一出生就受到原生家庭的影响，教育的母体是家庭教育。当这“培根”的家庭教育出了问题，家长没有定力、没有主见、没有智慧，儿童人生的第一粒扣子怎能不错位?

（二）儿童成为牺牲品

作为一名心理咨询师，笔者观察到，最近几年儿童心理问题呈井喷式增长，尤其以厌学、网瘾突出。以厌学为例，笔者发现，厌学、考试焦虑出现低龄化的趋向。曾经有一个二年级的男孩，每到期末考试便出现严重失眠、咬手指的现象，后来发展到哭闹、拒绝上学，家长打骂无效，因束手无策才来求助。

（三）家庭生态问题深层原因

1. 历史因素。一直以来，望子成龙、望女成凤的心理成为诸多中国家长的核心情结，家长只看重考试、排名，必然给予孩子这样的暗示：学习只为金榜题名、光宗耀祖。功利化的教育完全忽视个人心灵成长，异化了儿童的心灵。

2. 社会因素。工业化时代的社会竞争导致家长育儿焦虑的蔓延，传统家庭观念正在解构而现代的家庭观尚未形成。随着互联网特别是新媒体的发展，人们生活在由各种信息编织的信息网络之中。越来越多的家长成为“手机控”“屏奴”，甚至出现了一家人在一个屋檐下用微信沟通的荒诞事。正如一位历史学家所言，社会变革滞后于技术变革一直是人类许多灾难的根源。

此外，社会舆论的雾障，传媒娱乐化，伪专家误导，所有这些令家庭生态的恶化愈演愈烈。如，今日有人热捧“富养”“散养”，明日有人跟帖鼓吹“穷养”“圈养”；今日有人言之凿凿“学习是有趣的”，明日有人说“书山有路苦为径”……不明就里的家长心力交瘁、画地为牢、无所适从。

3. 个人因素。家长错误的儿童观导致教育行为上的偏差。家庭教育有一个很重要的规律——代际传承的规律，即从父辈那里承袭的观念会代代相传，这种沿袭往往无意识发生。在2017年央视的《朗读者》某期节目中，董卿访谈李亚鹏，李亚鹏讲述了父亲对自己的期待、希望以及父亲对自己的影响。在听完李亚鹏的故事后，董卿意味深长地问李亚鹏：“你对你女儿的教育优化过了你父母对你的教育吗?”智慧的家长需要清醒地反思，自己原生家庭有哪些教育的弊端，并且将错误及时阻断。

家庭治疗主流代表维吉尼亚·萨提亚在《新家庭如何塑造人》一书中指出，家庭是世界的微缩。研究家庭就可以了解世界：家庭中的问题，例如权利、亲密、自主、信任和沟通技巧等，是奠定我们在世界如何生活的重要部分。改变家庭即是改变世界。改变家庭生态绝非一日之事，需要举全社会之力。这里，笔者侧重谈谈如何就家长个人层面，以新的儿童观为切入点，从个人认知层面予以修正或重建。

二、家庭教育观的基石：儿童观

（一）儿童观的含义及意义

所谓儿童观，是人们如何看待和对待儿童的观点的总和。儿童观涉及儿童的方方面面，包括儿童的特点与能力、地位与权利、儿童期的意义、儿童生长发展的形式与成因、教育同儿童发展之间的关系等诸多因素。儿童观决定教育观，教育观决定了人们做出什么样的教育行为。反过来，人们的行为也折射出人们的教育观、儿童观。孙云晓老师在《新家庭教育宣言》中明确指出，儿童观是家庭教育的基石。

（二）当前几种典型的、错误的儿童观及分析

1. 儿童是“小大人”。持有这种观点的家长认为，儿童是成人的“缩小版”，儿童和大人没有什么本质区别，即使有的话也只是身高和体重的差别而已。用成人的标准去要求儿童，儿童被期待像成人一样去行动，充当童工、童农、童商等，使之过快、过早地发育，儿童的特点、儿童期的意义完全被忽略了。实质上，儿童与成人最大的区别在于儿童的发育不成熟，儿童有自己的快乐和幸福。而且，同一个事件在成人和儿童内心世界产生的影响绝不相同，早期的人生经历会内化成为儿童的人格。如，现在电视上各种儿童秀节目很火爆，家长如果没有掌握好度，容易误导一部分孩子，导致其与同龄人的互动受到忽视，过早关注成人世界的价值标准。

2. 儿童是白纸一张。这种观点脱胎于洛克的“白板说”。所谓白板，就是空白的板或者擦过的黑板。持有这种观点的家长认为，儿童一出生心灵就像白纸一张，成人可以任意将其塑造成各种各样的东西，而不必考虑儿童的需要。现代脑科学的发展已经证明：儿童的大脑有极强的可塑性，学习就是增强神经元与神经元之间联系的过程；信息只有通过杏仁核才能进入海马体。让学习有效，需要注意：（1）不要让杏仁核受到过度刺激；（2）儿童的学习要注意劳逸结合；（3）不要进行机械记忆；（4）提倡多元参与，促进多个神经回路的形成。脑科学的发展证明，学习高效有方法可循，没有调动儿童主动性的填鸭式学习对孩子有百害而无一利。

3. 儿童是私有财产。持有这种观点的人认为，儿童是父母婚姻的结晶，产生于母体，归父母所有，是父母的隶属品。父母可以左右儿童的命运，控制儿童的生活。被这种观念支配的家庭，儿童没有独立自主的人格和地位。家长可以随意处置孩子，尤其在对待孩子学习、择业等人生重大选择上。意大利著名教育家蒙台梭利指出，当一个儿童不能按

照自己的意愿生活时，他已经开始分裂了。

4. 儿童是光耀门楣的工具。这种观点是很多中国家庭沿袭已久的育儿观。持有这种观点的人认为，儿童是家族的希望，是光宗耀祖的工具。这种观念可以追溯到漫长的封建社会，一朝金榜题名，整个家门显赫。这样的观念之下培养的只能是驯服的考试机器、所谓的“好孩子”。

三、遵循的儿童观

德国哲学家弗洛姆指出，人类最大的天赋无非就是理性。没有理性谈不上教育智慧。当下恶化的家庭生态中儿童是最大的受害者。在这场看不见的战争中，唯有成人的觉醒，重建儿童观，才能从根本上扭转这样的局面。新的儿童观要与时俱进，其核心的思想是尊重儿童期，尊重儿童的天性。儿童是自然的存在，儿童有自己的精神生活，不能以爱之名，揠苗助长，不养“病梅”。

（一）尊重儿童的地位与权利

尊重儿童的地位与权利是儿童观的前提，儿童有自己的权利和地位。1989年联合国大会通过的联合国《儿童权利公约》提出了儿童优先、尊重儿童人格、尊重儿童意见以及一视同仁的原则。《儿童权利公约》还指出：儿童有生存权、姓名权、获得国籍的权利、受父母照料的权利、发表自由言论的权利、受教育权、休息和闲暇的权利等。

（二）尊重儿童期的价值

文艺复兴时期的著名思想家、教育家卢梭指出：“在万物的秩序中，人类有他的地位；在人生的秩序中，童年有他的地位，应该把成人当作成人，把儿童当作儿童。”卢梭对儿童的认识史称“儿童的发现”，具有里程碑意义。儿童期的存在是有价值的。同时，儿童很脆弱，需要保护。“使不成熟的小马拉车，只能使他长得更弱；但若给他以充分的成长时间，那他将来就能拖更重的东西，而他所能给你的反而比耽搁的更多。”近代心理学家克尔凯郭尔在《惧怖的概念》中指出，个人应该要在生命的每个瞬间持续不断地创造完整的自我人格。儿童期的过大压力会导致儿童的病态人格。电视剧《虎妈猫爸》中胜男（赵薇饰演）的女儿因为不堪压力，出现了心理问题，不就是儿童心灵被成人绑架、致使童颜萧瑟的典型例子吗？

（三）尊重儿童发展的规律

科学的儿童发展观要考量一个儿童发展的影响因素，在此基础上促进儿童发展，为儿童创设主动发展的环境，使其在活动中发展，促其整体发展，尊重儿童个体间差异。

1. 儿童是有巨大的发展潜力的。有人将儿童比作花草树木，这种说法比较过去时代有进步之处。然而，儿童比种子或者花草树木复杂得多，尽管他们有共同的规律。正如瑞士著名教育家裴斯泰洛齐所说的，“树不能自我帮助，人能”，人是自由的。

2. 儿童的发展是在感兴趣的活动中主动发展的。要慎重对待儿童的每一个选择，童年期的探索可能会影响儿童的一生。爱因斯坦四五岁时看到父亲送给他的罗盘针以奇特方式指定一个方向，使他感到巨大的惊奇。爱因斯坦在他的自传里追溯自己的科学研究历程时曾提及这件事给他的心灵震动。

3. 儿童的发展有个性的差异。每一个儿童都是独一无二的，每一个生命都是弥足珍贵的。家庭教育不可简单跟风、复制别人的经验，家长要研究每个儿童的独特性并因材施教。

4. 儿童的发展是个整体。德国儿童文学之父凯斯特纳说得好，只有保持童心的人才是完整的人。童心无价，童心的丧失是一个国家最大的悲哀。

5. 新儿童观要正确定位教育在儿童发展中的地位。发展决定着教育，教育又创造着发展，教育所创造的发展必须遵循儿童发展的必经途径。

四、家长的责任担当与自我成长是儿童观的保证

家长是儿童成长的第一责任人。家长对自身价值要有清晰的定位，要调适家庭关系，给孩子一个充满爱的温馨环境，陪伴孩子成长。

（一）家长要避免过多干涉和保护儿童，学会给儿童爱和尊重。

有人说，今天的“一代天骄”最大的问题是独立性的缺乏。心理学家告诉我们，一个人缺乏独立性是所有心理问题的根源。阿德勒指出自卑心理主要有两个根源：溺爱和忽略。这两种情况在很多家长身上普遍存在。

（二）家长在完善自身人格基础上，关注儿童的精神需要和满足。

“高质量的母亲，本身就可以为孩子建构起一个强大的缓冲器，抵御不利环境给孩子的压力反应体系带来的伤害。”

有一次，我受邀参加一个青少年夏令营。和20多个孩子在封闭的环境中度过快乐的夏令营时光。在结束分手的时候，一个小男孩因为自己手工制作的作品找不到了，伤心痛苦，反应过度，经过侧面了解，知道这个男孩子有心事，他妈妈经常心情不好、喜怒无常，这个孩子经常有无助感，不知道如何面对妈妈。

这个孩子的故事令我思考：每个孩子都是爱父母的。一个经常抑郁、不开心的妈妈如何养育出快乐阳光的孩子？

（三）家长勇于打破固有经验型认识，学习关注儿童各个敏感期。

2010年全国妇联联合七部委颁布《全国家庭教育指导大纲》。这个大纲将0—18岁的儿童划分为5个阶段，规范了各年龄阶段儿童不同的家庭教育重点，可以成为家长学习家庭教育的基本参照。

（四）好的家庭是所有成员彼此滋养，家长的成长是孩子最好的资源。

毕淑敏老师在《星光下的灵魂》中写道，凡是自然的东西都是缓慢的。太阳一点点升起，一点点落下。花一朵朵开，一瓣瓣地落下。稻谷成熟，都慢得很。那些急骤发生的自然变化，多是灾难。如火山喷发、飓风和暴雨。一个孩子要长大是很慢的。

让我们净化家庭生态，开启智慧之爱，呵护美好的童年！

全新家庭教育构建中的爱与智慧

战春梅①

再次打开电脑修改论文，内心沉重无比，因为刚刚知道一个噩耗，我认识的一个男孩从四楼跳楼自杀了，幸运的是他保住了性命，此时此刻正躺在医院里，全身满是石膏和纱布。一直都是在新闻中看到这样的事件，从来没想过会发生在我的身边。这个男孩子在班里是一个优秀的孩子，这次期末考得不算理想，由第三名落到了第六名，父母在假期每日唠叨，不良情绪充斥在他的周围，来自于家庭的压力、来自于内心的煎熬让他无法承受，于是做出了这样痛苦的决定。我猜想着，此刻的他是否后悔这样的选择呢？这不得不让我们教育者思考一个问题：我们要给孩子一个什么样的教育、什么样的家庭？我们所谓的爱是不是给了孩子一个压在胸口的石头？我们是不是应该思考如何给孩子真正的爱？

一、家庭教育中的新型战争

“大鹏，不要看电视啦，快点看书吧！”我喊道。

“妈妈，你和爸爸总看手机怎么就行，我看一会儿电视就不行吗？”

我相信很多家庭会遇到和我一样的处境，我们家长都是低头族，却要求孩子沉浸墨海书香。面对孩子的质问，我们是不是无言以对呢？

电子战争背后是我们的教育方法问题。

“没有父母的成长，就没有孩子的成长。”在新教育理念的指导下，朱永新教授如是说。而作为“80后”家长来讲，随着科学技术的发展，他们与孩子也有了一场新的战争要打。因为，电子产品无处不在，平板电脑、手机、电视等都深深地吸引着孩子们，使得孩子们每天心里像长草了一样，无时无刻不想着什么时候可以看电视、什么时候可以玩手机、什么时候可以玩电脑。无论是带他们去玩，还是出去吃饭，他们关心的首要问题就是

①战春梅，哈尔滨市实验学校政教处主任。

手机能不能连上网。对于现在大多数的小学生来讲，手机和电脑中的游戏对他们有着致命的吸引力，他们在玩游戏时的精力比学习还要集中，玩游戏的水平也已经超过了我们这些大人。但是，他们对游戏的着迷应该是他们在接触手机和电脑的第一天就开始了，所以电子战争也是我们和孩子要打的第一场硬仗。

"新家庭·智慧爱"，要想在家庭里严厉地执行新的政策，就要无惧孩子们的抵触情绪，不管他们如何反抗，都要坚持下去。在这场与孩子们的电子战斗中，我们要学会正确地引导他们，限制他们只是我们减少他们玩游戏的一种手段。最重要的还是要从三个角度对他们进行引导。首先，要对他们实行教育引导，让他们知道网络游戏对他们产生的危害，让他们通过网络、报纸了解青少年玩游戏出现的猝死现象和犯罪案例，了解游戏上瘾后会对亲情、学习所产生影响，最重要的是影响他们的视力。通过长期对话来告诉孩子电子产品的危害。用教育来引导他们，在潜移默化的环境中对孩子的观念产生积极的影响。其次，就是从技术的角度和孩子进行电子战争。与他们做斗争时，父母也会和他们制订制度，还会和他们玩猫和老鼠的游戏。比如：在电脑上设置密码，在手机上设置指纹来防止孩子偷偷玩游戏。或者是根据孩子们的浏览内容来了解他们玩的时间，从而不断创新自己的控制技术。当然，上有政策下有对策，孩子们也会不甘示弱，他们会不断地对我们的密码进行破解，还会删除我们在手机或电脑上设置的一些控制软件。是的，我们必须增加自己的知识，才能让他们甘拜下风。所以新教育里面，新家庭发展要做到真正的控制孩子、引导孩子，就要不断地提高自己的技能。最后，关键就是新教育的出奇制胜。通过新教育的理念，父母就会将孩子们从电子产品的大潮中抢救出来。让孩子们能够远离电子游戏，让他们学会读书，不断进步。在新教育的浪潮中，孩子们犹如潺潺流动的小溪，通过每天吸取养分而学会主动学习，变得自信、从容。这时，孩子们就会和你谈论一本好书，谈论一个故事。并且，还会从这里学会道理，他们不再迷恋手机和游戏。而这一切则都归结于新教育中的父母与孩子共同读书。因此，在传递"新教育·智慧爱"中要想让家庭更美满、更幸福，那么就每天抽出30分钟，让孩子和您一起阅读，一起拥有这美好的时光。

在这次的"新家庭·智慧爱"中，这种新的家庭教育模式我非常认同，因为它改变了父母在家庭中的生存态度，也改变了父母的教育方式和引导方式。这种新的家庭、新的教育让我深深懂得了生命的意义。所以，让我们拥抱这种创新的理念，拥抱生命中每一次家庭的温暖和感动。

二、家庭教育中的错综关系

"大鹏，快写作业！"我喊着。

“妈妈，我不想写，我想再玩一会儿，明天写吧。”儿子放不下手中的玩具。

我还想说什么，可孩子的奶奶忽然搂过他说：“呀，孩子这么小，天天写作业也怪累的，让他多玩一会儿吧。”儿子似乎有了靠山，更加理直气壮地说：“对呀，妈妈，休息一天，明天继续吧，我才二年级！”

对人来说，家庭是非常重要的，因为它是我们心灵的港湾。孩子从一出生就是一个独立的个体，他要与外部世界交流，首先就是通过父母和家庭。对于大部分孩子来讲，教室是他们学习知识的重要场所，他们也是在教室里才建立的亲密关系，让很多陌生的个体成为亲密的朋友，从而在这个环境下健康成长。但总的来说，家庭还是占据孩子们大部分的时间，人永远离不开的场所就是家。因此，家庭是人生中的一个港湾，是一个最温馨的地方。

因此，也有人说家庭是诞生真正人才的摇篮。童年是一个人重要的时期，无论他面临怎样的未来生活，真正的、独特的、绚丽多彩的一段人生就是他的童年。这一段是不能再复制的，也是不能再重来的。所以，将来一个孩子要成为什么样的人，起决定作用的就是他的童年。在童年时期，孩子就像一张白纸，他的周围世界，他接触的人、事、物都会充斥着他的心灵和大脑，从而牵着他的手在这张白纸上描绘出五颜六色。所以苏霍姆林斯基在《育人三部曲》中就说人的思维、性格和语言都是在学龄前期形成的。因此童年是一段非常重要的时期，童年是具有特别意义的。孩子进入学校之前，其认知的风格、行为的习惯和对人生价值的态度已经初步形成，所以他们在学校所要做的就是不断地改造，不断地让自己进步。可以说，学校是帮助他们成长的关键，而家庭则是孩子真正成人的关键。

我们中国的家庭教育中一直存在着这样的两种教育关系，一种是父母对子女的亲子教育，另一种则是祖辈对孙辈的隔代教育。隔代教育的主体也就是指爷爷奶奶、姥爷姥姥，隔代教育与亲子教育相对应而存在。我们都知道人到老年往往格外疼爱孩子，而且会有那种无原则的迁就和溺爱。同时身为工作繁忙的我们，把孩子托付给老人，老人看孩子，总会有顾虑，比如怕出差错，怕儿女责怪。于是老人们就会不知不觉中让孩子处于说一不二的核心位置，事事依着孩子，处处围着孩子，老人的这种隔代教育和我们身为父母的严厉教育就会有冲突。

在家庭教育中，如果大家的教育方向不一致，那么也会使得儿童无所适从，这也是目前家庭教育中所面临的重要问题。因为父母家庭观念不一样，爷爷奶奶的家庭观念又是另一个样，在孩子的生长过程中，长期在这种教育方向不一致的环境下就会弱化教育的功能，从而使孩子不能在好的环境下学会学习，学会成长。学校在教育过程中，主要以成绩为主。要想争取到好学校，分数就是最重要的。所以这种环境本身也就弱化了学校的功能。如果家庭教育的功能不能强化，那么社会对于孩子的帮助就存在一定的危险性了。

三、家庭教育呼唤智慧爱

我看过这样一则故事，说的是在偏远的农村，有一个小男孩没有交作业，他的父母对他说的一番话："你为什么不做作业？你怎么如此不争气？你怎么一点儿羞耻心都没有？你信不信我一脚就把你踹出去！"小男孩一言不发地低着头犹如一只待宰的羊羔，满是恐惧。这种现象也经常发生在现代的家庭中。

很多家庭中，由于父母文化程度不高，辛苦打拼在城市扎根。赚的钱都用来供孩子上学，所以他们就迫切地希望自己的孩子能成为一个有文化的人，成为一个能为国家做贡献的栋梁之材。但是事情总是违背自己的愿望，家长花重金送孩子去各种补习班学习，但是孩子的成绩却不令人满意。并且，与同龄的孩子相比，他们的性格也并不是那么的活泼和开朗，学习也像一座大山似的压得他们喘不过气。经过这种教育只会让孩子们对学习越来越恐惧，让他们觉得学习就像一座大山，是无法翻越的。他们没有任何的自由空间，他们对自己也不信任，自信心被瓦解。所以朱永新先生提出"新家庭·智慧爱"就是让更多家庭中的父母和孩子，不要迷失在这样的事情中，要让他们学会用智慧来爱孩子，让孩子不再承受不能承受的重量。因此，包容、理解、信任和尊重才是让爱回归智慧的重要因素。

孔子说："赠人以言，重于珠宝；伤人以言，重于剑戟。"这也就说明，往往一句不经意的鼓励和赞扬就可以改变孩子们的一生。孩子们正值青少年时期，是玩心最重的时期，心智也不太成熟，对世界观和价值观的分辨能力不强，所以他们就会犯错。那么如何去爱他们，如何在犯错后去引导他们、教育他们，也考验着新家庭中的新家长。这就需要新家庭的智慧。在上面的那则故事中，我们可以看出，幼小的孩子在父母的训说下，心灵受到了创伤，所以就会更加讨厌学习。因此，古人云：爱之深，责之切。通过这个故事，也能看出父母对孩子的爱。但是，在这种爱的表达过程中，缺乏了智慧，缺乏了对孩子的包容。缺少这种包容就会让孩子对学习深深地厌恶，并且不能让他们顺利地改正错误，所以家长就要在孩子犯错时，学会包容，给他们一个台阶，让他们顺利地越过学习这座高山。当孩子们在学习和生活中出现问题时，父母的适当包容，不仅能缓解孩子的紧张和恐惧，也能够更好地与他们沟通，让他们认清问题出现的严重性，从而从错误的坑中走出来。如果只是一味地苛责，那么孩子则永远无法从错误的坑中站起来。因此，"新家庭·智慧爱"就需要家长学会包容，给孩子一个适当的台阶。从而用新的方式去引导他们适应新的教育形式，并且，在爱他们的过程中也要给孩子一种克服困难的力量，就是父母给予他们的肯定，给予他们的鼓励。这样就能在孩子失去动力和信心时，让他们获得新的力量。人的情绪是受外界环境干扰的，一个鼓励就能让他干劲儿倍增，一个责备会让他萎靡不振。

所以在积极的情绪配合下，孩子也会产生一种愉悦感，也会更好地发挥自己的水平，提高自己的学习效率。所以，在家庭教育过程中，多给孩子些鼓励，往往就能够激发出他更好的潜力。因此“新家庭・智慧爱”，给孩子就是一份坚持不懈的力量。

一种被赋予了智慧的爱就是信任，这种爱在于关心人、理解人的态度。在你信任别人的时候，别人就会感受到这种智慧的爱。那么对于孩子来讲，也是一样的。只有你信任他，他的心情才会自然，宁静。所以信任可以让孩子们变得自信起来，让他们的心理一直处于一种活跃的状态，这也有利于孩子的健康发展。如果父母长期对孩子产生一种不信任的心理，就会增加他们的自卑、自责，就会瓦解他们的信心和斗志。所以教育专家也曾指出教育的奥秘就是相信孩子在做每一件事时都是可以的。因此，在新的家庭中，充满智慧的考验就是父母对孩子的信任。这也就说明，不论是在学校还是在家里，老师和父母都应该给予孩子足够的信任与理解，这样才能让他们真正地开心，这也是让家长与老师真的走进孩子内心的重要途径。毋庸置疑，家长对孩子的爱是真实的、真诚的，但是很多时候恨铁不成钢则会让父母对孩子疾言厉色，并且有些父母还会常常抱怨孩子做的事情与他们预期的结果相差甚远。长此以往，孩子对父母的心态就会发生改变，不能理解父母对他的苦心，也不会明白父母给予的感情，甚至还会使父母与孩子的关系疏远，时常发生冲突和对立。所以这种事情发生的症结就在于父母在爱的给予方面缺乏对孩子的尊重。马斯洛需求遵循生理需求，安全需求，被尊重的需求，人际交往的需求和自我实现的需求。只有低层次的需求得到满足后才能安心地工作，才能全心地学习，才能自我管理，实现自己的理想和目标。所以在教育孩子方面，父母要给予足够的认可和尊重。只有他们觉得自己是自己的主人后，自己被尊重后才会深层次地感受到父母对他们的爱，才能在实际的生活和学习中自觉、自立。因此，“新家庭・智慧爱”，新家庭成就新父母，新父母就需要新的智慧。那么，在给予孩子爱时就一定要尊重他们，一定要相信他们。从而在他们的人生中，给予他们更多的空间，让他们去飞翔，让他们去发展。

四、结语

在我国教育水平不断提高的环境下，“80后”的父母文化素质也在不断提高。他们能够适应新的教育模式，学会智慧地来爱孩子。他们在观念上、知识的教育方法和能力上虽然存在问题，但是仍然可以通过新教育来不断地提高自己，改变自己的教育方式，从而形成新的家庭教育模式。“一个好父亲胜过100个学校的校长。”“母亲推动摇篮的手就是推动地球的手。”所以父亲与母亲的文化教育素养、价值观念、情感观念、教育的方式，甚至是他们的一言一行都会深深地影响着孩子的未来。

可以说，优秀的孩子背后，总有一个温馨和谐的家庭的影子。一个人要形成健全的人格，就离不开家庭的教育。因此，“新家庭·智慧爱”所主张的就是给孩子一个新的教育方式，让他们在自己的家庭教育中找到一生受用的东西。所以家庭教育培养的不只是孩子的行为习惯，情感价值，自身品德、人格、心灵，更重要的是通过“新家庭—新教育”的模式来提高广大父母的教育水平，提高父母对孩子的重视和信任程度，让他们用智慧的方式来引导教育，引领孩子走向成功的人生！

后 记

2017年10月28—29日，“2017年度家庭教育国际论坛”在美丽的杭州举行。该论坛由中国教育学会主办，中国教育学会家庭教育专业委员会、杭州市上城区教育局承办，新教育研究院协办。本次论坛的主题是“新家庭·智慧爱”。围绕这个主题，国内外众多家庭教育专家济济一堂，共同探讨新时代家庭教育的新理念、新经验、新智慧。

全国政协副秘书长、民进中央副主席、中国教育学会家庭教育专业委员会理事长、新教育实验发起人、苏州大学教授朱永新先生，芬兰赫尔辛基大学教师凯·马库斯·塔维奥，约翰·霍普金斯大学学校社会组织教育研究中心副研究员、副教授史蒂文·谢尔登，鲁道夫·施泰纳／新西兰教育部华德福幼儿中心代表、鲁道夫·施泰纳／新西兰华德福国际教育代表凯西·麦克法兰，中国青少年研究中心家庭教育首席专家孙云晓研究员，中国少年儿童新闻出版总社首席教育专家、原总编辑卢勤，台湾嘉义大学辅导与咨商学系暨研究所助理教授朱惠英等国内外的教育专家齐聚现场，与千余名与会者和数万收看直播的网友共同探讨家庭教育。

为了更好地总结与传播本次大会成果，现将大会发言稿、特邀嘉宾论文以及优秀来稿编辑整理出版。在此，特向本书的各位作者的付出表示感谢。

每位父母都爱孩子，有的父母会让爱恰如其分、恰到好处，让爱变得刚刚好；但有的父母为了表达爱会变得不顾一切、不计后果，甚至会失去理智。“新”父母区别于以往“旧”父母的主要标志就是“智慧地爱孩子”，不仅具有爱的意愿，更具有爱的能力和智慧。本次论坛将主题定为“新家庭·智慧爱”，其目的是探讨父母如何科学地理解爱、智慧地表达爱、理性地付出爱。智慧地爱，需要为孩子营造一个安全而温暖的环境，和谐的家庭关系对孩子健康成长无疑最为关键；智慧地爱，需要对孩子保持合理的期待，永远会让孩子在适合他（她）的道路上前行，永远会让孩子在他（她）的“最近发展区”内提出要求；智慧地爱，需要科学的方法，因材施教、以身作则、言传身教、宽严结合、循循善诱。除此之外，智慧地爱，还需要善于与学校沟通合作，加强自身学习，积极参与学校教育，善于利用社会教育资源，为孩子构建一个良好的教育生态系统。

本书共分为四个部分：第一部分集中收录了本次论坛主报告的学术成果，包括国内的朱永新教授、孙云晓研究员、卢勤老师等，也包括来自芬兰的凯·马库斯·塔维奥、美国的史蒂文·谢尔登、新西兰的凯西·麦克法兰等外国专家学者。第二部分为数据发布成果，孙宏艳、吴重涵、杨雄、岳坤等学者就少年儿童运动状况、学校里家长志愿者状况、隔代抚养情况以及上海家长教育期望、家庭教育支出及"择校"行为等问题发布了最新调研结果。第三部分主要体现分论坛学术成果。第四部分主要是大会优秀征文成果，更多的专家学者和实践者就智慧爱的内涵、表现、途径、方法等问题做了充分的讨论，既有理论高度，又有实践的宽度。

"新家庭·智慧爱"既是一个强烈的信号，又是一个深刻的话题。相信本书既是当今家庭教育理论研究的一个阶段性成果，又是开启未来研究的新路标。我们今后会沿着这个问题持续研究，继续为创新家庭教育理论、繁荣家庭教育事业、提升家庭教育能力、构建一个个幸福完满的家庭而做出贡献。

限于编者水平，本书在编辑整理过程中难免存在一些不尽如人意的地方，恳请读者朋友们谅解，期待在以后的工作中不断完善。

中国教育学会家庭教育专业委员会
2018年10月